中央编译局比较政治与经济研究中心　清华大学凯风发展研究院　主办

China **Governance Review** | 中国治理评论  第 **1** 辑
● 俞可平/主编　　　　　　　　　　　　2012（总第1辑）

主办单位

中央编译局比较政治与经济研究中心
清华大学凯风发展研究院

编辑委员会
(以姓氏拼音排序)

陈国权	浙江大学	王绍光	香港中文大学
丁元竹	国家行政学院	王正绪	英国诺丁汉大学
龚维斌	国家行政学院	吴建南	西安交通大学
何增科	中央编译局	徐　勇	华中师范大学
黄卫平	深圳大学	薛　澜	清华大学
姜晓萍(女)	四川大学	燕继荣	北京大学
景跃进	清华大学	杨大利	芝加哥大学
蓝志勇	美国亚利桑纳州立大学	杨光斌	中国人民大学
	中国人民大学	杨雪冬	中央编译局
马　骏	中山大学	余逊达	浙江大学
米加宁	哈尔滨工业大学	赵树凯	中国发展研究基金会
浦兴祖	复旦大学	周光辉	吉林大学
王长江	中央党校	朱光磊	南开大学

编委会主任、主编
俞可平

编委会副主任
何增科　张小劲

副主编
景跃进　杨雪冬

编辑部主任
闻　沫

编辑部成员
龙宁丽　闫　健　徐　焕

执行单位
清华大学政治发展研究所
清华大学政治学系

赞助支持
联合国开发计划署

出版单位
中央编译出版社

目录

001　《中国治理评论》发刊词

001　**主题探讨**

002　中国的善治之路：中美学者的视角／俞可平

038　对中国政治发展的评价／李侃如

046　中国共产党：从革命党向执政党的转变／王长江

070　评王长江《中国共产党：从革命党向执政党的转变》／拉里·戴蒙德

079　中国的社会自治／燕继荣

113　评燕继荣《中国的社会自治》／魏昂德

120　中国共产党改革的国际视角／沈大伟

132　中共党员群体特征及政治态度分析／唐文方

155　向日本开放（1978年）——《邓小平传》节选／傅高义

173　**书　评**

174　探寻基层政权的治理逻辑／杨雪冬

目录

183　文化传统与历史承继——读《作为组织化皇权的中国共产党：文化、再造与转型》／闫健

193　**学术动态**
194　当代中国治理研究的重点和前景：《中国治理评论》创刊仪式暨杂志编委会成立座谈会纪要／龙宁丽整理
219　重要会议回顾／晓健摘编

227　**书　刊　架**
228　中文治理论文
243　中文治理书目
247　英文治理论文
264　英文治理书目

276　《中国治理评论》约稿函

Contents

001 **Forward to *China Governance Review***

001 **Thematic Articles**

002 China's Road Towards Good Governance: Perspectives from Chinese and American Scholars / *Yu Keping*

038 China's Political Development: A General Observation / *Kenneth Lieberthal*

046 Communist Party of China: Transformation from a Revolutionary Party to a Governing Party / *Wang Changjiang*

070 Review on Wang Changjiang's Paper "Communist Party of China: Transition from a Revolutionary Party to a Governing Party" / *Larry Diamond*

079 Social Autonomy in China / *Yan Jirong*

Contents

113 Review on Yan Jirong's Paper "Social Autonomy in China" / *Andrew Walder*

120 International Perspectives on CPC Reforms / *David Shambaugh*

132 Group Characters and Political Attitudes of CPC Members / *Tang Wenfang*

155 Open to Japan (Excerpt from *Deng Xiaoping and The Transformation of China*) / *Ezra Vogel*

173 **Review Essays**

174 In Search of a Logic of Chinese Grassroots Rural Governance / *Yang Xuedong*

183 Cultural Tradition and Historical Continuity: Review of *The Chinese Communist Party As Organizational Emperor: Culture, Reproduction,*

Contents

and Transformation / Yan Jian

193 Academic Events
194 Focuses and Prospects of Contemporary Chinese Governance Studies: Speeches on the Launch Ceremony of *China Governance Review / Long Ningli*
219 Chronology of Important Conferences / *Xiao Jian*

227 Latest Books and Articles
228 Chinese Articles
243 Chinese Monographs
247 English Articles
264 English Monographs

276 Invitation of Articles to *China Goverance Review*

《中国治理评论》发刊词

俞可平

  治理指的是公共权威为实现公共利益而进行的管理活动和管理过程。治理与统治既有相通之处，也有实质性的区别。两者的实质性区别之一在于，统治的主体只能是政府权力机关，而治理的主体可以是政府组织，也可以是非政府的其他组织，或政府与民间的联合组织。统治的着眼点是政府自身，而治理的着眼点则是整个社会。正像政府的统治有"善政"与"恶政"之分一样，治理亦有"善治"与"恶治"之分。善治是治理所追求的理想状态，是公共利益最大化的管理过程。善治的本质特征就在于它是政府与公民对公共生活的合作管理，是政治国家与公民社会的一种新颖关系，是两者合作的最佳状态。善治包含着传统善政和现代民主的基本要素，特别是法治、参与、公正、透明、责任、稳定、廉洁等，已经成为人类在21世纪政治合法性的重要来源。

  治理活动是一种政治行为，体现着一定的政治价值。因而，治理改革是政治改革的重要内容，治理体制也是政治体制的重要内容。但与统治行为相比，治理活动的技术性因素要重于其价值性因素。在社会政治生活中，治理是一种偏重于技术性的政治行为。不同政治制度下的政府都希望有更高的行政效率，更低的行政成本，更好的公共服务，更多的公民支持。换言之，无论是东方国家还是西方国家，社会主义国家还是资本主义国家，发展中国家还是发达国家，各国政府都希望有更好的治理。可以说，从善政到善治是人类政治发展的共同趋势，追求善治是各国政府的理想目标。"少一些统治，多一些治理"，已经成为普遍的政治要求。不断地从统治走向治理，努力实现公共管理从管制型向服务型转变，这是人类政治发展的根本方向。

改革开放以来，中国社会发生了天翻地覆的巨大变化。中国的改革开放过程，是经济、政治、文化和社会的整体进步过程，不仅带来了举世瞩目的经济发展成就，也取得了民主法治的重大进步。中国领导人坚决拒绝多党竞争、三权分立和最高领导人直接选举等源于西方的政治发展模式，坚持中国共产党领导的基本政治制度。因此，改革开放以来，中国的政治进步集中体现在政府的治理改革上。推行村民直接选举，试行乡镇领导公推直选；确立法治国家目标，建设法治政府；扩大公共服务范围，改善政府公共服务质量；推进政务公开，提高政治透明度；培育社会组织与民间组织，建设公民社会与和谐社会；实行官员问责制，建设责任政府，等等，所有这些都是中国在民主治理方面取得的重大成就，也是中国特色政治发展模式的重要内容。

发现各级党政机关在民主治理方面的先进实践，从理论上提升和总结中国治理改革的经验教训，分析中国民主治理改革的动力、阻碍、路径、特征、规律和趋势，借鉴国外民主治理的合理要素，推进中国的民主法治进程，推动中国的治理研究，是改革时代赋予中国学者的重大责任，也是《中国治理评论》的创刊宗旨。本刊内设"主题探讨"、"海外治理"、"学术动态"、"治理动态"和"书评"等栏目，将邀集国内外专家学者，从政治学、社会学、经济学、历史学、法学、哲学等多重视角，就中国民主治理的重大问题进行深入的研讨、分析和评估。编委会全体同仁满怀信心，力图将本刊办成一个中国民主治理领域的高端学术交流平台、思想碰撞平台和信息发布平台，使之成为中国民主治理进程和政治学发展的一个时代缩影。

主题探讨 | Thematic Articles

【编者按】 本栏目收录的四篇文章:《中国的善治之路:中美学者的视角》、《对中国政治发展的评价》、《中国共产党:从革命党向执政党的转变》、《中国的社会自治》来自俞可平教授组织的"中国的政治发展:中美学者的视角"课题。其中的后两篇文章后面都有美方学者作的评论。通过文章和评论,可以看到中美两国学者对于中国政治发展成就都给予了客观的评价与肯定,但对于中国的政治发展前景,又有着不同的看法。另外三篇文章也都来自美国学者。沈大伟和唐文方的文章探讨的是中国共产党的改革问题。傅高义的文章选自他的新著《邓小平传》第十章,介绍了1978年邓小平访问日本这一重要历史事件。

中国的善治之路：中美学者的视角[*]

俞可平

【内容提要】

文章概述了参加"中国政治发展：中美学者的视角"课题的12位中国知名政治学者和12位美国知名政治学与社会学者（多数是中国问题专家）关于改革开放30多年来中国政治发展的主要观点，特别是他们关于中国共产党、人民代表大会制度、政治协商制度、政府管理和公民社会的分析与评论，以及他们在选举、法治、分权、问责、决策、参与、透明、公民权利、公共服务、利益协调、权力监

---

[*] 本文是香港中美交流基金会资助的"中国政治发展：中美学者的视角"课题的总结报告，由俞可平撰写。该课题由中美两国共24位著名学者组成。中方负责人是中共中央编译局副局长、北京大学中国政府创新研究中心主任俞可平教授，中方其他成员包括：中共中央党校党建部主任王长江教授、中共中央编译局比较政治与经济研究中心执行主任何增科教授、国家行政学院公共管理教研部时和兴教授、北京大学政府管理研究所副所长燕继荣教授、清华大学NGO研究所所长王名教授、清华大学政治学系主任景跃进教授、中国人民大学政治学系主任杨光斌教授、复旦大学公共事务学院院长林尚立教授、浙江大学公共管理学院副院长郁建兴教授、吉林大学行政学院院长周光辉教授、深圳大学当代中国政治研究所所长黄卫平教授。美方负责人是布鲁金斯学会中国研究中心主任李侃如（Kenneth Lieberthal）博士，其他成员包括：哈佛大学肯尼迪政府学院安东尼·赛奇教授（Anthony Saich）、斯坦福大学胡佛研究所高级研究员拉里·戴蒙德（Larry Diamond）博士、斯坦福大学社会学系主任魏昂德（Andrew Walder）教授、霍普金斯大学国际高级研究院蓝普顿（David M. Lampton）教授、斯坦福大学国际研究所戴慕珍（Jean C. Oi）教授、普林斯顿大学政治学与国际关系学院白霖（Lynn T. White III）教授、波士顿大学亚洲研究中心主任傅士卓（Joseph Fewsmith）教授、威斯康星大学麦迪逊分校政治学与公共事务学院墨宁（Melanie Manion）教授、布鲁金斯学会中国研究中心学术主任李成博士、宾夕法尼亚大学东亚研究中心主任戴杰（Jacques de Lisle）教授、密歇根大学中国研究中心主任玛丽·加拉格尔（Mary Gallagher）教授。本人十分感谢各位专家的精彩文章和评论，特别感谢董建华先生及其中美交流基金会对本项研究的资助，但文责由作者自负。

督、社会自治等民主治理基本问题上的主要观点。通过这些探讨，文章对中国在通向善治的道路上所取得的成就、面临的挑战以及未来的发展趋势等重大问题进行了系统性的总结和评论。

改革开放后中国30多年持续的发展及其在国际舞台上的迅速崛起，引发了中国学术界和国际学术界一系列热烈的讨论和争论。特别是关于中国的政治发展，讨论和争论尤其激烈。例如，怎样看待中国的政治变迁？在中国经济取得巨大进步的同时，中国的政治是否也取得了重大进步？中国经济成功的政治逻辑是什么？或者反过来说，中国经济的变迁对其政府治理已经带来了并将继续带来哪些变化？是否存在一种中国式的民主治理模式？中国的政治发展道路与西方国家有什么共同点和不同点？进而言之，这些问题又促使学者对政治学的某些一般性理论判断进行反思：民主是否是人类的共同价值？经济现代化是否必然导致政治民主化？民主与社会现代化究竟有什么关系？在当今世界，政治合法性的主要源泉是什么？民主和善治的标准是什么？西方的民主和治理模式是否适用中国？等等。

对这些问题进行深入的讨论，直接关系到对民主、自由、平等、人权、善治等基本政治价值的理解，关系到中国官员和知识分子之间以及中国与国际社会之间在重大现实政治问题上能否达成必要的共识。其意义已经远远超出了学术领域，而事关中国现实的政治改革和中国与世界的关系。在这些问题上的讨论和争论，中美学者的观点具有很大的启发性和互补性。本文将简要概述12位中国著名政治学者和12位美国著名政治学与社会学者（多数是中国问题专家）关于改革开放30多年来中国政治发展的重要论述，特别是他们关于中国共产党、人民代表大会、政治协商、政府管理和公民社会的分析与评论，以及他们在选举、法治、分权、问责、决策、参与、透明、公民权利、公共服务、利益协调、权力监督、社会自治等民主治理基本问题上的主要观点。从中我们可以窥见中国在通向善治的道路上取得了哪些成就，存在哪些挑战，留下了哪些轨迹，正在或者可能通往何处。

一、从革命到改革

　　研究中国改革开放后的政治变迁及其未来的政治发展，必须研究中国共产党在1949年执政后确立的政治文化和政治体制，必须全面考察1949年后中国政治发展的全部历程。只有这样，才能真正理解1978年邓小平领导的改革究竟对毛泽东等建立的政治体制作出了哪些改革，1978年以来中国政治究竟发生了哪些变迁，中国的政治进步主要体现在哪些方面，以及导致这些变迁的内在动因和主线。这些问题正是俞可平文章的主题，他的研究追溯了"中华人民共和国60年的政治发展"。他的基本判断是，中国共产党执政60多年来，特别是改革开放30多年来，中国社会发生了整体性的变迁。从总体上说，改革开放的过程，不仅是一个经济进步的过程，也是一个社会政治进步的过程。没有政治的变革，经济的变革则是不可思议的。从某种意义上说，改革开放后中国经济现代化的巨大成功，恰恰是其政治变迁的逻辑结果。

　　俞可平说，1949年，中国共产党推翻国民党统治，建立了中华人民共和国。按照政治发展的正常逻辑，这意味着中国共产党从一个革命党转变成一个执政党。无论对于党还是对于国家来说，这都是一个意义极其深远的实质性转变。此后，中国共产党本身及其政权的主要任务，将逐渐从夺取政权变为巩固政权，从破坏旧国家变为建设新国家。其合法性基础也逐渐从革命变成改革，从政治运动变为国家法律。但这一转变相当缓慢和艰难，直到30年后才有实质性的转机。革命是中国共产党人夺取政权和巩固政权的法宝，是新中国前30年最耀眼的政治术语、最高的政治价值和最大的政治权威。中国共产党的革命既极大地推动了社会历史的进步，但毛泽东晚年的"继续革命"也给中国社会带来了"文革"的灾难。中国共产党第十一届三中全会，将党和国家的工作重心从阶级斗争转向经济建设，重新踏上了现代化之路。革命的时代宣告结束，邓小平领导的改革时代从此开始。从1979年到2009年的30年间，"改革"取代了前30年中"革命"

的地位，成为新时期最耀眼的政治术语，成为时代的主旋律。随着政治重心从革命转向改革，中国的全部政治生活也沿着五条主线发生了相应的重大变化：即从斗争到和谐，从专政到民主，从人治到法治，从集权到分权，从国家到社会。

俞可平指出，新中国60年来在民主政治方面取得了巨大进步，但同时也还存在着许多不足，如久治不愈的政治腐败，公民有序政治参与渠道的不畅，收入差距的日益拉大和其他的社会不公正，选举、决策、监督、制约、参与等重要民主制度不健全，等等。随着市场经济的深入发展和广大公民政治需要的日益增强，中国的民主政治进程不可逆转。他认为，近期中国政治改革的重点至少应当包括以下几个方面的内容：从全局和长远的角度谋划中国民主政治的未来发展；改革和完善人民代表大会制度，特别是人民代表的选举、议事、决策和监督制度，更好地发挥人民代表大会作为国家立法和监督机关的重要作用；改革和完善人民政协制度，特别是政协委员的遴选、咨询和监督制度，更好地发挥各级人民政协作为咨询和监督机关的重要作用；切实推进党内民主，特别是在扩大党员选举权、知情权、参与权和监督权方面，应当有实质性的改革措施；大力推进基层民主，特别是在县乡两级的民主选举、民主决策和民主监督方面，应当有实质性的改革举措；在中国民主政治建设的若干关键环节，例如党政关系、权力监督、干部推选、党内选举、基层选举、政治透明、公民参与等方面，要有突破性的改革举措。总而言之，中国的现代化是否真正成功，将日益取决于以民主和法治为要素的政治现代化程度，而政治体制的突破性改革是实现高度民主和法治的唯一途径。

布鲁金斯学会中国研究中心的李侃如教授认为，俞可平的上述分析是对改革开放30年前后中国政治发展的全面而清晰的梳理。他指出，俞可平对中国政治发展的六大方向——从革命到改革、从斗争到和谐、从专政到民主、从人治到法治、从集权到分权、从国家到社会——以及改革内在的动力逻辑的概括和提炼极富说服力。他也清楚地看到，邓小平所领导的后毛泽东时代的改革，是一场全面的社会变革。中国不仅经历了经济制度的巨大变革，而且政治与社会制度的变革也同样是广泛而深入的。对党的地位和角色、经济发展方式、社会变革的力量、国家与社会关系的实质、最有效的治理方式等方面的重估，不断地推动着政治与社会的持续变革。

李侃如认为，中国的改革之所以能够取得成功，有两个至关重要的原因：一是邓小平个人的政治智慧和卓越才能，二是中共内部形成的强烈的改革共识。他指出，改革者并不稀缺，但成功的改革者却极其罕见。邓小平既是一位富有战略眼光的思想家，也堪称政治艺术大师。邓不仅对毛泽东遗留下的体制谬误洞若观火，同时也具备一个政治战略家的敏锐，对于如何蓄积改革动力和能力，如何削弱反对力量，他都有清晰的认识和布局。他也相当懂得如何在局部妥协，以维持在改革开放政策上的基本共识。李侃如认为，"文革"等灾难也使得中共党内形成了危机的共识。官员和大众皆承认体制处于危机之中，这种普遍的共识才使得改革者能够克服既得利益的阻挠和对改革所蕴含的不确定性的恐惧。

与俞可平一样，李侃如也清楚地看到了中国政治面临的严重挑战。例如，以增长为导向的企业家精神已经渗入政治体制的核心，腐败似乎也已成为体制运行不可分割的一部分。但他认为，中国的政治体制改革困难重重。首先是中国不再拥有像邓小平那样的战略改革家，这种个人魅力型的领袖是历史的产物。其次是现存的政治经济制度导致了既得利益阶层的形成，他们当中许多人的利益在现存体制下已经最大化，改革只会损害他们的既得利益，因此，地方官员中间已经产生出抵制改革的强烈倾向。最后，危机性的改革共识不复存在。虽然中国面临着越来越多的压力和紧张，但改革取得的许多成就足以让许多人认同并满足于现有体制。凡此种种，使得李侃如相信，如何以一种建设性的方式自下而上地推动改革，而不是像过去30年那样自上而下地改革，对中国未来的发展似乎更加重要。

二、从革命党到执政党

与西方国家的政党有实质性的区别，中国共产党是中国唯一的执政党，掌握着国家核心的政治权力，并且不与其他任何政党分享执政权。因此，中国共产党自身的变化直接影响着中国的政治进程。在过去数十年中，中国共产党自身最大的变化莫过于从一个革命党逐渐转变为执政党。对这一转变过程及其深远意义，中共中央党校的王长江教授作出了系统的阐述。

王长江在《中国共产党：从革命党向执政党的转变》一文中指出，苏共模式、孙中山建党思想和中国传统政治文化，是深刻影响中国共产党的三个重要因素。在上述三个因素的作用下，中国共产党成为一个高度统一、高度集权，下级服从上级、全党服从中央、最后服从领袖的政治组织。中国共产党夺取政权后，"党的领导"进而演变为党政不分、党国不分、以党代政的"全能主义政党"。在与国家的关系上，"党的领导"被当成了党组织以组织形式直接参与政府事务的代名词。在与社会的关系上，由于执政党全面控制了国家权力，社会诉求也被全面包办，实际上无法产生一个相对独立于国家和政党的社会。国家和政党合为一体，社会又和国家合为一体。这样一种政党组织，有其铁的纪律、严密的组织，在夺取国家政权时有其明显的优势，它是成功的。但是，由于夺取政权与执掌政权有着完全不同的逻辑，当中国共产党执政后，其合法性、意识形态、执政方式，以及党与国家和社会的关系，便开始极不适应现实的发展。

面对上述挑战，中国共产党采取了积极应对的态度，与时俱进，选择了改革、创新的道路。这是一个对党自身改革必要性的认识逐渐深化并在实践中逐渐加大改革力度的过程，带有典型的渐进特征。其一是转变观念，意识到党的执政地位不是与生俱来的，也不是一劳永逸的。其二是扩大党组织的基础，"三个代表"重要思想使中国共产党向全社会敞开大门，各个阶层的精英都有了进入执政党的机会。其三是转变执政方式，把民主执政、科学执政、依法执政当做基本的执政方式。其四是更加强调民主，把党内民主视为党的生命。其五是改变与其他民主党派的关系，更加重视与其他党派的政治协商。

在王长江看来，中国共产党从革命党转变为执政党，是一个渐进的过程，取得了许多实质性的进步。但是，这一转型过程还没有完成，党自身的改革已经进入深水区，还有大量需要通过深化改革才能解决的根本性问题。第一，党内改革创新仍以"外围战"、"运动战"为主，攻坚战尚未开始。改革往往避重就轻，一些诸如党政关系等的核心问题，还未被触及。第二，制度、体制、机制建设仍有许多空白点。虽然党内有了越来越多的要求、规定和条例，但它们之间往往缺乏有机连接，甚至相互矛盾。第三，一些旧的观念依然在党内有强大影响。第四，党内民主的各个环节发展不均衡。授权民主、决策民主、参与民主、民主监督等环节之间缺乏统筹设计，形成了许多瓶颈，使改革难以推进。第五，既得利益越来越成为对中国共产党执政的现实威胁。显而易见，不解决这些深层次问题，中国共产党就不能顺利完成自身的转型任务。

作为美国著名的民主问题专家，斯坦福大学的拉里·戴蒙德教授对中国的民主进程极感兴趣。他也看到了中国共产党自身改革的种种努力。他说，中国共产党领导人正在探索一条更安全的政治改革之路——通过能带来更多责任、透明度和回应性的制度改革，构建更有效、更具合法性的治理体系，这样可以无需把中国共产党的统治置身于竞争性选举的风险之中。他列举了以下改革：赋予全国人民代表大会或其他全国性、省及更低层级的立法机构更多的权威；强化某些独立制度结构以加强法治和控制腐败，例如反贪机构和司法机构；增大公务员队伍的专业化和自主性；不仅在经济上分权，政治权威也逐渐下放；决策过程中公众的参与和协商；给予独立媒体和公民社会组织更多空间；在党内引入民主——特别是尝试更大的公开性和制度化的权力竞争。

一方面，戴蒙德赞同王长江所说的中国共产党性质的转变，即中国共产党已不再是一个纯粹的革命党。另一方面，他也毫不隐瞒自己的不同看法。他对中国共产党是否转型为一个执政党表示了某种怀疑。他问道，作为一个执政党，应该通过什么样的战略和方式实现其领导？戴蒙德认为，中国共产党可能试图借鉴新加坡的政治模式，在保持经济繁荣的同时巩固一党长期执政。换言之，中国领导人将寻求建设一个富足、文明、在国际上富于活力和自信的国家，或许最终也会容纳小范围和浅层次的选举竞争机制，但党无疑将是这个国家永远的统治力量。这也许将有更多的政治空间，更少的压制，但是没有西方意义上的"民主"。在发展研究中，学者们近来常用这样一个问题来概括总结政治、经济和社会发展进程问题，即"如何达到丹麦那样的水平？"也就是说，一个贫穷或者是中等收入的国家如何实现其结构、制度和文化的变革，以便使其看起来多多少少与丹麦有些相似之处。在他看来，中国共产党的领导人今天可能在问自己的是："我们怎样达到新加坡的水平？"他指出，就新加坡模式而言，鉴于其不可复制的特殊性，对于中国这样一个正在快速现代化而且有大量社会矛盾要解决的大国来说，并非是一种可以承受的政体模式。

戴蒙德最后指出，根据现代化理论，随着社会和经济的发展，人们对权威的态度、政治价值观，以及个人在政治体系中正当权利和角色的认知，会发生剧烈的改变。这种变化最终将带来对民主的渴望。现在中国领导人借助许多传统文化因素，虽然实现了进一步的经济增长和社会稳定，但随着现代化的深入，在今后的25年里，中国人肯定会更进一步强调政治体制改革，以适应这样一种趋势。中国共产党现在所选择的局部改革，从长远来看，难以解决深层次的问题。一个教育程度、参与意识和需求日渐提高的社会，对改革提出了更高的要求。中国共产党如果逐渐自上而下地引入根本性的政治改革，例如，党政分开，增进公民社会内表达和组织的自由，推进党内外政治问责机制的制度化，自觉限制权力，提高治理能力等，对于其长治久安将有益无害。

三、从专政到宪政

中国共产党把自己建立的国家政权称为无产阶级专政，有两个方面的含义。其一，共产党代表无产阶级或工人阶级独掌政权；其二，对阶级敌人实行专政，对人民群众实行民主。新中国建立后的30年时间中，中国共产党无产阶级专政的实践后果之一，便是在政治统治中过分强调对阶级敌人的暴力镇压，在国家治理中过度依靠党的政策，而严重忽视民主和法治。

改革开放后，这种状况开始改变，民主法治得到前所未有的重视，建设社会主义法治国家正式成为国家政治发展的基本目标，以民主和法治为核心内容的社会主义政治文明被列入中国政治建设的基本任务。宪法规定的国家根本政治制度——人民代表大会制度受到更多的重视，人民代表大会作为实施民主和法治目标的最高国家权力机构的作用开始变得日益重要。国家行政学院的时和兴教授在《人民代表大会与中国的宪政发展》一文中，从宪政的角度对人民代表大会制度的产生和演变进程作了全面的分析。

中国的宪法开宗明义规定："中华人民共和国的一切权力属于人民。人民行使权力的机关是全国人民代表大会和地方各级人民代表大会。"组成各级人民代表大会的人民代表由公民选举产生，各级人民代表大会既是中国的民意机构，也是国家的立法机构和决策机构。全国人民代表大会作为宪法规定的最高国家权力机关，担负着确立国家宪政秩序的重大责任。根据时和兴教授的观察，对于中国来说，宪政建设不可或缺的重要基础，就是政治秩序；而国家治理不可回避的一个重要问题，就是政党、民主和法治三者的关系问题。或曰，如何处理党的领导、人民当家做主和依法治国三者的关系问题。中国官方的基本立场是，党的领导、人民民主和依法治国三者是有机统一的。中国政治发展的基本道路，就是坚持党的领导、人民当家做主和依法治国三者的有机统一。时和兴认为，在中国政治发展进程中解决好政党、民主和法治三者的关系，必须以人民代表大会制度为平台。通过这个制度平台，处理好人民代表大会与人民、与其他国家机关、与执政党三重基本的关系。进而言之，从宪政发展的视角看，处理好这三者的关系必须始终以宪法和法律为依据。改革开放后中国共产党和中国政府正式将建设法治国家当做政治发展的基本目标，并且明确规定，包括中共自身在内所有组织和个人都必须在宪法和法律的框架内活动，任何组织和个人都没有超越宪法和法律的特权，这是中国政治发展史上一个里程碑式的进步。

什么是宪政？中国有无宪政？如何在中国推行宪政？正如时和兴所说，这是中国百年宪政史上从未停止过的争论。毛泽东说："宪政就是民主政治。"中共法学理论创始人张友渔解释说:"所谓宪政就是拿宪法规定国家体制、政权组织以及政府和人民相互之间权利义务关系而使政府和人民都在这些规定之下,享受应享受的权利,负担应负担的义务,无论谁都不许违反和超越这些规定而自由行动的这样一种政治形态。"时和兴充分肯定了上述意义上的中国宪政之路,并且将人民代表大会制度当做中国宪政发展的制度基础。他说,迄今为止的中国政治发展表明,人民代表大会制度对中国宪政的发展提供了有力的基础性支持,也为中国宪政民主的发展奠定了良好制度平台。但他同时也看到,与社会政治发展的客观要求相比,与公众日益增长的需求和压力相比,中国的宪政建设还有很长的路要走。

尽管从法律上说,人民代表大会是国家权力机关,人民代表大会制度是根本政治制度。但是长期以来,各级人大被形容为"橡皮图章",即便是近年人民代表大会制度已经发生的积极变化,也并未引起人们足够的重视。国内外学术界对人民代表大会制度的研究也因此而缺乏长足进展。时和兴呼吁要改变这种状况。对此,宾夕法尼亚大学的戴杰教授作出积极的回应。他的评论围绕以下三个方面展开:首先,对全国人大和人大体系不断扩大和增长的作用的历史解释;第二,人大体系与宪政秩序之间的闭合联系,以及人民代表大会制度在完善宪政秩序方面所能起到的作用;第三,人大体系和民主政治之间的联系。

戴杰认为,改革开放以来全国人大作用的日益凸显,首要的因素在于它能起到作为一种对最高领导层的制度避难所和权力基石的作用,其次是因为政治环境呈现出权威碎片化或者官僚主义多元化的特点,其三是给党内外的参与者提供公开的竞争平台,其四是人大具备改革时代实现某些功能的特殊能力,其五是扩大民主合法性的需要。在论及人大与宪政的关系时,戴杰认为,人大推进宪政的发展在现实中还存在很多明显的困难,包括宪法的"不平坦性"和在与其他机构竞争中失去"市场份额"的问题。

对于时和兴明确地将人民代表大会当做中国宪政与民主治理的核心,戴杰持谨慎的怀疑态度。因为在他看来,宪政民主的观念在中国依然是有争议性的、混乱的,并且可能是不稳定的。此外,戴杰还看到,人大体系的变革相对于中国的其他机构而言反而更少。因此，人大体系在民主领域失去"市场份额"的危险依然很大。总之，在戴杰眼中，无论从进一步扩大民主的范围，还是从对政治权力施加强有力的宪法约束看，中国未来的政治改革前景都并不乐观。

四、从政治协商到协商政治

中国共产党在早期与国民党争夺政权时曾明确反对"一党独裁"，但它执政后却坚决拒绝西方的多党竞争制度，也不认为自己是"一党独裁"，而奉行中国共产党领导的多党合作与政治协商制度。复旦大学的林尚立教授在其《协商政治与政治协商》一文中说，这种中国特色的政党制度，是实践人民民主的重要制度形式。它虽然土生土长，但其价值与功能却具有强烈的现代民主取向，并在实践中很好地平衡了政党、国家与社会的关系，为中国这样的大国在现代化转型和发展过程中保持团结与稳定提供了重要的制度基础。中国政治协商制度创造了中国独特的政治生活形态：即一党领导、多党合作、多元协商三者有机统一。在实践中，这种政治生态有效回应了中国政治发展面临的两大挑战：其一是社会多元化发展对一元领导所提出的挑战；其二是经济市场化对中国现行民主方式的挑战。

林尚立认为，基于党建国家的历史与现实逻辑，中国最终形成的国家体制实际上是"党国体制"，党的领导制度和国家领导制度有机结合，共同决定着中国的政治生活和政治建设。"党国体制"的最大特点之一是：政党不是国家制度运行的产物，相反，国家是政党建设的成果。这种中国特色的政党制度，是将一党领导、多党合作和政治协商有机统一起来的制度体系。其中，中国共产党的领导，既是这个制度的政治规定性，也是这个制度的组成部分，因而，其领导也必须接受这个制度的约束和规范。领导、合作与协商是中国政党制度的政治逻辑，政治协商是其运行形态，它包括多方共存、协商共议、相互监督、荣辱与共四个要素。人民政协则是实现多党合作、政治协商、参政议政和民主监督的核心组织机构。

林尚立指出，从上世纪90年代开始，中国的政治协商开始从党际之间、政府与社会之间，逐渐扩展到社会团体之间、公民之间，从而使协商从上层走向基层，从国家层面走向社会层面，逐渐形成了由国家层面的政治协商、国家与社会之间的社会协商和社会层面的公民协商构成的中国民主协商体系。他乐观地看到，虽然这个体系还在成长与完善之中，但它的出现至少表明协商已成为中国政治生活的一个重要轴心，并使得政治建设开始从政治协商走向协商政治。在政治协商中，协商是从政治的需要出发的，是为了达到一定的政治目标而形成的；而在协商政治中，协商是政治生活的基本原则，是规范政治关系、政治过程和政治行为的方式。他预言，从政治协商走向协商政治，应该是未来中国政治发展的一个重要方向。

作为长期关注中国地方治理和中国共产党的专家，波士顿大学的傅士卓教授首先对中国学术界近年来流行的"协商民主"概念提出了质疑。他认为，中国政治生活中存在的政治协商其实是一种"咨询民主"（consultative democracy），而不是"协商民主"（deliberative democracy），这两者之间有重要的区别。西方关于协商民主的讨论紧紧围绕着民主制度不够民主这一问题展开，试图通过协商民主来弥补形式民主导致的公民和政府的疏离。而中国关于"咨询民主"的讨论则围绕一个不同的前提展开，即在实行中国共产党一元领导的同时，中国社会在过去30多年中已变得越来越多元化。中国共产党试图通过诸如"咨询民主"之类的机制，缓解一元国家和多元社会间的紧张局面，提升国家合法性，缓解社会冲突。因此，"协商民主"更适宜于解决民主政体的一系列问题，而"咨询民主"则更适宜于解决中国的一系列问题。

傅士卓指出，近年来中国各地发展起了一系列的咨询民主新试验，其内容和范围远不止林尚立所论述的人民政协和政治协商。他举例说，参与式预算、党内民主、公推直选、政策听证、民间商会等都是富有成效的咨询式民主。在论及人民政协时，他同意林尚立的观点，肯定人民政协在中国政治生活中有着独一无二的地位。但他同时指出，人民政协不是一个权力机构，没有制定有约束力的决策的权力，自社会主义改造和社会主义大跃进后，其作用越来越小。中国人民政治协商会议与全国人民代表大会同时召开，但大多数人关注全国人民代表大会，忽略政治协商会议。如果中国人民政治协商会议既没有权力，又没有威望，那么它就无法起到一个咨询机构应有的作用。博士卓对协商政治在中国的未来前景似乎不太乐观。他说，政协要成为一个有效的咨询机构，就必须具备两个前提条件：一是给予各级政协以法律的正式授权，明确它在国家政权中的制度性功能，二是要求各民主党派在中国社会中发挥更大的作用。而这两点在目前的中国似乎都很难做到。

五、从政治国家到公民社会

中国有着数千年的"大一统"政治传统。"大一统"不仅仅是指政治上的高度集权，其更深刻的含义在于政治、经济、文化的高度一体化，以及国家与社会的同构。中国的改革开放过程，从某种意义上说，也是社会结构的分化过程。市场经济体制的引入要求政企分开，从而使一个相对独立的市场系统或经济系统开始形成。不仅如此，随着市场经济的深入发展，国家与社会也开始适度分离，大量的民间组织涌现出来，一个相对独立的公民社会开始形成，并对中国的政治生活产生日益深刻的影响。2008年，在中国深圳的街头出现了一个巨幅标语，"公民社会，共同成长"。清华大学的王名教授在《中国公民社会的兴起》一文中说，深圳市出现的这一现象，昭示了中国改革开放一个新的趋势：公民社会的兴起。

王名认为，非政府组织(NGO)的数量、质量、结构、网络体系的发展，以及制度环境等因素，都是体现公民社会发展状况的重要方面。他分别从公民的结社生活、对美好社会的追求和公共领域的兴起三个方面考察了20世纪80年代后中国公民社会的兴起和演进过程。公民社会的主体是各种民间组织，中国的官方文件称为"社会组织"。根据王名的统计，目前在各级民政部门登记注册的基金会、社会团体和民办非企业单位，共有近43万家，这个数量是10年前的2.8倍和20年前的4倍，约相当于改革开放之初的

1979年的40多倍。而他估计，实际开展活动的各类非政府组织总数，大约是民政登记的8—10倍，即300万—400万家之多。因此，他乐观地断言，从结社生活这一向度上看，中国公民社会已呈现出积极繁荣的景象。

中国公民社会的制度环境也得到了极大的改善。官方对民间组织的态度从防范为主转变为培育与规范并重，针对公民社会组织的一系列政策法规也相继出台。公民社会组织在国家政策制定、公民政治参与、慈善公益事业、生态环境保护、公民权益维护等领域中的作用日益增大。2008年，汶川地震中民间组织与政府联手对灾民的救援，被认为开创了中国公民社会的新纪元。然而，正如王名清楚地看到的那样，中国公民社会的发展还面临着许多严重的制约因素。例如，管理体制的滞后、意识形态的僵化、专业能力的不足、市场机制的挤压和社会监督的缺乏。但不论面临多少阻碍，随着市场经济和民主政治的发展，公民社会在中国的兴起将是不可阻挡的。王名预测，中国的公民社会将沿着以下三条不同于西方国家的道路向前发展：第一，政治精英主导的威权诱导型的公民社会；第二，知识精英主导的民主倡导型的公民社会；第三，经济精英主导的财富推进型的公民社会。

密歇根大学的玛丽·加拉格尔教授带着赞赏的口吻提醒道：王名认为中国通往公民社会的道路越来越宽广，越来越有希望和不可逆转，认清这一点很重要。她看到了中国公民社会在学术界"死亡"而在现实生活中"复生"的奇特现象：在20世纪90年代和21世纪初，西方学术界对中国公民社会的关注达到了顶峰，但随着1989年政治风波的消逝，以及东欧和苏联加盟共和国难以解决"现存民主"的困境，西方学术界对公民社会的乐观态度和信心逐渐消退。因此，尽管许多学者仍在继续研究国家—社会关系，以及有争议的社会运动等，但在研究这些问题时，很少有学者运用公民社会框架来对其进行分析。许多对中国非政府组织和中国结社生活感兴趣的学者也避免使用"公民社会"这一概念，因为这一概念与民主改革的期望关联过于紧密。然而，具有讽刺意味的是，在西方学者忽视中国公民社会的时候，中国的公民社会却在不断壮大。

加拉格尔在肯定公民社会对于民主治理重要作用的同时，也强调指出了公民社会的局限性。一方面，她承认公民社会与诸如社会正义、公共利益、慈善捐赠等规范目标的生成和实现密切相连，是解决社会问题和实践公共权力的主要手段，其核心表现是众多个体采取集体行动以改善社会环境。公民社会的发展可以增加社会资本，提高国家和政党的民主治理水平，增强公司的社会责任感等。另一方面，她对公民社会与良好政治之间的基本假设提出了大胆的质疑。她举例说明，亚洲和欧洲的经验表明，良好的结社生活与良好的政治生活之间并没有必然的因果联系。她的结论是，公民社会不能承担过多的责任，我们应当降低对公民社会的期望，而把关注的重点放在国家和市场领域。特别是改革立法和决策过程，创造新的政治参与模式，促进市场的分配正义，为公民社会的健康发展提供更加有利的条件。

六、从政府统治到社会自治

更少的统治，更多的治理；更少的政府统治，更多的社会自治。这是人类政治发展的普遍趋势。社会自治就是人民群众的自我管理，它是人民群众当家做主的最直接形式，是民主政治的基础和重要特征，也是还政于民的现实途径。社会政治的社会自治的程度反映着一个国家政治文明的程度，社会自治越发展，民主政治就越发达，社会生活就越有活力，社会稳定的基础就越巩固。社会自治在中国有着悠久的历史传统，"政权不下县"是中国传统治理的一大特色。然而，正如北京大学的燕继荣教授在《中国的社会自治》一文中指出的那样，新中国建立之后，随着社会主义改造运动的推行，中国共产党开始重建社会秩序，在农村建立了人民公社制度，在城市建立了街道居委会制度和工作单位制度，同时，国家组建了各种群众组织，如工会、共青团、妇女联合会等，实现了对城市居民的组织管理和控制。在"左倾"路线的主导之下，上述制度安排为国家公共权力向社会的高度渗透提供了便利，从而形成了高度集权的全能主义（totalism）模式。改革开放以后，市场化的改造、经济活力的追求、治理方式的改善，将中国逐渐地引上了收缩国家权力、回归社会自治的发展道路。

燕继荣认为，在改革开放和市场经济的条件下，许多人由原来隶属于国家统一管理体制的单位人和公社人变成了具有高度自主性的"体制外"的社会成员，即从国家人变成了社会人。这种改变促成了国家与社会一定程度的"分离"，形成了一种新的社会结构，为社会自治创造了前提条件。中国领导人主要是从推进基层民主的视角来考虑社会自治的，并且把党的基层组织和基层政权视为基层民主和社会自治的领导力量。燕继荣肯定地指出，在中国，政府是社会自治的第一推动力，它通过法律和法规确认和促成中国基层社会自治；通过党组织和基层政权的领导来组织实施社会自治；通过示范实验来具体指导社会自治；通过表彰来鼓励社会自治；通过监督和监察来矫正社会自治中的不当行为。改革开放以来，中国社会自治的进步主要体现为广大农村的村民自治、城市的居民自治和社区自治、行业自治和社会组织的自治。

燕继荣在充分肯定30年来中国社会自治惊人发展的同时，也坦率地承认，与社会自治性的发展要求相比，政府决策、政府管理、政府服务的公共性还有较大的落差。社会自治使得社会利益找到了表达的方式和途径，但是，关键是要实现政府的决策、管理和服务对社会开放，让民间的"话题"转变为公共决策的"议题"。在这方面，政府需要拿出更大的勇气和决心。他断言，未来中国社会自治发展能走多远，取决于中国政府在开放性和公共性方面能走多远。

斯坦福大学的魏昂德教授对中国在社会自治方面所取得的进展表示了高度的赞赏。在他看来，高速的经济发展并不足以保证社会的繁荣和政治的稳定。政治和社会的制度必须要适应新的环境和新的问题。如果做不到的话，中国的崛起将会处于非常危险的境地，相当大程度上会伴随着政治上的不稳定。社会自治的发展是确保中国政治与社会制度健康发展的重要一步。魏昂德指出，中国的经验证明，那种惧怕地方自治或社会自治会带来社会动荡不定的担心是多余的，相反，社会自治是国家长治久安的必由之路。但他也不同意燕继荣提出的自下而上的政治改革战略，他通过比较各国政治发展史的经验后断定:"重构21世纪的中国的政治改革,将是自上向下的。"

魏昂德指出,社会自治最重要的作用在于它通向国家的善治。作为全球化时代人类普遍的政治追求,善治已经取代善政而成为人类的政治理想目标。按照西方流行的观点,以多党制和代议民主为核心内容的西方民主制度是通向人类善治的唯一途径。通过考察中国和新加坡在善治方面的成功经验,魏昂德对这种流行的西方观点提出了公开的质疑。他说,很多西方的观察家,总是坚持认为只有多党民主体制才能够确保法治和实现善治。对于这一点,我们有足够的理由来怀疑。不少多党民主制国家治理得很差,被极度的腐败、非自由、暴力和政治不稳定性所困扰,例如俄罗斯、乌克兰、格鲁吉亚、塞尔维亚、摩尔多瓦、白俄罗斯、乌兹别克斯坦和吉尔吉斯斯坦。以为多党制就能够解决中国的现实问题,这种观点是值得怀疑的。

不过,魏昂德对中国政治的前景不无深刻的担忧。他的主要担忧是,过分关注社会稳定,不惜一切代价维护稳定,很可能会贻误社会政治改革的良机,最终会引发深刻的政治危机。他说,这些国家崩溃的原因是因为其领导人由于意识形态的原因,拒绝任何形式的政治改革,因此不得不依赖于镇压手段来维持社会秩序和保障其社会的稳定性。对稳定的关注实质上导致了政治进程的停滞,以致到了戈尔巴乔夫时代再试图去医治苏联政治体系的腐败时,已经太迟了。一个又一个的国家接连崩溃:波兰、匈牙利、东德、捷克斯洛伐克、保加利亚、罗马尼亚、阿尔巴尼亚、南斯拉夫和最后苏联自己。是谁推翻了东欧的社会主义?真正的罪人不是戈尔巴乔夫,而是勃列日涅夫及保守的领导体制。最后,他鲜明地说出了自己的担心:"我对中国担心的是,领导人正在避免戈尔巴乔夫的错误,但是最终可能会走上勃列日涅夫的道路。如果那样的话,将是非常不幸的。"

七、从管制到服务

普遍而平等地为公民提供社会福利和服务,一直被认为是社会主义的重要优越性。因此，即使在新中国成立后经济极其落后的条件下，政府也努力构建一个基于计划经济之上的简单而平均的公共服务体系。当然，一方面由于物质极其匮乏，当时的公共服务只能是极其有限的集体福利制度；另一方面，由于计划经济的统制性和社会的高度政治化，公民在接受政府提供的公共服务方面几乎没有选择权，而且，公民在经济生活、政治生活和社会生活中更多是处于被管制的状态。改革开放的过程，从某种意义上也可以说是一个政府逐渐放松和减少对公民的管制而日益增加和改善公共服务的过程。随着中国共产党从革命党转变为执政党，其政权的合法性也日益依赖于政府为社会提供的公共服务。不仅如此，公共服务在中国还直接关系到城乡居民的权利平等和社会政治的进步。

浙江大学的郁建兴教授在《中国的公共服务体系》一文中，系统地考察了1949年以来中国公共服务体系的发展与演变，重点论述了当代中国公共服务的社会政策体系、财政保障体制和供给机制。他指出，在计划经济时代，中国建立起了一个平均主义、国家包办的公共服务体系。在资源匮乏的情况下实现了公共服务的普遍可及，但存在着公共服务供给总体短缺、效率低下以及城乡、单位间供给不均的问题。20世纪80、90年代，中国政府推动了以二元化、社会化、市场化和地方化为特征的公共服务体系改革，实现了从单一供给主体到多元供给主体的转变、从国家免费供给到居民付费享受的转变，供给效率与服务质量大大提高。2002年以来，随着科学发展观、构建和谐社会、服务型政府建设等理念与目标的提出，公共服务成为各级政府工作的重要组成部分。中国政府初步建立起了一个以就业保障与就业服务、义务教育、医疗保障与公共卫生服务、养老保障与养老服务、最低生活保障与社会救助和保障性住房为主要内容的公共服务体系。

郁建兴指出，中国现行的公共服务体系在缓解社会矛盾、促进社会公平、增进国民福利、满足社会需求方面发挥了重要的作用，实际上已经成为中国社会政治稳定的重要基础。但是，当代中国的公共服务体系仍存在诸多问题与不足：公共服务投入占总财政支出的比例依然偏低，供给水平与人民群众的实际需求相差较大，公共服务的城乡差距、群体差距和区域差距仍比较突出。他认为,要解决这些问题,必须进行突破性的改革。他提出的改革建议主要包括:深入推进行政管理体制改革,切实转变政府职能,真正建立"服务型政府";全面构建城乡一体化的社会政策体系,突破公共服务供给的城乡二元和碎片化的制度设计;积极推进公共财政体制改革,合理划分中央与地方的事权与财权,全面调整公共财政支出结构;不断完善公共服务供给的治理结构,积极推动复合式公共服务供给机制创新;建立健全公共服务需求表达机制,不断完善公共服务绩效评估体系。

在哈佛大学安东尼·赛奇教授广泛的中国研究领域中,公共服务也是其重要的课题。他对郁建兴的研究有两个评论特别值得关注。一是关于公共服务的本质,二是公共服务与政治发展的关系。赛奇指出,中国的公共服务供给体系正在逐步与亚洲及亚洲以外的其他国家的公共服务供给体系接轨,具有与这些国家的公共服务供给体系同样的核心特征。在改革时期,政策仍然把公共服务供给的责任交给了单位,但同时也总是在不经意间通过市场方法来分配公共服务,结果必然是政府和单位把公共服务承包给家庭、私营服务供给商或非政府组织,使公共服务供给大规模私营化。这意味着,对于大多数人来说,可以求助的对象依次是家庭、集体或单位,而不是政府。其实,公共服务的本质在于,它是公民应当从国家那里享受的一种基本权利。换言之,为全体国民提供平等的公共服务是政府的基本责任。赛奇正确地看到,只是到了新一届领导集体执政后,中国政府的公共服务政策才开始凸显出这种公民权利的意识。

基于上述对公共服务本质的认识,赛奇深刻地指出,公共服务的供给状况与国家的政治发展密切相关。公共服务改革主要在以下三个领域对政治发展产生影响:公民身份理念逐步形成,公民对政府行为进行评估,以及服务供给多元化对国家—社会关系的影响。他举例说,中国政府自20世纪90年代中期后出台的一系列新的社会政策,正在向以公民身份为基础的福利体系方向转化。如引入城乡居民的最低生活保障制度,以及将养老体系延伸到部分农村居民;将农民工纳入到所在工作地的福利体系和服务体系中来,等等。此外,中央集权体制和中国共产党作为全民利益代表的主张，使政府在为公民提供公共服务方面面临越来越大的压力。政府提供公共服务的责任感和透明度将日益增大。最后，公共服务供给的多元化具有改变国家社会关系的潜能。尽管在提供福利这一问题上，政府仍然起决定性的作用，但政府往往是最后诉诸的主体。赛奇特别提到公民社会组织在提供公共服务方面的深远意义：公民社会越发展，政府的公共服务就越有效，政府的责任性和透明度也会越高。

八、从集权到分权

高度集权是中国悠久的政治传统，也是中国共产党的重要传统。革命需要集权，专政需要集权。中国共产党在夺取政权的过程中，需要革命和专政，从而需要高度的集权。这种集权曾经使党拥有巨大的力量摧毁旧政权，也使党有着强大的政治动员能力建设新政权，即所谓的"集中力量办大事"。因此，高度集权一直被认为是新政权的重要政治优势。但过分的集权扼杀个性和自由，最终会阻碍社会的创造力和生产力，不利于经济的发展和民主政治的进步。因此，邓小平时代改革的一个重要内容，就是改变高度集权的体制，从中央向地方、政府向企业、国家向社会三个方向大幅度地分权。

中国人民大学的杨光斌教授在《中国的分权化改革》一文中，从中央与地方关系入手，对改革开放以来中国的集权与分权状态作了独特的观察。他发现，改革的进程实际上是在政治集权不变的前提下一个经济放权的过程。政治权力与经济权力呈现出一种二元结构，用他的话来说就是政治上的单一制和经济的联邦制。政治上的单一制主要体现为：党垄断干部管理权力、强有力的行政管理体制，这两种体制使得中央与地方的"条条关系"始终没有实质性改革。经济上的联邦制主要体现为：地方拥有相对独立的行政管理权、地方立法权、地方财政权，以及中央与地方的分税体制。杨光斌认为，随着改革的向前推进，政治单一制与经济联邦制之间出现严重的张力，两者的关系变得日益复杂。由此引发了诸如国家权威资源碎片化、地方保护主义或"诸侯经济"等一系列严重的问题。

通过这种独特的观察，杨光斌得到了不少有趣的发现。首先，中国的改革以分权为起点，改变了中国的政治结构和政治过程，但不变的是以"党管干部"和"强政府"体制为基础的政治单一制，这为秩序和安全提供了保障，加强了执政的合法性基础，但是部门之间的利益博弈却使得国家权威碎片化。其次，在政治单一制的前提下，分权改革所形成的经济联邦主义非但没有削减中央政府的财政汲取能力，反而强化了中央政府的财政能力；相应的，其他领域的分权改革都增加了社会活力。其三，联邦主义化的分权化改革不能与国家的司法—行政执法体制相冲突。最后，通过分权而获得更大财政能力的中央政府应该承担更多的公共服务职能，相应地减少地方政府的公共服务职能，进而遏制地方政府的GDP冲动。

与杨光斌不同，普林斯顿大学的白霖教授主要不是从中央与地方关系的角度来思考中国的集权与分权问题，而是围绕"分权对中国有什么用"这样一个问题来展开他的分析。白霖认为，现代责任政府的应有含义之一，是每一个国家都必须有功能性的分权。但是，哪个国家更加集权，哪个国家更加分权？这些问题与政治文化有密切的关系。通常说来，亚洲国家更多集权，而西方国家更多分权。但他紧接着补充说，集权和分权本身并没有好坏之分，关键要看它们是否有利于国家的统一和社会的发展。因此，他开门见山地声明，他特别赞同中国领导人的一种基本态度，即中共党员不应当受到西方错误的政治观点的影响。换言之，是集权多一点还是分权多一点，主要取决于哪一种更有利中国的稳定与繁荣。虽然他表示，"集权是否适应中国"这个问题不应该由他来回答，但他对"分权是否实质性地有利于中国"这个问题显然提出了怀疑。

按照这样的思路，白霖对中国的分权开列了一个优先次序：首先实行功能性分权，然后是地理性分权，最后才是选举性分权。他认为，最重要的是功能性分权，即通常所说的"块块"之间应当有清晰的边界。功能性分权是现代政体的应有之义，因为外交、司法、检察、学校、军队、银行和企业等不同的专业领域，的确需要不同种类的知识和精英。在功能性分权方面，中国政府还有许多需要改进之处。完善功能性分权，也是党和政府应对社会变迁的重要方式。对于地理性的分权，尤其是选举性分权，白霖的态度非常谨慎。他明确地警告说，中国应当走自己的政治道路，不能照搬西方的民主模式。如果在完善功能性分权之前就实行全国的普选，那么，对于经济快速发展的中国来说将是极其危险的。

九、从基层民主到高层民主

尽管学术界在中国民主改革的重点是应当放在基层还是放在上层，或者基层与上层一齐推进这一问题上，还存在着许多争议，但无可怀疑的是，中国官方始终把推进民主的重点放在基层。从基层开始，逐渐向上推进，正如从党内民主向社会民主推进一样，是中国民主发展的基本路径。改革开放以后，中国民主政治最重要的突破性改革，主要也发生在基层。例如村民直接选举和乡镇领导的公推直选等。

从国家制度层面看，基层民主主要包括三个方面：一是以村民委员会为组织形态的农村村民自治，二是以社区居民委员会为组织形态的城市居民自治，三是以职工代表大会为组织依托的企事业单位的职工自治。但学者眼中的基层民主范围要宽泛得多。例如，长期研究中国基层民主的深圳大学黄卫平教授就认为，所谓基层民主即"基层"的"民主"，包括草根社会（村委会、居委会）和基层政权（县乡两级党委、人大、政府）两个层面，也包括民主选举与民主治理两个维度，并以民主选举的发展为主线。

黄卫平认为，从农村村委会的选举开始，中国基层民主经历了从农村到城市、从草根社会到基层政权、从执政党外到执政党内、从民主选举到民主治理的多维变化。首先是从村庄民主到社区民主，主要表现为村委会选举和居委会选举；其次是从草根社会到基层政权，主要体现为乡镇长直接选举和县乡两级人大代表直接选举；其三是党外民主到党内民主，主要体现为村党支部的"两票制"和乡镇党委的"公推直选"。所谓的两票制，即村民对党支部委员候选人的民意推荐票和党员的正式选举票。"公推直选",又称两推一选、直推直选等,指的是乡镇党委候选人先由党外民众推荐,再经上级党组织考察,再由乡镇全体党员大会或党代表大会选举。其四是从民主选举到民主治理,即从单纯的选举扩展到民主决策、民主管理和民主监督。

黄卫平深入分析了中国基层民主的动力、困境、特色和前景。他认为,基层民主的发展有着内生的草根动力,同时也与执政党和国家推动基层民主的战略部署以及地方官员的创新动力密不可分。中国基层民主目前面临着诸多困境,例如公民社会不成熟、法治程度不高、缺乏选举传统、与宏观政治环境不协调、对社会政治稳定的焦虑、地方官员缺乏民主热情、基层民主的绩效不明显等。黄卫平认为,中国基层民主的主要特色是"公推直选",即这种民主既不是单一的投票,也不是完全没有投票的推荐,而是将投票与推荐结合起来的"公推直选"。在他看来,推进基层民主有利于巩固中国共产党的执政地位,因此将继续受到中国共产党的重视;现存的政治空间中还有发展基层民主的广阔余地。因此,尽管他清楚地知道,基层民主的发展将是各种政治势力长期博弈的过程,不会一帆风顺,但其对未来前景显然是相当乐观的。

对中国的基层民主进程,斯坦福大学的戴慕珍教授给出了与黄卫平教授很不相同的解读。她首先指出,选举经常被视为民主制度的核心,是实现善治和人民的统治的实质性途径。对选举的评估常常集中在国家层面,例如是否有多个候选人,是否有秘密的投票,是否在计票中保持透明性,以及是否有贿选或者作弊。尽管如此,考虑到中国政治的现实情况,她承认,改革开放后像村民直接选举这类基层民主的突破性发展给西方世界很多震惊。因为这是中国历史上第一次赋予人民直接的、竞争性的选举权,尽管这些直接选举仅仅限于村民委员会而不是村级的党的机构。这是在后毛泽东时代的中国推动社会前进的积极一步。因此,她认为黄卫平对中国基层民主的论述值得认真思考。

在戴慕珍看来,在政治体制的谱系上,多党民主体制与一党权威体制位于两端,中国依然是没有全国普选的一党制国家。在这样一种宏观政治背景下，村民选举的推广过程是一个自上而下的过程，而不是一个自下而上的过程。她认为，对于中国共产党来说，村民选举只是解决各种乡村问题、维护和加强中国共产党执政安全的一种政治工具。她指出，很多美国学者一直在询问，这种乡村选举是不是通往国家层面的民主政治的一条道路。但从黄卫平的论述中可以感到，国家范围内的选举在可见的未来依然是一个难以企及的目标。令戴慕珍特别担忧的是，上个世纪90年代开始的中国农村财政和行政权力开始向乡镇政府的再集中，使民选产生的乡村干部的权力空心化，从而对基层民主构成了严重的损害。因此，按照她的分析，现在更重要的已经不是乡村选举的问题，而是那些当选者究竟有多大的权力，能够做什么？乡镇干部到底有多少权力？地方人大到底能做什么？她无疑已经看到了中国在治理方面存在的诸多挑战，但对于中国是否会再一次把选举作为解决问题的手段，她将拭目以待。

十、从利益冲突到利益协调

用戴维·伊斯顿的话来说，政治就是社会价值的权威性分配。政治是事关重大公共利益的决策活动，是对社会重要利益的制度性分配。经济体制改革，主要是调整经济关系，促进生产力的发展，增进社会的物质财富总量。而政治体制的改革，主要是调整利益格局，对经济权益和政治权益在社会各群体之间进行重新分配。中国的改革开放过程，归根结底是一个调整经济关系和利益格局的过程。科学技术的进步和市场体制的确立，释放出巨大的生产力，使社会的利益总量大大增加。旧的利益格局打破了，新的利益格局开始形成。在这一过程中，新的利益冲突大量产生。如何通畅社会的利益表达渠道，建立新的利益协调机制，缓解利益冲突，促进社会公平正义，建设和谐社会，已经成为中国政府最重要的任务之一。

清华大学的景跃进教授在《演化中的利益协调机制》一文中引用大量数据证明，改革开放以来，与中国的社会结构变迁相伴随，中国的利益格局发生了巨大的变化。以收入差距为例，城乡居民收入比从1978年的2.36∶1

扩大到2009年的3.33∶1；全社会的基尼系数从1978年的低于0.3扩大到2009年的0.47。令中国政府最为头疼的信访浪潮和群体性事件，主要源于对居民合法利益的剥夺和利益分配的不公。用官方的语言来说："信访和群体性事件背后反映的大多是因利益诉求而引起的人民内部矛盾，是改革发展过程中的问题。"如果说信访主要反映的是民众对地方官员和企业老板的不满，既有官民矛盾，也有劳资纠纷；那么层出不穷的群体性事件，直接就是公共政治事件，实际上反映了政府的治理危机。利益矛盾引发的不仅是劳资对立，也在相当程度上反映了政府与民众的对立，开始威胁既定的社会政治秩序，大大增加了政府维护稳定的压力和成本。政府开始对"维稳"不堪重负。

根据景跃进的分析，政府日益增加的维稳压力，其实源于原有的利益协调机制遇到了瓶颈，从而使整个社会政治体制面临巨大的转型压力。在这样一种现实背景下，建立一个与市场经济和开放环境相适应的利益协调机制，对于中国的社会安定和可持续发展来说，变得尤其重要。在景跃进看来，近年来中国政府在这方面作出了大量的改革尝试，其中最有意义的是以下两个方面：一是公共政策过程的优化，增大政府决策的开放性和民主性，这主要用以调节官民关系。二是建立政府、企业和工会三方协调机制，这主要用来改善劳资关系。景跃进认为，这些改革既体现了执政党与时俱进的特色，也体现了中国改革的路径依赖和发展的极不平衡。但是，对于现存发展模式究竟能否适应社会利益格局的重大调整，已有的制度化选择空间究竟有多大，利益的多元化与政治的一元化最终是否相容，景跃进提出了自己的疑问。他的答案是，我们需要以更加开放的心态，从理论上和实践上对这些问题进行大胆的探索。

与景跃进一样，布鲁金斯学会中国研究中心的李成博士也认为，伴随着改革开放和市场经济的发展，中国社会出现了深刻变革，阶层分化与利益多元化相伴而生，由此产生了复杂的利益格局。各种不同的利益集团已经形成，并且对中国的现实政治进程发挥着日益重要的影响。官民矛盾和劳资矛盾是利益分化和冲突的集中体现，它们一起构成了中国共产党政权合法性的两大主要挑战。因此，利益集团对中国社会经济和政治生活具有举足轻重的意义，方兴未艾的利益集团将决定中国未来的政治走向。分析利益集团对中国政治进程的影响，已成为观察中国政治的一个基本视角。

作为长期研究中国社团政治和精英政治的专家，李成的视野非常广阔。除了景跃进论及的弱势群体和工商企业主群体这两个利益集团之外，他指出："还有很多景教授的文章中所没有充分讨论甚至没有提及的其他重要行为体，比如地理上的行政区、各种官僚机构、军队、越来越商业化的媒体、非政府组织和地方政府。无论沿海还是内陆的地方政府，都是政治利益集团，它们积极向北京施加影响力，以保证中央政府颁布的政策对自己有利。"李成还特别论述了一个新兴的利益群体，即正在兴起的中产阶级。他甚至认为："决定中国未来政治最重要的利益集团，不是'黑领阶层'，也不是'蓝领工人'，而是中国日益崛起的中产阶级——'白领集团'。"他认为，越来越不满的中产阶级将对政府产生重大压力，而如何处理好与这个"昔日同盟军"的关系，是政府下一步改革的应有之举。

李成指出，如果妥善处理，利益集团能够在中国催生一个更加制度化的、有序的、和平的和民主的转型。"在民主国家里，利益集团政治既不被视做社会政治稳定的威胁，也不是政府合法性的挑战，而被认为是民主治理中必不可少的环节。"但是，仅仅从政策的层面来对利益结构进行协调，是远远不够的；应当从政治的层面建立制度化的"代理人政治模式"。只有通过建立一套制度化和民主化的机制，来处理利益集团之间的矛盾，才能消除利益冲突对社会政治稳定的消极影响，为社会长治久安奠定制度基础，建设一个真正的和谐社会。

十一、从传统决策到现代决策

决策体制是政治体制的重要内容，尽管它在政治分析时常常被忽视。决策能力是政府治理能力的重要内容，决策的优劣直接关系到公民对政府的满意度和政府的公信力，同时也是影响政局稳定的重要因素。决策体制对于中国政治发展而言，意义尤其重大。因为中国共产党对国家事务的管理和对社会的领导，主要是通过各种政策实现的。改革开放以来，中国的基本政治制度并没有实质性的变革，但决策体制却发生了重大变迁。民主化、制度化、规范化和科学化等中国政治的重要进步，在决策体制的变迁中都有突出的体现。无怪乎吉林大学的周光辉教授在《决策民主化》一文中说，中国的决策体制是中国政治体制的中枢系统，是影响中国发展的关键变量。

中国共产党建国后形成的决策体制的主要特征，是执政党对国家大政方针具有绝对的决定权，决策权力高度集中。全国的决策权集中于党中央，中央的决策权集中于最高领导层，特别是党的领袖。地方的决策权集中于地方党委，特别是各级党委的主要领导。周光辉教授非常详细地论证了这种决策体制形成的历史合理性，并且从决策结构、决策方式和决策机制三个方面客观地指出了其弊端，例如没有合理的分工、以党代政、个人专断、不透明、不开放、不民主、决策失误多、制度化和专业化程度低，等等。简而言之，这是一种建立在个人经验基础之上的决策体制。随着中国社会向现代化发展，这种决策体制越来越不适应现实的需要，最终导致了严重的政治危机。史无前例的无产阶级"文化大革命"，就是传统决策体制的恶果。"文革"十年是动乱的十年，使中国社会陷入了政治、经济与社会的全面危机之中，但在传统的决策体制下，任何人都无法改变毛泽东的决定。

毛泽东去世后，中国共产党吸取了教训，开始对传统的决策体制实行重大改革，其基本目标是确立一个民主的、科学的、合理的现代决策体制。按照中国共产党的官方说法，就是实行决策的民主化和科学化。为此，中国共产党从决策结构、决策方式、决策机制等多个方面对原来的决策体制进行改革。例如，开始实行党政分开和政企分开，党不再包办一切政府事务，特别是从经济事务中退出来，不再干预企业的经营，由企业自主决策。党委和政府的集体决策制度得到强调和健全，各级党政领导人的决策权受到实质性制约。一系列的现代决策制度在中国逐渐推行，其中有不少是向西方国家学习借鉴的。这些现代决策制度包括政策听证制度、民主协商制度、政策公示和政务公开制度、决策咨询制度、政策评估制度和重大政策失误的责任追究制度，等等。

周光辉指出，虽然经过30多年的艰辛历程，中国决策体制改革取得了重大进展，但当前的决策体制还存在一些重要不足：一是在中央层面，中国共产党与国家机关各部门的职责划分不够规范，中国共产党与各民主党派的关系制度化程度不高，特别是"人大"和"政协"的民主决策作用发挥得不够；二是有些领域决策权力仍然过于集中，开放程度不高；三是决策程序还不完善，一些听证会和咨询会流于形式，公民参与公共决策的方式和途径单一；四是决策监督体制也不完备，决策的合法性审查缺失。周光辉提出了不少改革的建议，以有助于建立一个信息畅通、反应灵敏、公开透明、科学论证、中共主导、多方参与、依法决策的体制。

作为长期研究中国政治决策的专家，霍普金斯大学的戴维·蓝普顿教授对中国决策体制在过去30多年的变迁有深刻的了解。他指出，决策体制虽然不是政治体制的全部内容，但是其中极其重要的一个部分。他认为，传统决策体制的主要特征是高度的集权。这种体制的缺陷主要表现在：易于受到领导错误判断的影响；党和国家权力划分不清晰；缺乏明确的责任机制；拥有决策权的各部门缺乏协调；决策过程中公民参与程度不高；对大量的公民诉求与期待，回应能力薄弱；基于经验而非科学决策；决策过程中信息贫乏；缺少约束规则与程序；发挥专门技能与专门知识的空间有限；政策反馈通道较少；不鼓励创新。决策体制的这些弊端从1957年开始就变得越来越明显，在1966—1976年的"文化大革命"期间达到顶峰。

蓝普顿认为，邓小平时代中国决策体制最引人瞩目的改革，就是更高程度的工具理性化：有清晰的改革目标，特别是决策民主化；在改革过程中整合更多人的利益与需求；考虑公众舆论；使用科学的数据和信息来做决策，更清楚地界定党和政府组织在决策中的角色；界定各个公共权力机构的权限及其相互关系；强调法治和依法决策；日益重视政策过程中利益团体的作用；与其他行为者包括民主党派进行更有意义的协商。

蓝普顿还就决策过程中"德先生"与"赛先生"的相互关系发表了评

论。他说，民主是一种体制和目标，而科学只是一种方式。民主绝不仅仅意味着参与、制度化、监督、反馈，民主事关参与者的选择和决策权的授予，事关决策制度的设计。民主的原则就是主权在民、公平竞争。民主不是简单的多数人决定，民主也决定着多数人不能做什么。科学并不能告诉你，从规范上看你应该需要些什么；科学也不能回答社会与生活中许多基本问题，例如在平等与效率之间、在经济增长与环境保护之间、在集体与个人之间，天平应摆在哪里。只有政治才能解决这些平衡问题。然而，如何实现上述平衡，对于任何政权都是不容易的两难选择，每个国家都需要找到自己的道路。

十二、从惩治腐败到监督权力

邓小平领导的改革，最重要的内容是引入社会主义市场经济体制，取代原来的社会主义计划经济体制。用市场经济取代计划经济，是一个渐进的过程。在这个转型过程中，中国的经济生活存在着计划和市场的双轨制。这种二元经济结构或双轨制为大规模的寻租创造了有利的现实条件。此外，随着社会经济的急速转型，意识形态、信仰体系和价值观也发生了重大的变化，再加上制度建设的滞后，使得官员的腐败突然成为中国最严重的政治疾病。严重的腐败不仅增大经济发展的代价，也极大地损害了中国共产党的公信力和合法性。反腐败和廉政也随之成为中国共产党和中国政府的重要任务。改革开放初期，中国共产党的廉政建设以对干部的政治教育和对腐败分子的惩处为主，诸如"三讲"、"党员先进性教育"等活动的重要内容，就是教育官员要廉洁从政。然而，尽管每年都有大批腐败官员受到惩处，但腐败现象依然极为严重。面对这种情况，中共决策层清醒地认识到，反腐败主要应当依靠制度建设，因此日益重视监督和制约权力的一系列基本制度。

长期研究腐败问题的中共中央编译局何增科教授在《中国的反腐败与权力监督》一文中，系统地考察了中国改革开放以来的反腐败历程。他指出，中国的反腐败经历了三个阶段：即从运动式反腐败，到依靠制度建设反腐败，再到建设国家惩治和预防腐败体系。30多年来，中国在反腐败方面取得的主要成就是初步建立了惩治和预防腐败体系，特别是确立了党和国家廉政建设的目标体系和廉政制度体系，同时查处了一大批腐败官员。据统计，改革开放以来到2009年11月，纪检监察机关共立案2945844件，给予党纪政纪处分人数达2706223人，有据可查的12个年份受处分的县处级以上干部人数即高达78631人。另据统计，改革开放以来到2009年底，中国各级检察机关共立案侦查贪污贿赂等腐败犯罪案件1095297件，查处667113人，其中县处级以上干部人数为46420人。中国公众对反腐败成效的满意度也从2005年的60.5%，提高到2009年的69.2%。

何增科着重分析了现行国家廉政体系和权力监督体系的有效性和局限性。他在充分肯定现存体制对制约权力和遏制腐败的积极成效的同时，也直言不讳地指出了以下五个方面的弊端与不足：权力过分集中，使得对各级党政主要领导难以进行有效的监督和制约；将专门监督机关置于监督对象领导之下，限制了权力监督体制的效能；议行合一的权力配置方式，使得决策、执行、监督权之间缺乏必要的制衡；新闻舆论监督缺乏有效的法律保障，以及低水平的民主法治建设。何增科十分清楚，只要还存在着不受监督和制约的权力，腐败就会变成政治之癌，并最终导致政权的败亡。因此，解决权力监督制约的闭合性问题，乃是有效预防和惩治腐败的关键环节。他提出了许多具体的对策建议。其核心内容是，通过深化政治体制改革，完善纵向和横向的权力问责机制，解决权力监督制约的闭合性问题。

与何增科一样，威斯康星大学麦迪逊分校的墨宁教授对腐败在中国的严重程度和危害程度也有着深切的认识。她说，现阶段中国最突出的腐败，是用人腐败、司法腐败，以及领导干部特权的合法化（例如住房和医疗方面）。特别是各级党政主要领导干部的腐败，即俗称的"一把手"腐败。她也同意何增科的分析，认为权力监督和制约制度的无效、缺失和不健全，是导致严重腐败的根本原因。特别是缺乏有效的纵向和横向的分权机制和问责机制，从而导致权力过分集中于主要官员。外部监督和选举问责制度的缺失，使得已有的权力监督主要是一种自我监督。此外，墨宁也谈到，缺少一种能"绑住官员手脚"的"动机结构"，上级官员对下级严重的腐败也应当承担相应的责任。

能否遏制和消除严重的腐败，墨宁似乎信心不足。一方面，她肯定了何增科提出的廉政建议；但另一方面她又怀疑这些措施是否行之有效，尤其是能否被官员所接受。她对体制内的权力制约和廉政建设，尤其不信任。她问道：当权者会自愿选择一种束缚他手脚的制度设计吗？我们能够期待这样一种方案吗？针对何增科提出的反腐败设计，她甚至不客气地说：这种设计方案，即便被采用，基本上也是一纸空文。但她对何增科提出的体制外监督则赞赏有加。她说，公民社会对国家权力的制约、选举对官员的制约和新闻舆论的监督，即使不能完全解决中国的腐败问题，至少也将为官员的问责奠定必要的基础。

十三、结束语

在中美学术交流史上，专门就当代中国的政治发展进行高级别的直接对话，就我所知这是第一次。从这次对话中我们不仅可以发现中美学者对中国政治的许多重要评论和观点，而且还可以发现许多令人感兴趣的现象。概括地说，以下几点尤其令人印象深刻。

中国政治发展日益受到高度关注。这一点对中国学者来说并不奇怪，因为中国的历史文化传统决定了在影响中国社会发展的各种变量中，政治的因素比起西方国家来更加重要。从这次中美对话中，我们可以看到，几乎所有美国的中国问题专家都高度重视中国政治发展的重要意义。在当前美国的中国研究领域，对重大政治问题的研究已经明显处于前所未有的重要地位，研究的重心也已经从原来的中国外交政策转向诸如政治体制、政治价值、改革战略、意识形态、民主法治、地方治理、领导能力和执政党建设等国内政治。许多原来研究中国历史、社会和文化的学者也将更多的精力放在政治研究上。不仅如此，一些从未涉足中国研究的重要人物也开始关注中国的现实政治。例如,布鲁金斯学会现任主席约翰·桑顿和美国著名的民主研究权威拉里·戴蒙德均十分关注中国政治研究,直接或间接地参与了本次对话。中美学者之所以如此重视中国政治的研究,主要是出于两个原因:一是他们认为中美之间的冲突与合作在很大程度上将取决于中国国内政治的发展;二是他们认为中国的政治发展将决定性地影响中国的未来。

改革开放以来中国政治取得了长足的进步。改革开放后,中国走上了一条既不同于传统苏联模式又不同于西方发展模式的中国特色发展道路。这种独特的发展模式给中国社会带来了翻天覆地的变化,既创造了经济发展的奇迹,也促进了社会政治的全面进步。对于绝大多数中国学者来说,改革开放以来中国的政治变革和政治进步是显而易见的。特别是在建设法治国家、扩大公民参与、推动基层民主、强化政府责任、提高政治透明、改善公共服务等方面,中国的进步尤其明显。然而,由于政治评价标准不同,西方学者通常对中国取得的社会经济成就赞扬有加,而对中国的政治发展则微词不少。但是,从这次对话的情况看,美方学者对中国改革开放以来的政治进步基本上持正面的态度,对一些重要的政治进步都给予了肯定的评价。之所以这样,首先是因为改革开放以来中国的政治进步是一个不争的事实;其次也因为随着中国对外开放的深入,美国的中国问题专家有更多的机会深入中国,进行独立的调查研究,收集到更多的数据资料,与中国学者有更多的合作,因而对中国政治有了更加深入和全面的理解。

中国政治发展有自己的独特道路。中国的政治发展道路和政治模式明显不同于西方国家,也不同于传统的苏联模式,中国60年的政治发展,创造了具有鲜明中国特色的政治模式。例如,从基本政治制度看,人民代表大会制度、政治协商制度、民族区域自治制度和基层居民自治制度构成了中国特色的民主政治框架。从国家权力结构看,中国不实行立法、行政、司法三权分立的体制,而实行议行合一和民主集中的权力运行体制,同时强调决策权、执行权和监督权之间以及人权、事权和财权之间的相互制约。从政党制度看,中国不实行多党竞争,而推行中国共产党一党执政,与其他民主党派进行多党合作和政治协商的政党政治体制。从国家治理结构看，中国呈现一种以党领政的治理结构。中国的治理主体已经多元化，但是在所有治理主体中，最重要的是中国共产党的各级组织。从政治改革的方式看，中国选择了一条增量发展的途径。中国的政治改革不是一种休克疗法，而是渐进的增量改革。从中央与地方的关系看，形成了一种条块结合的治理格局。中国未来的政治发展也不可能照搬西方的政治模式，不能简单地用西方的理论来解释中国的政治发展。所有这些都在相当程度上为中美学者所认同。

中国政治发展面临着重大的挑战。尽管中美学者对中国政治的进步和成就持普遍的肯定态度，但双方学者都明确表示，中国的政治发展存在着许多亟待解决的问题，其未来前景面临着不少严重的挑战。久治不愈的腐败和特权、社会分配的不公、政府公信力的下降、社会不稳定因素的增加、民主和法治建设的相对滞后、基本政治认同和政治共识的不足、既得利益集团开始形成并实质性地阻碍政治改革、政治改革缺少战略设计和主动性等，是双方学者共同关注的问题。除了上述问题外，美国学者还特别关注中国独特的政治发展模式究竟是否成立？中国有朝一日会不会实行以多党政治、普选和三权分立为核心要素的西方式民主？中国现行的政治模式能否继续使中国经济迅速增长和社会长治久安？中国共产党能否解决现行的政治挑战并长期执政？尽管有种种担忧，但多数参与对话的中美学者对中国未来的政治前景似乎都抱着一种谨慎的乐观态度。

中国政治研究的学术水平明显提升。由于政治问题在中国特别敏感，而且许多第一手的文件、数据、资料不容易得到，因而，在中国的哲学社会科学领域中，政治学的研究，特别是中国政治的研究相对比较落后，学术化程度不高。对于国外学者来说，且不说政治价值观的不同，现实政治研究中的困难比中国学者遇到的困难还要更多，除了原始文件和数据不易得到外，还有政治文化传统的不同、问卷调查和实地访谈的制约，等等。因此，中国政治的研究也不像其他研究那样容易为学术界所认可。然而，从中美学者所提交的对话文章看，大多数作者的研究遵循了国际社会普遍的学术规范，研究方法比较科学，专业化和学术化程度明显上升。中国学者的成果受到美国同行的普遍好评，美方学者的评论也受到了中方学者的高度重视。引人注意的是，美国学者对中国政治的研究在一些领域已经相当深入和具体，对中国政治的最新发展尤其关注，甚至对一些地方的改革试验也有清楚的了解。之所以有这样的变化，一是中国对外开放的程度在不断提高，许多过去被认为敏感的领域和资料现在也向国外学者开放；二是因为信息社会的到来，许多过去可以保密的数据资料现在完全可以通过合法的手段轻易获得。

求同存异，中美学术交流需要相互尊重和相互理解。中国政治一直是敏感的研究领域，在事关中国政治的问题上，中美学者之间的交流往往不仅隔阂很大，分歧较多，而且容易把学术问题政治化，从互不理解，直到互不尊重。中国学者会认为西方学者不了解中国国情，用西方的标准衡量中国政治，抓不住中国政治的要害，因此容易轻视西方学者的研究成果。相反，西方学者则容易认为中国学者的研究不够学术化，经常是在为中国政治进行理论辩护，因而也不重视中国学者的研究成果。但是，在这次对话中，双方学者都做到了相互尊重、平等交流。美国专家对中国学者的文章进行了认真的阅读，并且都写出了评论文章，既表达了对中国学者的充分尊重，也在学术上给予了高度的认可。中国学者也认真对待美方合作伙伴的评论，在修改自己的文章时充分吸收。之所以出现这样一个重要的转变，一是因为随着中国经济和政治地位的上升，中国的学术地位也开始上升；二是因为中国学者的学术研究水平也在明显提升，开始用一些国际通用的方法和概念分析现实问题。

总而言之，改革开放后中国的政治走上了一条独特发展道路，尽管还存在着不少问题和弊端，对一些问题处理不当甚至可能引发相应的危机。但是，以民主、法治、责任、公开、公正、服务等为核心内容的政治改革，正在使中国走上一条善治之路。中美学者所观察和分析的从革命到改革、从专政到宪政、从国家到社会、从人治到法治、从集权到分权、从管制到服务、从统治到自治、从冲突到调和，是中国善治之路的若干重要轨迹。

【参考文献】

[1] 俞可平：《中华人民共和国60年的政治发展》，"中国政治发展：中美学者的视角"课题报告之一。

[2] 王长江：《中国共产党从革命党向执政党的转变》，"中国政治发展：中美学者的视角"课题报告之一。

[3] 时和兴：《人民代表大会与中国的宪政发展》，"中国政治发展：中美学者的视角"课题报告之一。

[4] 林尚立：《协商政治与政治协商：中国的制度与实践》，"中国政治发展：中美学者的视角"课题报告之一。

[5] 王　名：《中国公民社会的兴起》，"中国政治发展：中美学者的视角"课题报告之一。

[6] 燕继荣：《中国的社会自治》，"中国政治发展：中美学者的视角"课题报告之一。

[7] 郁建兴：《中国的公共服务体系》，"中国政治发展：中美学者的视角"课题报告之一。

[8] 杨光斌：《中国的分权化改革》，"中国政治发展：中美学者的视角"课题报告之一。

[9] 黄卫平：《中国基层民主制度》，"中国政治发展：中美学者的视角"课题报告之一。

[10] 景跃进：《演化中的利益协调机制》，"中国政治发展：中美学者的视角"课题报告之一。

[11] 周光辉：《决策民主化：当代中国决策体制的形成与变革》，"中国政治发展：中美学者的视角"课题报告之一。

[12] 何增科：《构建现代中国廉政制度体系：中国的反腐败与权力监督》，"中国政治发展：中美学者的视角"课题报告之一。

[13] Kenneth Lieberthal: Comment on Yu Keping's Paper.

[14] Larry Diamond: Comment on Wang Changjiang's Paper "Communist Party of China: Transition from a Revolutionary Party to a Governing Party".

[15] Jacques de Lisle: The People's Congress System, Constitutionalism and Democracy in Reform-Era China-Comments on Shi Hexing's "The People's Congress System and China's Constitutional Development".

[16] Joseph Fewsmith: Response to Lin Shangli's Paper.

[17] Mary Gallagher: Comments on Wang Ming's "The Rise of Chinese Civil Society".

[18] Andrew G. Walder: Comments on "China's Social Self-Governance" by Yan Jirong.

[19] Tony Saich: Comment on "China's Public Service System" by Yu Jianxing.

[20] Lynn White: Division of Powers: What Uses for China?—Comments on Professor Yang Guangbin's paper.

[21] Jean C. Oi: Comment on "China's Grassroots Democracy: Development and Assessment" by Huang Weiping.

[22] Cheng Li: Interest Group Politics in China: A Paradox of Fear and Hope—Comments on "China's Interest Coordinating Mechanism: Challenges and Prospects" by Jing Yuejing.
[23] David M. Lampton: Comments on Paper by Professor Zhou Guanghui.
[24] Melanie Manion: What Do We Know? What Can We Expect?—Comment on "A Clean Governance Design for Contemporary China" by He Zengke.

Abstract

This essay presents a general examination on the research findings of the project "China's Political Development: Perspectives from Chinese and American Scholars". The project, consisting of 12 Chinese political scientists and 12 American political scientists and sociologists (most are American China specialists), aims at finding common grounds between Chinese and American scholars concerning China's political development since the Reform and Opening up, including transformation of Communist Party of China, development of People's Congress System, changes of political consultative system, improvements in administration as well as growth of Chinese civil society. The author seeks to compare the major arguments by Chinese and American scholars on a battery of issues concerning the governance situation in China, including election, rule of law, decentralization, accountability, decision-making, participation, civil rights, public service, interest coordination, oversight of power and social autonomy, etc. By so doing, the author attempts to grasp the achievements China has made on its road towards good governance, examine the challenges it is still facing, and detect its possible trajectories in the years to come.

对中国政治发展的评价*

李侃如（Kenneth Lieberthal）著　　李剑　译

【内容提要】 作者认为，俞可平教授的论文展示了中国政治制度发生的重要变革，为思考下一步的改革方向提供了理论基础。作者还对中国的民主转型作了分析，指出政治战略家在政治生活中的作用，认为随着政治参与的不断发展，如今的中国不可能再造就一位强有力的改革领袖。作者还论述了政治经济机制和提高治理能力对中国的重要性，认为中国应该更关注如何进行一种自下而上的改革。

俞可平教授的论文讨论了导致中华人民共和国前30年挫折的缘由与1978年后使国家得以发展进步的关键的改革路径。他将改革的路径划分为六条主线——从革命到改革、从斗争到和谐、从专政到民主、从人治到法治、从集权到分权、从国家到社会——在结尾部分反思了中国社会政治变革的动力和下一步改革需要涉及的领域。

他的论文强调，在后毛泽东时代，中国不仅经历了经济制度的巨大变革，政治与社会制度的变革同样也是广泛而深入的。对党的地位和角色、经济发展方式、社会变革的力量、国家与社会关系的实质、最有效的治理方式等方面的重估，不断地推动着政治与社会的持续变革。

---

* 本文是对俞可平教授的文章《中华人民共和国60年的政治发展》所作的评论。

俞教授认为，在1949年后的数年里，党的领导人并没有认识到革命应该宣告结束而党的主要任务应当转为实现有效的治理。相反，毛泽东声称应当并且继续强化阶级斗争，应该继续用暴力斗争方式推动变革（暴力斗争是革命的内在组成部分），所有非政治性的组织和权威资源都应该集中于党和政府的领导之下。这种理念是导致毛时代最后十年灾难性悲剧的根源。

正如俞教授所述，邓小平对问题的严重性有着深刻的认识，也由此开始着手将国家带入通向更加成功的轨道。俞教授为他所勾勒的六大线索进行了出色的历史性概述。他在文章结尾的思考表明，尽管真正的民主是中国的终极目标，但其现实显然还有诸多不足。他特别指出以下几个方面的不足：不断侵蚀着人民对党和政府信任的腐败；公民有序政治参与渠道的不畅通；严重威胁社会秩序与和谐的日渐增大的收入差距；公民与政府间重要政治共识的缺失等。

俞教授认定改革已走进了突破口，党内民主、基层民主、人民代表大会制度、政治协商制度都需要进一步改革和完善，以便适应经济和社会发展的需要。他强调中国共产党是推进政治改革的核心力量。但要巩固其领导和执政地位，党必须持续不断地改革，增强其执政和社会管理能力，以满足人民日益增长的物质和精神需求。

俞教授的论文展示了中国政治制度已发生的重要变革，为思考下一步必需的改革方向提供了一个基础。俞教授的分析虽然并未以那么显明的方式呈现这种思考，但它无疑涉及了如何开启这些改革并使其目标得以实现的问题。

一、未来的改革

实际上可以从两种宽泛的思考角度来考虑中国所需改革的类型以及如何开启这些改革。这两种角度并非相互排斥的，但它们存有相当大的差异——在优先性和先后顺序上——它们各自都需要特别的关注。俞教授的论文为这些选项的讨论提供了丰富的源泉。

二、民主转型

许多学者，特别是美国学者都相信，为了中华人民共和国未来的繁荣、稳定乃至统一，向一个民主政治体系的转型至关重要。他们所期待的民主，不止是一个逐渐以更透明的方式进行治理，并且逐渐运用法治手段来管理社会的高度咨询性体制（a highly consultative system）。它要这个政体及其官员不仅受法的约束，还要对民众负责，要有一个依法而定期举行的竞争性选举，允许多个政党参与选举竞争。为真正实现这些民主的实质性指标，相应的变革同样是必不可少的，如透明度、言论和集会自由等等。

开启决定性民主转型的逻辑乍看起来相当简单：比较政治分析显示，当人民更富足，受教育水平提升，对世界见多识广，更融入全球体系中，维持稳定的一党统治更加困难，即使在那些政党有丰富的统治经验，并为上述福祉居功至伟的地方，转型依然不可避免。此外，转型的典型状态是执政党猝不及防地失去政权，比之于那些尽早开启民主化，并且执政党矢志不渝追求民主的案例，其民主历程将更加艰苦，也更难成功。

简言之，这一论点认为中国的民主化转型，如果调控得当，将可能减轻不平等（可能还有腐败），体现着中国教育、物质、信息获取、全球化等方面的进步。它也将极可能有助于解决中国严重的污染问题。

但这种改革的启动是极其困难的，俞教授的论文对此含蓄地提出了一个忠告。论文对上世纪70年代后期重大改革启动背景的分析提醒人们，有精通政治艺术的政治战略家领导改革是不可或缺的元素，而为重大改革开创了社会政治空间的历史教训也至关重要。第三个同样密切相关的是：政治经济结构在决定改革成功机会上的重要作用。

一位卓越的政治战略家

邓小平既是一位富有战略眼光的思想家，也堪称政治艺术大师。俞教授细述了邓小平所开创的六大政治发展主线，强调邓所遵循的增量改革路径的重要性。然而，论文没有突出另一个重要方面，即在体制内和人民中如何培养改革的能力并获取改革经验方面，邓富有敏锐的知觉和洞察力。例如，他的关键决策包括：

经济特区的实验以及此后的扩展，以利用外国技术和资本推动对于中国自身发展至关重要的技能、技术、资本的积累。经济特区的设置一开始是为了减少保守派的反对，缓冲这些改革对于仍然处于机能障碍中的内部政治体制的冲击，但最终创造了一个国际投资和贸易成就的范例。

在农村恢复家庭联产承包责任制以增加农业产出，这成为使得人口中的大多数在相对短的时间内通过改革获益的证据。一系列这方面的政策带来了产出的激增，迅速地提高了数亿农村居民的生活水准。首先在相对较为简单的领域进行改革，在旧体制的荒谬之处业已消除的同时，实现特定的收益。邓和改革派同志通过激发出一种巨大的改革动能，以支撑起这样一种理念：中国未来的成功能够通过结构和政策改革实现。农村改革的成功对于在1984年转入更复杂的城市经济体制的改革决策至关重要。

在排除了那些顽固维持毛泽东去世后现状的人以后，邓小平和他的同志们仍然要克服许多障碍，才能推进所寻求的改革。有些人希望阻止变革，而另一些人则觉得邓走得太快、太远，并引发了许多严重问题。例如，1988年局势就十分紧张：通货膨胀加剧；改革者内部也出现了争议，似乎对此一筹莫展；大众对腐败的愤慨不断累积引发严重的社会问题。而当时的领导人对于如何才能最好地解决这一系列难题没有取得共识。结果一系列严重的问题使改革停滞了4年之久。凭借个人特殊的权威与娴熟的政治技巧，邓小平在1992年将改革带上了一个可行的轨道。

简而言之，邓小平不仅对毛泽东遗留下的体制谬误洞若观火，也具备一个政治战略家的敏锐。对于如何蓄积改革动力和能力，如何削弱反对力量，他都有清晰的认识和布局。他也相当懂得如何在局部妥协，以维持在改革开放政策上的基本共识。在许多现代的权威主义政权中，改革家并不稀缺，但在引发巨变的同时却又不至于毁坏体制的成功改革者却极其罕见。20世纪70年代到20世纪90年代的这段历史告诉我们，一位具有战略视野的大师级政治战术家对于一场重大改革是何等珍贵。

但到了2010年，中国的政治权力已不再集中在一小批居于体制最高层、声誉显赫的人身上，政治局常委会和政治局本身的决策更多靠共识来驱动达成。此外，整个体制的权力也更加分散。决策日渐制度化，并容纳了更多的参与者，地方的权威也持续提升。集团和其他利益主体的影响力也已不容小觑。如今中国的体制不再可能造就一位强有力的改革领袖。

灾难性挫折作为改革的条件

如俞教授为我们所深刻揭示的，邓之所以能发起一场真正的改革，正是因为1977—1978年之间，体制本身已面临着严峻的全面危机。当然，关于改革的范围、方向和实质依然存在诸多争议——但危机的深度和广度为改革铺平了道路，同时也弱化了可能阻碍改革努力的政治机构。但是，这段历史包含着对当下具有潜在意义的重要教训：官员和大众皆承认体制处于危机中。这种普遍的认识才使得改革者能够克服既得利益的阻挠和对改革所蕴含的不确定性的恐惧。但中国的发展现状显然并未滋生类似的危机感。

政治经济机制的重要性

对中国当前政治经济机制的审视，彰显了当代中国启动重要改革的另一障碍。在中央以下政治权力的四个层级——省、市、县和镇——以下论断都将适用。

30年来的改革已经赋予了每个省、市、县、镇的领导以某种企业家方式行事的权力空间。他们获得了积极主动工作所需的灵活性，有了控制本地各种事务的权力（诸如法院、银行和党政机构的事务），他们有强烈的确保仕途顺畅的动机。为此，他们必须密切关注那些任命他们的上层领导的广泛偏好，而在官僚体系的每个层级都存在许多弹性空间。

假如对当前中国政治经济机制的这一审视大致无误，发动改革的困难之大很可能难以想象。现有体制对造就了预期成效的地方官员回报丰厚，它也给予了那些官员相当的自由度。此外，地方政治机器倾向于抵制任何寻求改变现状会造成其经济损失的新秩序。新的秩序需要高层领导在改革的具体细节上达成共识，予以重视，并且奖赏那些执行改革方案的人，对违抗者进行处罚，以便在现今的中国掀起新一波改革浪潮。

这意味着国家领导人要成为体制的改革者，不得不付出巨大的政治资本。在一个领导权更迭的时期，这尤为不可能。即使新一代领导人就任，他们也需要一至三年的时间才可以开始考虑改革事宜。

三、提高治理能力

许多中国学者提出了未来系统性改革的另一种方案。他们承认民主化转型的困难，但也意识到，为了维护社会稳定和使中国在通往财富与权力之路继续前进，系统性改良十分重要。

这些学者所开出的药方有：提高法律在经济和社会管理中的作用；更关注社会福利，以减轻不平等和增加大众的公平感；在中国共产党内部引入更多的民主技术手段。

这里提及的方案是依法治国（rule by law），而非法治（rule of law）。也就是说，更精心地制定法律，使得法律的质量更高。法律体系的质量将不断提升。但党认定为重要的事项将仍根据政治标准来裁决，这也会影响到法律在适用于官员时的标准尺度。

社会管理将会得以推进，社会保障体系与各种社会组织、社会机构的发展会获得更多的重视。这将降低可能导致社会不稳定的社会不平等，并且提升整个体制的正当性。

民主实践将会逐渐被引入党内。人们担心，鉴于现有的不平等状况、社会紧张和人民素质，完全自由的选举活动会激化社会矛盾。因此，要先在7000多万党员中展开民主实践，他们的受教育水平和政治觉悟毕竟更高。这些民主实践包括：增加党内协商、强化党的组织规则、提高党内和党的整体相对于公众的透明度。某些实践也将逐渐引入政府机构。例如公民对相关政府行为和决策的知情权。

提升治理能力的战略在接下来的一二十年内要成功地确保稳定和繁荣，面临着三个关键障碍。首先，上层从全局着眼有推动改革的动力，基层有应对日复一日的问题而改革的迫切需要。但是，政治体系的庞大中间层倾向于抵制任何有损官僚和其他既得利益的改革。缺乏严密的监督制衡机制——没有近似于民主转型的战略，这一机制极难确立——在省、市、县提升治理能力的任务不容乐观。

其次是当前政治体系存留的列宁主义元素，例如民主集中制原则和干部管理制度，它们很可能会限制治理改革的成效。这些原则及实践能助力于根深蒂固的既得利益，会消解旨在推动党内民主的改革创新的效能。

最后，这些改革很难缓解当前严重的经济与社会不平等状况。"十二五"规划及其后续方案加强社会保障网络建设和扩大其覆盖面的雄心令人印象深刻。但现有的政治经济机制将大多财富配置给了整个企业部门，尤其是国有企业，要改变这一现状有待进行根本性变革。腐败加剧了潜存的结构性不平等。没有监督制衡机制，没有依法治官，很难想象这些问题如何得到根本性解决。

总之，提高治理能力的战略确认了需要认真应对的重要领域，它内含着对可能导致社会失序的激进民主化战略的忧惧警惕。但它的风险在于，这些措施并不足以解决不平等、腐败、各个层级权力高度集中于个人、生态环境恶化、既得利益集团等核心问题，而这些问题的累积将可能带来更剧烈的不稳定。

四、结论

在中国，权力集中已在很大程度上被降低了，寻求共识已成为国家层次决策的倾向。这个国家正处在史无前例的增长阶段，综合国力与日俱增——这一形势相当不同于邓小平启动改革之时。体制已经演进到了新的状态，不同的利益群体，包括地方领导人，都在其中扮演了更有力的角色。在这种环境里，俞教授相信在未来仍然必要的各种改革——例如确立法治、深化民主、创建有活力而有效的公民社会——如何在全国范围内能从观念转化为政策,进而变成现实?

对这一问题并不存在单一、简明的答案。而本研讨会的论文所凸显的只是围绕着民主转型与提高治理能力战略而阐发出的种种讨论。

就上述分析而论,未来的重大结构性改革实际上将不得不主要是自下而上推动的结果。在各地成效显著的各种创新和实验,互联网的力量,社会对能更强有力保护个人权利乃至私人财产权的法制的需求……它们的汇聚将点燃改革的星星之火。如果这是现实,无论哪种全面战略被采用,对中国未来改革的思考都应该更关注如何以一种建设性的方式自下而上地推动改革,而不是假定必须如过去30年那样自上而下地改革。

(本文作者为美国布鲁金斯学会外交政策资深研究员、约翰·桑顿中国研究中心主任)

Abstract

This paper is a comment on Professor Yu Keping's article "PRC's Political Development over the Last Six Decades". According to the author, Professor Yu's article presents a general picture of some significant changes Chinese political system has been undergoing and lays the groundwork for discussing further reforms in China. The author also predicted and examined China's possible democratization in the future. In his view, the roles of Chinese political leaders have changed dramatically. With the deepening of political participation in China, the chance for China to have another strong leader is getting much slimmer. In the end, the author argued that China should pay more attention to political and economic mechanisms and governing capacities. He suggested that China should find ways to prompt bottom-up reforms.

中国共产党：从革命党向执政党的转变

王长江

【内容提要】

中国共产党是中国改革的决定性推动力，也是理解整个中国改革走向的钥匙。作为一个在结构和功能上均比较完整，甚至超越了一般政府机构的特定组织，中国共产党自身的变革日益受到密切关注。文章回顾了改革开放前中国共产党的执政形态，指出苏共模式、孙中山建党思想和中国传统政治文化是深刻影响中国共产党的三大要素。在此基础上，文章进一步论述了中国共产党的执政合法性、运行规则、党和国家权力的关系、党和社会的关系等问题，试图勾画出当下中国共产党自身变革的轨迹和大体轮廓。

在中国政治体制中，共产党居于核心地位。这不仅仅是宪法条文中的规定，更是一种既成事实。中国共产党的一举一动，都会给中国的发展进程带来深刻的影响。当下的中国共产党正处在变革之中。这种变革既是中国改革的决定性推动力，是理解整个中国改革走向的钥匙，又在改革的带动下发生，是中国改革大潮推动下的一个必然结果。这种交互作用使得中国共产党越来越受到人们的关注。这个党何以如此特殊？它究竟依循什么样的规则运行？在现代民主政治发展进程中它将有什么样的走向？本文力图通过对这些问题的简洁回答，勾画出当今中国共产党自身变革的轨迹和大体轮廓。

一、改革开放前中国共产党的执政形态

对中国人来说,"政党"是一个舶来品。当政党被引入中国政治生活时,这种政治现象在欧美至少已经存在了100多年。因此,中国的政党在组织理念、组织原则、组织形态、活动方式等方面,都不能不受到当时已有政党模式的深刻影响。具体到中国共产党,苏共模式的影响具有决定性意义。这自然首先与它们都把自己定性为马克思主义政党有关。此外,已经在政党政治道路上探索了20多年的中国革命先行者孙中山先生的建党思想,以及中国长达几千年的传统政治文化,都在中国共产党的建立和发展过程中有着不可忽视的作用。可以说,苏共模式、孙中山建党思想和中国传统政治文化这些因素,在中国共产党身上打上了深深的烙印。

(一)深刻影响中国共产党的三要素

苏共模式、孙中山建党思想和中国传统政治文化,是影响中国共产党的最重要的三个要素。

苏共模式是深刻影响中国共产党的居第一位的要素。中国共产党刚一建立,就是共产国际的一个支部。因此,无论客观上,还是主观上,中国共产党都非常明确地把苏共即最初的俄共(布)作为自己的学习对象。如毛泽东所描述的:"中国共产党主要是依照苏联共产党的榜样建立起来和发展起来的一个党。"[1]

这种类型的政党,从一开始就和西欧各国的政党不同。在西欧,政党的产生和民主的发展相联系。在与神权专制统治的抗争过程中,产生了近现代民主政治。民主政治的基本理念是:民众作为国家事务的最终决定者,决定权力的使用,决定直接执行权力的人选,对施权者进行监督,对施权结果进行评价。民众直接去做这些事情,就是所谓的直接民主。但在实践中,直接民主的实施有很多不可逾越的障碍,如国家规模、公民素质、操作成本等。作为探索的结果，出现了相对直接民主而言的间接民主形式。民众不是直接而是通过选出的代表来代行公民职责，控制公共权力，即代议制民主。代议制民主产生了组织民众的要求。于是，政党作为利益表达者，作为民众政治参与的有效手段，理所当然地成了代议制民主的主角。可见，在西欧、北美，政党一开始就是作为民主政治的工具出现的。政党因发挥连接民众与公权力的功能而获得了存在的理由。正因为此，西方学者关于政党的定义，大多以民主政治为背景。[2]

对比之下，在俄、中等国，建立共产党的条件和目的都迥然相异。共产党不是要在民众和现有国家之间起连接作用，而首先是要改变现有国家体制。用马克思的话说，共产党人的目的不是要掌握现有的国家机器，而是要彻底打碎旧的国家机器，"炸毁旧的国家权力"[3]。或者说，是要通过暴力手段推翻现政权，夺取权力。只是因为他们看到了政党的特殊功能，看到政党可以用来作为组织群众、实现夺权目标的工具，建立政党才受到了格外重视。马克思、恩格斯、列宁等都毫不隐晦地谈到这一点。因此，我们使用"革命党"这个概念，来表示这个以领导社会底层进行革命、夺取政权为目的的政党，一般说来不会引起多少歧义。毛泽东用他特有的语言风格很准确地道出了这一命题。他说："既要革命，就要有一个革命党。没有一个革命的党，没有一个按照马克思列宁主义的革命理论和革命风格建立起来的革命党，就不可能领导工人阶级和广大人民群众战胜帝国主义及其走狗。"[4]而革命，取其本意，指的就是用暴烈手段夺取政权。"革命是暴动，是一个阶级推翻一个阶级的暴力的行动。"[5]革命党的最根本特征是，它不以现有国家体制为前提，而是把自己置于国家对立面，对待国家的方法非常简单明了：削弱其合法性，破坏其基础，摧毁其制度。处在这种状态之下，中国共产党在很长一段时间里都具有半军事化组织的特征。这个特点帮助中国共产党干成了建立新中国这样一件惊天动地的大事，其行为方式对后来几十年都有强大的影响。

孙中山的以党建国、以党治国思想是深刻影响中国共产党的另一个重要因素。

孙中山最早在中国进行了民主革命的实践，屡试屡败，但愈挫愈勇，被中国共产党尊崇为革命的先行者。孙中山是向往美国等国的民主制度的，怀有在中国推行民主政治和政党政治的强烈渴望。同时，他也深知，完全照搬西方模式在中国行不通。经过不断思考，他逐步形成了比较系统的关于中国政治发展路径的思想，即以党建国、以党治国的思想。

"用政党的力量去改造国家"，是孙中山建国思想的核心。他认为，建立政党的目的就是为了组织革命，而不是像西方政党那样进行合法的平等竞争。按照孙中山的看法，党是未来国家的雏形，人民掌权要通过政党来体现。作为这一思想的具体化，孙中山把党设计成政府的模式：设"总理"为党的领袖，在总理之下分设执行、评议、司法三部。一旦取得政权，党就转而为"国"，代替人民直接行使国家权力。他进而解释道："所谓以党治国，不表示要党员都做官，然后中国方可以治，是要本党的主义实行，全国人都遵守本党的主义，中国然后才可以治。简而言之，以党治国，并不是用本党的党员治国，是用本党的主义治国。"[6]据此，《中华革命党总章》把原来所划分的"军法之治、约法之治、宪法之治"的革命程序改为军政时期、训政时期、宪政时期，统称为革命时期。在这个时期，"一切军国庶政，悉归本党党员负完全责任[7]"。与此相联系，总章把党员分为三等："凡于革命军未起义之前进党者，名为首义党员；凡于革命军起义之后，革命政府成立以前进党者，名为协助党员；凡于革命政府成立之后进党者，名曰普通党员。"三种党员地位不同，享有的权利和待遇也不同。"首义党员，悉隶为元勋公民，得一切参政执政之优秀权利。协助党员，得隶为有功之公民，能得选举及被选举权利。普通党员，得隶为先进公民，享有选举权利。""凡非党员，在革命时期之内，不得有公民资格。必待宪法颁布之后，始能从宪法而获得之。宪法颁布以后，公民一律平等。"[8]至于"国"的样式，孙中山认为："此后欲以治国，应效法俄人。"因"法、美共和国皆旧式的，今日惟俄国为新式的。吾人今日当造成一最新式的共和国"。俄国"不是代议政体，是'人民独裁'政体"，"这种人民独裁的政体，当然比较代议政体改良得多"。[9]孙中山表示，要"用我们的民权主义，把中国改造成一个'全民政治'的民国,要驾乎欧美之上"[10]。

孙中山"以党建国"、"以党治国"的思想虽然体现了他的革命民主精神,但无疑也有明显的局限性:他没有看到政党和国家的本质区别,似乎认为党执政后可以和国家是一回事。这个局限性后来不但深刻影响了国民党执政集团,而且也深刻影响了中国共产党。中国共产党旗帜鲜明地反对国民党一党独裁统治。早在1941年,邓小平就曾在一篇文章里尖锐批评了"以党治国"的思想,指出它的表现是把党的优势建立在权力之上,把党的领导解释为"党权高于一切",包办、代替政府的工作。他强调:"'以党治国'的国民党遗毒,是麻痹党、腐化党、破坏党、使党脱离群众的最有效的办法。我们反对国民党以党治国的一党专政,我们尤要反对国民党的遗毒传播到我们党内来。"[11]但从后来的实践看,共产党内更多反对的其实是"以国民党建国"和"以国民党治国"。对于共产党执政后"以党治国",实际上大多数人,包括党的领袖,都没有看到其背后隐藏着的重大问题。

中国传统政治文化是深刻影响中国共产党的又一个重要因素。

中国传统政治文化与西方政治文化的最大不同是,西方人对国家权力非常警惕,认为若不加以限制和约束,国家权力随时都有越过边界侵犯个人自由的可能。在中国,政治则一开始就被看做是善事,崇尚贤人治国。中华民族的祖先,也是最早的掌权者,像炎、黄、尧、舜、禹诸帝,他们的权力是和亲自尝百草、造舟车、治洪水这样一些业绩联系在一起的。到了春秋战国时代,孔夫子更以此观念来解释政治:"政者,正也。"[12]建立在这个基础上的政治理念,和西方是很不一样的。人们很少像西方人那样千方百计地限制和约束国家权力,而是希望国家权力万能,最好强大到足以把人的衣食住行都承揽下来;人们也很少像西方人那样对掌权者保持警惕,而是希望掌权者集道德、权威、能力于一身,克己奉公,为民造福。

由对政治的上述理解,产生了一种与西方公民型政治文化大相径庭的臣民型政治文化。在这种文化中,平等的概念几乎是不存在的,取而代之的是森严的等级概念,强调的是人们之间的差别。有了差别,人们之间就不是用契约联系在一起,而是用等级秩序联系在一起,这种等级秩序的基础是道德。作为统治阶级思想的儒家思想,表达的就是这套理念。就像林语堂先生60多年前一针见血地指出的:它"向统治者宣传仁慈善行,向被统治者宣传恭顺服从,老年人要慈祥和蔼,青年人要尊敬老人,哥哥要'友与兄弟',弟弟要谦恭"。即所谓的"君君、臣臣、父父、子子"之道。[13]这种等级秩序进而被类比为家庭中的关系。于是,由血缘关系而形成的伦常关系成为调整个人行为、维系社会稳定的纽带。在中国古代学者眼里,国无非是一个扩大了的家(而且是父权制的家),所以叫做"国家"。这种诠释,西方人很难理解,因为他们的"国家"(nation, state 或 country)概念中并无任何"家"的内涵。既然国即家,那么,统治者就是家长,黎民百姓就是子女。君主是国土及其附属物的所有者,是所有臣民的主人,也是政治上的最高统治者。庞大的行政系统只不过是至高无上的皇权的延伸,各级官吏都是皇帝的奴仆,贯彻皇帝的旨意,管理广大民众。对于广大民众来说,皇帝及其下属官吏都是民之父母,必须服从其管理,社会每个成员无不处在宗法与政治等级关系网络之中。

中国共产党从批判儒家思想开始其革命目标的追求,并且建立了一套完全不同的话语系统来为党对国家和社会的控制和领导辩护。但是很遗憾,传统政治文化的消极影响并未因此消失,反而极其顽强地在各个方面体现出来,以至于邓小平在他1980年名为"党和国家领导制度的改革"的著名文章中仍然强调,我们完成了推翻封建主义反动统治和封建土地所有制的任务,但是肃清思想政治方面的封建主义残余影响的任务没有能够完成。"现在应该明确提出继续肃清思想政治方面的封建主义残余影响的任务",因为解决这些问题"还需要我们付出很大的努力"。[14]

苏共模式,再加上中国传统政治文化和"以党治国"思想的影响,再加上各种外部的和内在的因素,造就了中国共产党的组织和活动的特有形态。

(二)党组织及其运行的主要特点

革命过程中形成的特有模式,在中国共产党获得执政地位后出现了转型的机会。党内一些有远见卓识的领袖也敏锐地认识到了这一点,开始进行新的思考。邓小平就是其中一个。例如，他在1956年党的八大上作关于修改党的章程的报告时指出，中国共产党已经是执政的党，"执政党的地位，使我们党面临着新的考验。""脱离实际和脱离群众的危险，对于党组织和党员来说，不是比过去减少而是比过去增加了。"[15]党的其他领袖也有类似的认识。从这个角度讲，后来的发展，包括"文化大革命"，都可以广义地被看做是这种新探索的一部分。遗憾的是，这些探索都未能取得突破性进展。

党的意识形态是其中最为稳定、迄今最少变化的内容。中国共产党一直强调党是工人阶级的先锋队，是中国工人阶级组织的最高形式，是中国社会主义事业的领导核心。马克思主义是党的指导思想，党的最高目标是实现社会主义和共产主义。党把全心全意为人民服务作为宗旨。这些内容和论断，除了极个别提法已不再强调外，至今仍在使用。

但是，在不同的语境下使用这些概念，其含义却有很大区别，有时甚至大相径庭，这种状况，往往使许多国外学者感到困惑和不解。在领导革命和实行苏联模式计划经济的大背景下，以上思想合乎逻辑地以所有权力高度集中于党的形式体现出来。特别是计划经济时期，全部政治经济社会生活都被纳入统一管理的制度，要求党事无巨细、包揽一切，实行党政不分的一元化领导，在这个基础上形成了中央高度集权的管理体制。如邓小平后来指出的，过度集权的体制是成了所有问题的总病根。"权力过分集中的现象，就是在加强党的一元化领导的口号下，不适当地、不加分析地把一切权力集中于党委，党委的权力又往往集中于几个书记，特别是集中于第一书记，什么事都要第一书记挂帅、拍板。党的一元化领导，往往因此而变成了个人领导。"[16]人民当家做主的国家性质，其具体形式实为由党来代替人民当家做主。这样的政党，被学者称为"全能主义政党"。

具体说来，这个时期的中国共产党主要有如下特点。

在组织构建上，形成了权力高度集中、多层级的组织体系，党组织和党员都根据个人服从组织、少数服从多数、下级服从上级、全党服从中央的要求开展活动。按照"支部建在连上"的历史经验，这种组织网络扩展到国家和社会的每一个角落，扩展到政治、经济、军事、文化等各种类型的组织中，领导那里的各项工作。在中共十一大通过的党纲中，党更被描述成"由无产阶级先进分子所组成的、领导无产阶级和革命群众对于阶级敌人进行战斗的朝气蓬勃的先锋队组织"[17]。这一表述，后来被看做是完全把执政党与革命党混为一谈的典型。当然，具体到各个环节，情况也不完全相同。在技术性业务性比较强的单位和部门，业务决策仍由行政负责人主持，党组织只起监督保证作用。

在与国家的关系上，"党的领导"被当成了党组织以组织形式直接参与政府事务的代名词。和苏共一样，中国共产党也有一套与各级政府及其部门相对应的组织系统，它们同样参与履行国家权力的各项职能。这就使如何处理党的系统与政府系统的关系（即人们常常提及的党政关系）成为共产党执政特有的一个难题。解决这个难题，通常的做法是把党的各级组织（它们的领导机关是党的各级委员会）也作为行使政府权力的主体，尔后把政府权力按照重要和相对次要分成两部分，由党委和政府分别掌握。这样做的结果，往往是党政不分、以党代政，带来更多的矛盾。其一，对政府权力的人为分割，往往使权力边界模糊，党委与政府越过边界相互干扰对方事务的事情时有发生，相互掣肘，极大地影响了执政效率。其二，授权关系紊乱。按照宪法规定的原则，行政机关的权力来自人民代表大会，向人民代表大会负责。现在，党委直接掌握了那部分最重要的决策和行政权力，但党委和人民代表大会之间并无权力授受关系，权力的来源、性质都很难确定。其三，行政机关掌握的是相对次要的决策权和执行权，却又与本级党委形成了事实上的上下级关系，这使得行政机关处在一种两难困境之中。在理论逻辑上，行政机关只接受人大的授权，向人大负责；在实际运行中，它们则完全听从党委的指挥，行政机关和人大之间的权力授受关系变得徒具形式。而且，人大也必须在党委的领导下开展工作，这又使得人大和行政机关更像是执政党的两个执行部门。

在与社会的关系上，由于执政党全面控制了国家权力，社会诉求也被全面包办，实际上无法产生一个相对独立于国家和政党的社会。国家和政党合为一体，社会又和国家合为一体。社会也因此没有自己的利益需要表达。所以，虽然由于历史传承，也能看到各种各样的民间组织形式（它们在整个国家体系中被称为"群众组织"），但这些组织不是利益团体，主要目的不是维护各自利益，而是作为贯彻执政党意志的工具，按照执政党设定的目标把群众组织起来，为更好地完成党的任务而奋斗。这些组织分布甚广，几乎涉及社会生活的所有方面。例如，除了人们熟知的工会、共青团、妇联、青联之外，还有作协、记协、工商联、残联等等。这些组织绝大部分都具有官方半官方性质，其各级机构从国库中领取活动经费，各级负责人和政府官员一样确定级别，领取薪酬。

中国共产党与社会的关系，还包括一个很特殊的方面，就是与民主党派的关系。在中国大陆，不只是存在共产党一个政党。除了共产党之外，同时还有八个政党参与国家事务。这八个政党在中华人民共和国建国之前就和共产党站在一起，反对国民党独裁统治，争取民主，并因此而获得了"民主党派"的称呼。特殊情况下产生的政党关系，后来定格为共产党领导的多党合作制。这是一种既不同于西方多党制，也不同于苏联单一政党的特殊的政党体制。这一体制强调共产党是领导者，其他党派自觉接受共产党的领导。共产党和民主党派在法律地位上是平等的，但政治上不是平起平坐的，而是领导和被领导的关系，共产党拥有独享性的执政权。民主党派不以获得执政权为目标，而是帮助共产党执政，相互之间是合作和协商的关系，而不是竞争的关系。当然，如果这些原则在实践中能够充分体现出来，这种政党体制还是很有优势的。但从当时实践看，由于这一体制的制度化程度不高，在相当一个时期发挥作用并不明显，"文化大革命"中更是被完全停止了。

（三）简短评价

以上是对改革开放前中国共产党执政形态的大体概括。总体看，中国共产党执政后，虽然看到党的活动必然会相应出现新的变化，但远未达到意识到党进行改革和转型的必要性的程度。革命党的基本特征不但被保留下来,而且由于和权力结合,在某些方面还得到了进一步强化。

从本质上讲,这一模式基本上是苏共模式在中国的翻版。苏共从一开始就没有解决好从革命党向执政党转变的问题。1917年,列宁领导的布尔什维克党通过十月革命取得了政权。掌握政权后,执政党如何领导国家、以何种形态领导国家的问题摆在列宁党的面前。不可否认,列宁在实践中提出了许多有重要价值的执政党建设思想。但是,由于国内外紧张的特殊环境,列宁没有更多的时间和精力探讨这个问题。列宁去世以后,苏共虽然曾经有理论和实践相结合的大好机会,可惜的是,苏共领导人把"革命党"建设的成功经验神圣化、教条化,确立了一套在思维方式、目标任务、组织运作等方面实际上都原封不动地保留了"革命党"特点的传统模式,还强行把这套模式推销给了各兄弟党,包括中国党。

苏共模式的"新型政党"和国家权力结合,形成了党政高度合一、高度集权的政治体制。西方学者称为"党国体制"。我本人对"党国体制"的概括持保留态度,并且对把这一概念是否可用于中国表示怀疑。中国共产党历来强调要把马克思主义和国情、党情相结合。在民主革命时期,这种结合是成功的,可以说是圆满地解决了在中国这样一个处在小农经济汪洋大海包围之中、工人阶级占人口少数的国家,如何建设一个领导革命斗争的马克思主义政党,以及这个政党如何领导革命取得胜利,成为执政党的根本问题。但在后来的近30年执政过程中,虽然毛泽东为代表的中国共产党人对执政党建设问题作了大量探索,进行了大量实践,取得了不少宝贵的经验,但是,总的说来,由于苏共的强大影响,由于认识上存在片面性,未能对"执政党应该是一个什么样的党"[18]的问题给予系统、科学的解答。

因此,整体说来,这30年中国共产党在体制上处在一种过渡状态。即使把它概括为"党国体制",也只能作为某一特定阶段的过渡形态来描述,既不能把它看做成熟、固定的形态,更不能当做后续发展的框架和方向来研究。这一体制的突出特点是缺乏稳定性:一是逻辑上,它是一个充满内部冲突的矛盾体,缺乏一贯性。它力求把政党的逻辑和国家的逻辑融合在一起，但却始终因这两个逻辑的不一致而无法成功。二是实践上，它难以定型，从一开始就是一种尝试。除了在具体操作层面靠大量的政策、指示乃至革命时期留下的潜规则来推动落实外，整个执政过程缺乏制度保证，只能由一次又一次的运动来维持和延续。而运动这种方式的不可靠、不可控性，最终在"文化大革命"上充分体现出来了。

这样一种形态，在执政出现危机时，就产生了变革的要求。这种危机在计划经济时期逐步积累，在转向市场经济的过程中日渐暴露，给党自身的改革提供了契机。

二、问题与挑战

对于一个革命党来说，执政的意义在于，国家公权力不再作为政党要反抗的对象存在，而是和政党一起进入到被称为"社会主义国家"的政治系统中。这就使得共产党处在一种与过去完全不同的状态，需要扮演执政党的角色，重新界定与和国家、社会之间的关系。遗憾的是，照搬计划经济模式没有为中国共产党朝这个方向探索提供动力。计划经济为执政党设定的全能主义任务，和革命时期夺取政权的任务有更多的相似性。因此，在党内许多人眼里，革命党既然能够完成夺取政权的任务，它同样能够完成社会主义建设的任务。这种心理，是在执政后30年继续沿用革命党模式的认识论基础。

由此而论，正是改革开放、逐步明确实行社会主义市场经济，使中国共产党从革命党向执政党转变有了现实可能性。转向市场经济意味着：第一，执政党已经意识到，把党的意识形态作为发展动力是不成功的。归根结底，还是要充分发掘人追求利益的本性，靠市场的推动来实现财富的增长和国力的增强。尽管执政党和政府可以对市场经济进行调控，但市场经济和计划经济的本质不同在于它有自己的运行规律。不再由执政党和政府去规定人们做什么，而是人们根据利益最大化的原则，自主地决定做什么。由执政党掌握的国家权力只是对人们的活动进行规范，防止和解决社会冲突，使社会稳定、健康、协调地向前发展。第二，社会成为除了政党、国家之外生长起来的另一个领域，即公共领域。市场的发育，公民社会的成长，均是公共领域发展的内容。在计划经济条件下，社会这一部分是被遮蔽了的，或者说，社会为国家和政党所取代、吞噬。现在，公共领域的重现，使执政党面对的关系由一对（政党与国家）变成了三对：政党与国家，政党与社会，国家与社会。第三，市场天然具有超越国界发展的特性。所以，经济全球化以及由此带来的其他方面的变革，国际社会的各种活动，也必然直接或间接地对正在走向市场经济的中国及其执政党产生重大影响。

从2002年中共十六大的报告可以看出对这种转变的完整认识。同时也表明，正是这时，中国共产党对作为执政党与革命党的不同有了比较深刻的把握。十六大报告指出："我们党历经革命、建设和改革，已经从领导人民为夺取全国政权而奋斗的党，成为领导人民掌握全国政权并长期执政的党；已经从受到外部封锁和实行计划经济条件下领导国家建设的党，成为对外开放和发展社会主义市场经济条件下领导国家建设的党。"[19] 报告认为这是"党的历史方位"的深刻变化。面对这种深刻变化，已经在执政中探索了近30年的中国共产党，在党的活动的方方面面都遇到了新的问题和挑战。

（一）党的执政合法性

中国共产党是由革命获得执政合法性的。所以，它的执政合法性，首先来自人民对统治集团的反抗。中国共产党在组织人民反抗中起了决定性的作用，并因这种作用而得到人民的支持和认同。从这个角度讲，共产党执政的确是经人民同意的，是历史的选择。这种说法并不夸张。但现在的问题是，首先，人民的选择往往是定期的，而不是一次性的。历史上选择的结果，不等于人们永远认同这个结果。随着时间的推移，参与到革命中去或耳闻目睹了革命的一代会逐渐退出历史舞台，取而代之的是对曾有的革命越来越陌生的新生代。尽管可以用宣传教育的方式强化对革命精神和革命文化的汲取，历史之页终归要翻过去。当革命带来的政治红利逐渐消失时，建立新的合法性基础便成为越来越迫切的要求。其次，合法性基础会随时代的变化而变化。人们之所以支持和参与共产党领导的革命，是因为共产党许诺要建立一个人民当家做主、让全体人民都过上幸福美好生活的新社会。因此，对执政党的认同，必然逐渐转向对新社会的期待。党的执政合法性的高低强弱，取决于党实现这个承诺的程度。这意味着，在经济上，共产党必须通过推动发展来提高自身的合法性。计划经济无法为它提供这种合法性，市场经济成为必然选择。在政治上，共产党必须把人民当家做主真正落到实处，继续用包打天下、包办一切的方法来执政已经无法赢得支持。民主政治意味着公共权力来自于人民。人民是权力的主人，掌权者接受人民的委托行使权力。为此，需要建立一套科学、合理的制度、体制和机制，来反映和体现人民和执政党之间授权与被授权的关系。这就是民主制度。在这种情况下，民主制度本身就会越来越成为政党执政合法性的主要来源。已有的模式对此显然是不适应的。

（二）党的功能

政党具有其他组织不能替代的功能，例如利益表达功能、利益综合功能、政治录用功能、政治社会化功能等。政党虽然都履行这些功能，但受党的目标的引导，这些功能具有强烈的指向性。例如，在不执政、特别是与执政集团进行对抗的情况下，政党履行利益表达和利益综合的功能，往往是为了把本阶级、阶层和集团的力量凝聚在一起，充当与其他政党和阶级进行斗争的工具，以维护本党所代表的阶级或阶层的利益不受损害，其基本指向是斗争和冲突。在执政的条件下，情况就不同了。由于政治权力表面上是超越社会各种利益之上的力量，掌握了公共权力的执政党就不能不承当利益协调者的角色，设法调和各方面的利益，鼓励社会各方的合作，其基本指向是整合。在计划经济时期，由于各种诉求被刻意压抑，利益被人为地简单化了，执政者可以轻而易举地而且经常是强制性地要求人们的利益整齐划一。在市场经济条件下，这种情况已经出现了根本性的改变。各种利益迅速分化，人的利益意识不断增强，多元化趋势明显，加上新兴传媒的发展，社会自组织化程度不断提高，即使在西方国家，也普遍地出现了政党活动空间受到压缩、政党地位日渐衰落的趋势。[20]与利益多元化相应，人们的思想也多元化了，各种意识形态相互影响、相互接近，使不同意识形态之间的边界日益模糊。意识形态因素失去了往日的魅力和作用，强调意识形态的特殊性往往难以吸引民众，赢得支持。这种情况使得以突出自己的意识形态优势为特点的政党在政治动员、政治社会化方面的功能都大受影响。

（三）党的活动方式

在民主革命和计划经济时期，中国共产党为自己设定了确切的指令性任务和目标。党围绕这些任务和目标调动资源、动员民众，以便最终完成这些任务，达到预定目标。计划经济时期，更是利用行政命令手段，来强力推动执政党各项决策的实现。市场经济改变了这一切。市场经济按照其固有的逻辑运行。除了上面所说的执政党不能随心所欲地干预经济外，还衍生了一系列其他的问题。例如，农村实行联产承包责任制，农民由过去公社社员身份变成了独立的经营者，过去以村为单位的党组织对农民的吸引力和号召力都大为下降。而在人民公社时期，大量资源，包括土地、生产资料、交换的权力等都是掌握在党组织手里的，农民对党组织有强烈的依赖。在城市，企业成了独立的法人主体，其产品和目标都依据市场、而不是由党的指示来决定，党组织不可能再对企业发号施令。相应的，个人与企业之间的关系也高度合同化了，除了工作关系，个人不再受企业约束，人的流动性大大增强。这种变化实际上也蔓延至整个社会，包括政府机关，个人的角色由依附于单位（有人形象地称之为"单位所有制"）的"单位人"越来越变成了"社会人"，使得主要依托"单位"存在的党组织开展活动的效果越来越不如人意。不能否认，由于依然保留着庞大数量的国有企业，执政党手中可供调动的资源之多，是实行多党制国家的执政党所无法相比的。但是，即使如此，由于这些企业也必须按市场基本规则运行，党的活动也已无法按照过去的方式展开。相当数量的基层党组织处于瘫痪状态，说明了情况的严重性。[21]

(四)党与国家权力的关系

市场经济使人们的利益诉求落到了实处,从而激发了人们参与民主政治的热情。这也使得越来越多的人对"党执政＝人民当家做主"的等式表示怀疑。在党与国家权力的关系中,最容易受到质疑的是两条:第一,既然人民是国家的主人,怎样体现人民对国家权力的控制?革命党的模式不但有替代性民主的特点,而且并未为民主参与留下足够的渠道。普通民众感受到了执政党对国家权力的控制,但执政党如何作为人民当家做主的工具而不是执政党自己在当家做主,却缺乏体制的支撑。因此,在人们民主意识日益觉醒的情况下,原有的关于党的领导必然性和必要性的解说似乎以极快的速度变得脆弱起来。第二,掌握在共产党手中的国家权力会不会腐化变质?如何防止权力腐败?成为执政党后,党手中掌握了权力,由过去处处受权力的压制,变成了权力的主人。对于权力集中,中共党内普遍认同毛泽东的说法,认为权力大可以集中力量办大事。与此相反,对权力的约束却完全被忽视了。根据党的传统理论,权力为什么人服务,关键在于权力由谁来掌握。共产党掌握政权,能够保证权力掌握在工人阶级和广大劳动群众中的先进分子手中,也就能够有效地防止权力的腐败。虽然根据这一理论,中国共产党向来极其重视各级执政骨干的培养、选拔和教育,但带来的一个严重问题是,整个政治体制中缺乏对权力运行进行监督的系统。于是,随着经济发展、国民财富增加,腐败现象便不可遏制地蔓延开来。如何有效地遏制腐败现象,实现对权力的有效监督和制约,更进一步说,如何防止党因为掌权而成为用权力来进行自我服务的既得利益集团,至今都是困扰中国共产党的执政难题。此外,世界范围内兴起的公共管理革命,也给党和国家权力的关系带来了新课题。公共管理革命的基本趋势之一,就是权力向社会分散,权力主体日益多元化。即使公共权力,也不都由政府一个主体来行使,而是更多的公民成为行使权力的主体。它赋予作为唯一执政党的中共以更大的责任:它既要主导政府管理从人治模式走向法治化，同时又必须主导从管制型政府向服务型政府的转变。革命党的模式显然难以胜任这种转变。

（五）党与社会的关系

社会动员曾经是中国共产党最为得心应手的手段，在组织力量对抗国民党统治过程中起了极大的作用。在计划经济时期，和政党本身一样，群众组织也是被当做阶级斗争的工具来使用的。对社会进行高度行政化的控制，是党与社会之间关系的主要特征。市场经济的发展，民主政治参与热情的高涨，公民社会的成长，无疑对这种状况直接构成了挑战。民间组织迅速发展，是公民社会兴起的标志。据有关统计，仅在各级民政部门登记注册的基金会、社会团体和民办非企业单位，就已经近43万家，这里面还不包括比这个数字多数倍的未登记的各种组织。但执政党发现，这时候的民间组织，已然和革命时期党领导下的群众组织完全不同。人们为维护自己的利益或为了某种公益目的而成立了这些组织，因而很难再像过去一样，把它们当做执政党或政府执行自己意志的工具来操控和利用。面对迅速兴起的公民社会，执政党甚至在思想和观念上都缺乏准备。不少人较多地看到公民社会发展过程中负面的东西，比较关注它们的非政治性和疏远党组织的趋势，甚至倾向于把它看做动摇党的执政地位的潜在威胁，把公民的政治参与要求和削弱党的领导联系起来，和可能造成局面失控、影响社会稳定联系起来，因而倾向于采用压制的办法，给民间组织的发展设置各种障碍。继续沿着这样的思路进行应对，很可能使执政党和社会的关系进一步恶化。

三、党的改革

面对上述挑战，中共采取了积极应对的态度，与时俱进，选择了改革、创新的道路。这是一个对党自身改革必要性的认识逐渐深化并在实践中逐渐加大改革力度的过程，带有典型的渐进特征。最初，改革着眼于类似改进工作方法这样的细枝末节,到现在,改革已广泛涉及党的活动的方方面面。我们可以把迄今为止已有的变化作一个简单梳理。

(一) 转变观念

"党的改革"这个概念,在党的正式文件中至今没有正式使用过,只是在涉及党的活动的具体方面,才会把它和改革相联系,例如邓小平提出的"党和国家领导制度的改革"。中国共产党极其谨慎地避免用"改革"这个词来描绘党内的变革。改革开放初期,在大张旗鼓地谈论经济体制改革和政治体制改革的同时,党自身的改革只被描述成"加强和改善党的领导"、"加强和改进党的建设"。后来,在2002年中共十六大前后,出现了"以改革的精神加强和改进党的建设"的提法。[22] 2007年十七大报告进一步提出,要"以改革创新精神加强党的建设"。把这两个词叠加在一起,显然是为了使改革的取向更明确。2009年中共十七届四中全会通过的《关于加强和改进新形势下党的建设若干重大问题的决定》,在总结党建经验部分进一步明确地提出了党的建设要"坚持改革创新",认为这是执政党建设的一条基本历史经验。[23]

其实,这种在提法上不断加重分量的过程,恰恰是党的执政危机感不断增强的过程,也是对党自身改革必要性的认识不断强化的过程。改革初期,对党自身的改革,党内普遍缺乏深刻认识,甚至相当一部分人认为,所谓"中国特色社会主义",就是经济上向西方国家学习,搞市场经济,与此同时,在政治上坚持党的领导。20世纪80年代后期,苏共大张旗鼓地推进"党的革新",接下来便丧失了执政地位,这一出人意料的剧变深深地震撼了中国共产党,更使不少人坚信,对党自身进行改革无异于自取灭亡。这种观念发生改变,是在改革全面走向深入的过程中。随着在对外开放和市场经济的推动下中国逐渐参与到经济全球化的进程中,中国共产党开始意识到前所未有的新的考验,开始意识到,即使是由工人阶级先进分子组成的、以马克思主义作指导的工人阶级先锋队,也面临能不能经受住这些考验的问题。改革越走向深入,这种忧患意识越是不断增强。2004年《中共中央关于加强党的执政能力建设的决定》作出的概括，标志着这种忧患意识达到了空前的高度："无产阶级政党夺取政权不容易，执掌好政权尤其是长期执掌好政权更不容易。党的执政地位不是与生俱来的，也不是一劳永逸的。"[24] 2009年十七届四中全会再度强调党"过去先进不等于现在先进，现在先进不等于永远先进"，党的执政地位"过去拥有不等于现在拥有，现在拥有不等于永远拥有"，并把面对的问题概括为四大考验："执政考验、改革开放考验、市场经济考验、外部环境考验。"[25] 日益强烈的危机意识和忧患意识，是党的改革得以进行的前提和基本动力。

（二）扩大组织开放度

马克思主义认为，政党总是代表特定的阶级、阶层和集团。根据这一理论，中国共产党把自己定位为"中国工人阶级的先进部队"[26]，代表工人阶级和广大劳动人民的利益。随后，"工人阶级先锋队"一直是党的文件和领导人讲话中的习惯用法。执政后，知识分子和干部都被作为工人阶级的组成部分纳入"工人阶级"的概念，以保证党的广泛代表性。在改革开放后社会利益分化、社会阶层多元化的情况下，这种"纳入"的方式显然难以反映社会阶层结构的深刻变化。

作为应对，中国共产党提出了"三个代表"的理论。这一理论的官方表述是："中国共产党是中国工人阶级的先锋队，同时是中国人民和中华民族的先锋队，是中国特色社会主义事业的领导核心，代表中国先进生产力的发展要求，代表中国先进文化的前进方向，代表中国最广大人民的根本利益。"[27] 这一理论的含义非常明显，就是要"增强党的阶级基础，扩大党的群众基础"。它承认，"在社会变革中出现的民营科技企业的创业人员和技术人员、受聘于外资企业的管理技术人员、个体户、私营企业主、中介组织的从业人员、自由职业人员等社会阶层，都是中国特色社会主义事业的建设者。"使用"建设者"的提法，一方面充分肯定这些社会阶层的地位；另一方面又回避了"劳动者"概念会引起的敏感话题，以示和作为推动我国先进生产力发展和社会全面进步的根本力量的工人、农民有区别。

"三个代表"理论使中国共产党向全社会敞开大门,各个阶层的精英都有了进入执政党的机会。从传统理论出发,中国共产党曾明确宣称:"私营企业主同工人之间实际上存在着剥削与被剥削的关系,不能吸收私营企业主入党。"[28] 根据"三个代表"的理论,则"要把承认党的纲领和章程、自觉为党的路线和纲领而奋斗、经过长期考验、符合党员条件的其他社会阶层的先进分子吸收到党内来,增强党在全社会的影响力和凝聚力"[29]。至此,引起国内外广泛关注的私营企业主能否入党的问题通过突破传统观念得到了解决。当然,对于"全民党"的概念,中国共产党依然是不接受的。

(三)发展党内民主

随着社会主义市场经济体制的建立,相应产生了对民主政治的强烈要求,中国共产党对民主的认识也由此大大深化了。邓小平的"没有民主就没有社会主义"的名言得到社会的广泛认同,以至于在党的文件中出现了"人民民主是社会主义的生命"的论断。[30] 与此相应,发展党内民主的问题也一再得到强调。从实践看,党内民主总体上不及社会民主发展得快,但在党内权力运行的各个环节上都不同程度地有所推进。例如,在授权民主方面,中央对改革完善党内选举制度、扩大选举中的民主和发挥党代表大会的作用等都提出了明确的要求。在决策民主方面,重视发挥各级党委全体会议的作用,推行全委会票决制。在监督方面,针对各级领导机关、领导干部这些重点对象,出台了若干规定和条例,同时各级地方党委领导班子向同级党委全委会述职和报告工作,接受全委会的监督。还逐步推行党务公开,建立和完善党内情况通报、重大决策征求意见、领导干部重大事项报告和收入申报等制度。财产公开制度也呈呼之欲出之势。发展党内民主被看做民主有序推进的关键环节。中国共产党认为,党内民主对社会民主起示范性作用,党内民主发展了,可以用来带动和促进社会民主。

在发展党内民主方面,广大地方和基层的党组织有着比较强烈的创新愿望和冲动。这些年来,地方和基层的党组织在党内改革方面作了大量探索。例如,针对村民自治组织和党支部之间关系不协调的状况,不少地方和基层党组织积极进行了支部书记"两票制"选举,旨在增加村民对党组织负责人的认同感。针对党代表发挥作用不如人民代表和政协委员的情况,一些地方党组织进行了党代会常任制的探索。还有些党组织更进一步,试行乡镇领导班子"公推直选",增强地方党组织执政的合法性。这些尝试,都取得了积极成果。地方和基层党组织对创新比较积极,原因在于,执政党遇到的新情况新问题,社会矛盾和社会冲突带来的压力,首先需要这些党组织和干部来面对。这可以看做是执政党面对新情况新问题作出回应的具体体现。

(四)转变基层党组织功能

执政党担负的责任与革命党不同,其组织形式也必然要求有相应的变化。革命党和计划经济时期由于党内权力集中的需要而形成的高度等级制的组织系统,在市场经济和信息社会的条件下无论如何也难以满足党与社会进行沟通的需要。所以,这方面的探索也比较普遍和迫切。

这类改革和创新主要发生在地方和基层层面。扭转基层党组织涣散、无力的局面,通过转变功能来恢复和增强它们的活力,在许多地方都成为重要的创新点之一。这自然与执政党建设遇到的问题首先在地方和基层党的工作中体现出来有关。中国共产党向来把基层党组织视为基础,"基础不牢,地动山摇",直接威胁党的执政地位。所有探索和创新,都围绕改变那种过时的、按单位和区域建立党组织来指挥、命令、督促和监督党员执行上级机关指示的模式而进行。

在探索过程中出现了不同的模式。很难用一一列举的方式穷尽这些模式,这里仅举几种。例如,在基层党组织的组建方式上,有的地方打破过去地区或单位的局限,以楼宇为单位建立党组织展开活动。类似的联合支部在一些地方也出现在若干个规模较小的企业之间。有的地方某种产业发展形成规模,原有的行政区划已经不能容纳人们之间出现的新的联系。根据这种情况,不少地方进行了把党组织建在产业链上的尝试。有的把党的工作与农业的规模经营相连接,把党的工作落到了合作社、专业协会等新的农业组织载体上。在基层党组织的活动内容上,有的党组织着眼于改变过去长期形成的行政化倾向,把党的活动与社区的服务中心相结合,开发为公众服务的功能。有的党组织着力于在企业中协调企业各种利益关系,建设企业文化,增强企业软实力。目前,上述各种尝试在各地都有,但比较成功、定型的仍然不多。

除了上述四个方面之外,在改善党对国家和社会的领导方面,这些年来更加强调发挥政府、人大、政协等政权机关的作用,强调发挥各民主党派的作用,强调发挥社会团体的作用。其基本方向是在坚持党的领导、人民当家做主和依法治国三者之间寻求协调和统一。但这一探索仍在进行过程中,成熟的成果尚不多见。

四、结语

总体上说,中国共产党对推进党的改革、推进自身从革命党向执政党转变,既有深刻的认识,也有强烈的愿望。一些已有的改革成果具有实质意义。但是,也应当看到,30年的历程已经把改革推到了深水区。能不能解决改革的深层次问题,越来越取决于党的自身改革的进度。通过上面的梳理我们不难看出,在中国共产党面前还存在大量需要通过深化改革才能解决的带根本性的问题。

(一)党内改革创新仍以"外围战"、"运动战"为主,攻坚战尚未开始。表现在,人们对一些与传统的原则和做法没有直接冲突的问题探索较多,如常委会向全委会报告,改主要领导个人说了算为全委会票决制,进行党代会常任制试点,巡视制等。而对于一些和传统观念有矛盾但又不得不面对的深层次问题,则往往避重就轻,甚至绕着走。例如邓小平作为政治体制改革的核心提出的党政关系问题,几乎已不再提及。这使得改革很容易出现变形。

(二)制度、体制、机制建设仍有不少空白点。虽然随着不断探索,党内有了越来越多的要求、规定和条例,但这些要求和规定充其量只能叫做制度的要素，因为它们之间往往缺乏有机连接，甚至相互矛盾。形成制度不能缺少要素，但制度绝不仅仅是要素的堆积，而是要素之间有机连接形成的体系和系统。制度建设不能停留在制度要素建设，而应把重点转向制度体系的建设。中国共产党党内改革目前似乎尚未完全走出这一误区。

（三）一些旧的观念依然在党内有强大影响。这些观念有两种类型：一是本身已过时的观念，例如依然把对公众的控制看做基层党组织的根本任务，就属于这一类。相当一部分基层党组织难以发挥作用，很大程度上和没有改变这种观念有关。二是原则本身没有过时，但人们赋予它的内容已经跟不上时代的要求。党管干部原则、民主集中制原则等，都存在这方面的问题。改革越深入，这些未加清除的观念对改革的阻碍作用越明显。

（四）党内民主的各个环节发展不均衡。虽然把民主有序发展作为重要的原则一再加以强调，但对社会民主和党内民主如何互动，授权民主、决策民主、参与民主、民主监督等环节之间如何互动，都缺乏统筹设计，相互之间无衔接、不配套，反而相互掣肘，形成了许多瓶颈，使改革难以推进。乃至一些地方已有的探索，也由于无法突破旧的体制而停止下来，成果难以保留，有的干脆退回到改革前的状态。

（五）既得利益越来越成为对中国共产党执政的现实威胁。体制不科学，本质是权力配置的不科学，在长期运行中必然沉淀出不合理的利益格局，这是产生既得利益的肥沃土壤。虽然作出中共党内已经形成既得利益集团的判断为时尚早，但一些部门、群体的既得利益逐渐形成，并在政治博弈中越来越占据强势地位，却已是不争的事实。如果不能针对这种情况，尽快找到相应的对策，改革就可能出现两种结局：一是改革由于既得利益的阻碍而无法继续；二是改革由于既得利益的强势操控而留下大量后遗症。这对执政党是极其不利的。

（本文作者为中央党校党建教研部主任、教授、博士生导师）

【注释】

[1]《毛泽东选集》第4卷,人民出版社1991年版,第1357页。
[2] 王长江在《政党论》(人民出版社2009年版,第41—44页)一书中对这些定义进行了概括。
[3] 这一思想在马克思的《法兰西内战》一文中得到了最完整的表达,也被列宁一再引用。
[4]《毛泽东选集》第4卷,人民出版社1991年版,第1357页。
[5]《毛泽东选集》第1卷,人民出版社1991年版,第17页。
[6]《孙中山全集》第8卷,中华书局1986年版,第282页。
[7]《孙中山全集》第3卷,中华书局1984年版,第97页。
[8] 同上书,第99页。
[9] 同上书,第355页。
[10] 同上书,第314页。
[11]《邓小平文选》第1卷,人民出版社1994年版,第12页。
[12]《论语·颜渊》。
[13] 林语堂:《中国人》,学林出版社1994年版,第191页。
[14]《邓小平文选》第2卷,人民出版社1994年版,第335页。
[15]《邓小平文选》第1卷,人民出版社1994年版,第215页。
[16]《邓小平文选》第2卷,人民出版社1994年版,第328—329页。
[17]《中国共产党章程汇编(从一大——十六大)》,中共中央党校出版社2006年版,第90页。
[18] 这个命题也是邓小平提出的。见《邓小平文选》第2卷,人民出版社1994年版,第276页。
[19]《中国共产党第十六次全国代表大会文件汇编》,人民出版社2002年版,第11页。
[20] 关于政党政治是否在衰落,是政党学者们普遍关注的话题之一。详见王长江的概括。《政党论》第14章,人民出版社2009年版,第275—282页。
[21] 关于基层党组织不起作用的情况,在不同时期、不同地区、用不同的统计方法进行统计,其数字很不相同。
[22]《中国共产党第十六次全国代表大会文件汇编》,人民出版社2002年版,第10页。
[23]《中共中央关于加强和改进新形势下党的建设若干重大问题的决定》,人民出版社2009年版,第8页。
[24]《中共中央关于加强党的执政能力建设的决定》,人民出版社2004年版,第4页。
[25]《中共中央关于加强和改进新形势下党的建设若干重大问题的决定》,人民出版社2009年版,第5—6页。
[26]《中国共产党章程汇编(从一大——十六大)》,中共中央党校出版社2006年版,第98页。
[27] 同上书,第163页。
[28]《新时期党的建设文献选编》,人民出版社1991年版,第456页。
[29] 本段的引文除加注者外,均引自十六大报告。见《中国共产党章程汇编(从一大——十六大)》,中共中央党校出版社2006年版。

[30]《中国共产党第十七次全国代表大会文件汇编》，人民出版社2007年版，第27页。

Abstract

CPC is the decisive actor in China's reform endeavor and it is naturally the key for understanding China's reform trajectory. As a political organization with complete structure and functions, CPC even dwarfs most government organizations in terms of political power and authority. That's why studies on the reform of CPC per se are gaining currency both in academia and government circles. The essay presents a historical retrospection to the evolution of CPC's ruling style before the Reform and Opening Up, arguing that influences of the Soviet Communist Party, Sun Yat-sen's ideas on party construction as well as Chinese traditional political culture are three important factors that substantially shaped the evolution of CPC. The author further elaborates on the legitimacy of CPC's ruling position, its internal mechanisms, party-state relations as well as party-society relations etc. By so doing, the author tries to decipher the general trajectory of the ongoing transformation of CPC.

评王长江《中国共产党：从革命党向执政党的转变》

拉里·戴蒙德（Larry Diamond）著　李剑　译

【内容提要】

文章认为，王长江教授的论文视野开阔，对中国共产党作出了宏观的历史解读。同时，作者提出如下观点：中国共产党在20多年演进中的一个关键特征表现在意识形态方面；中国目前还处于对民主有广泛大众需求的阶段；当国家日渐富足时，人民会逐渐渴望民主，并或迟或早实现它，中国共产党20多年来努力推动政治改革自上而下渐进展开；任何一个政党都应该吸纳来自不同社会阶层的新兴精英；中国共产党应该构建更有效、更具合法性的治理体系。作者还指出了中国共产党面临的困境，认为如果能够逐渐自上而上地引入根本性的政治改革，重塑其合法性基础，限制其权力，提高治理能力，对于长治久安有益无害。

王长江教授值得尊重和赞赏，他的论文视野开阔大胆，对中国共产党作出了宏大的历史性解读。当然，当我们问"中国共产党作为一个政党将走向何方"时，这一设问的实质是："中国的政治体系将走向何方？"我希望通过对这篇论文的评论阐述我的许多观点，这些观点既有经验性的，也有理论性的——当然它们都是可以争论的。

我不是中国问题专家，因而我是以一个在从事比较研究、关注政体连续性和变革的政治科学家的视角来参与这一讨论。

1. 我赞同王教授的观点,虽然尚不清楚中国共产党将走向何方,但它已经不再是一个纯粹的革命党。中国共产党在20多年演进的一个关键特征表现在意识形态方面。或许因为论文的中心议题是制度和结构,这篇论文似乎并未就此加以深究。

2. 在上世纪90年代的某个阶段,广泛的系统性政治变革似乎极有可能出现。这特别表现在竞争性村民选举的开展和竞争性选举向更高层次推进的(似乎是明朗的)前景。但自那以后政治改革似乎放慢了步伐,纵然我们还不能说完全停滞。从整个政体变得更有竞争性、更开放、更负责的宏观角度,我很惊讶自90年代以后的改变如此之小。中国共产党仍然保持执政地位,并未显示出要在村以上层级冒险放开选举竞争的迹象。

3. 虽然存在许多大胆的、坚定而明确要求在中国实行多党民主的呼吁——但似乎并未有要求民主选举的群众运动出现的迹象。恰恰相反,近两轮的亚洲民主动态调查显示,大众对于执政党和政府有相当高的信任度,对中国式民主心满意足,相信中国已有了相当的民主。我对这一数据持保留意见,但我承认现在中国的确还不处于对民主有广泛大众需求的阶段,至少就世界上其他大多数人对民主的理解而言(即在定期自由、公平和竞争性选举机制下,多党对重要权位的竞争)。

4. 作为一个现代化理论家,我预测随着社会和经济发展,在下一个世代,中国公民的政治期望和价值观将会发生剧烈变化。世界价值观调查和其他类似研究展示了人们在更加富足的时代社会,对权威的态度和政治价值观以及对个人在政治体系中正当权利和角色的认知会发生何等翻天覆地的改变,这让我印象深刻。[1] 特别是,"后工业化时代将人们从传统与世俗权威中解放出来,造就了一种解放伦理。"[2] 随着繁荣和教育程度的提高,人们总希望得到更多主宰自己生活的权力以及自我表达的能力。结合人均国民收入和教育水平的提高、对全球性网络更深的融入、更多的信息,以及其他与现代化相连的诸多因素等,许多研究探讨了此类价值观转型会何时发生。但如果假定存在着某一刚性的准则,其规定了在社会发展不同特定阶段对于民主的普遍态度和价值判断，这显然太过轻率了。然而，几乎没有国家能够摆脱这一趋势（石油输出国除外）：当国家日渐富足，人民会逐渐渴望民主，并或迟或早实现它。

5．在世界历史上，只有一个国家到目前为止有相当高的人均国民收入却没有实现民主：新加坡。

6．某些观察家推测中国共产党的目标是想通过在某种程度上借鉴新加坡模式，在保持社会和经济发展的同时，应对政治发展的挑战。换言之，中国领导人将寻求建设一个富足、文明、在国际上富于活力和自信的国家，或许最终也会容纳小范围和浅层次的选举竞争机制，但党无疑将是这个国家永远的统治力量。这将有更多的政治空间，更少的压制。无论他们是否有明确的意识，我认为中国领导人所设想的下一步政治发展路径很可能是：引入更多的文化与政治多元主义元素，同时规避多党选举竞争。

7．中国共产党20多年来决心牢牢掌控改革的进程，尤其是要确保政治改革是自上而下渐进展开。正如王教授所言，其主要原因之一是戈尔巴乔夫改革后，苏联共产党迅速瓦解所带来的震撼。在这一时期社会化或在党内官运亨通的领导人，自然无意重复戈尔巴乔夫"幼稚"的错误。

8．如此看来，王长江教授论文的许多观察正可嵌入一幅有趣的、更大的画面。在政治权威的各个层级，中国共产党都无意尝试多党竞争性选举，从而踏入有可能丧失党领导权的险境。因而，党主导的改革，用王教授的话说，是局部的，几乎完全集中于党内事务和结构。如果说中国共产党本质上主要和真正的转型是其清除了在意识形态方面的内容和热情——逐渐地弱化其作为革命党的特质——那么其他方面的转变似乎更加小心翼翼。从民主改革的角度，党通过接纳私营企业家而扩展其执政基础的意义何在？假如党希望在一个生机勃勃的国家资本主义体系内永久保持其领导权，吸纳大资本家似乎是理所当然而不可避免的选择。事实上，仅依靠吸纳强有力的、潜在的反对派，这种民主化的意义很可能是负面的。从这一视角来看，"三个代表"并不是真正的政治改革，而是一种继续统治的精明的适应策略。任何一个希望永远在位的统治党都应该吸纳来自不同社会阶层的新兴精英。这或许与成为全民党的意愿并不协调，但却相当契合长期领导人民的目标。

9.论文至少还忽略了中国共产党实质性转型的另一层面，而这对于提高一个试图继续捍卫统治权的政党的适应性是至关重要的。这便是任期限制的制度化，权力更迭的制度化和对单个统治者权力的约束——政治制度化的标志性特征之一。中国共产党正在筹备自邓小平从正式领导职位卸任以后第三次权力更迭，中国共产党转入某种具有部分工具性的依法治国时代似乎已经不可逆转。也就是说，现在几乎难以想象，某位党的总书记或国家主席能获得如同毛泽东那般至高无上、无限的专断权力。

10.与上述约束了中国共产党领导人个人权威并制度化领导权更迭的改革相应，党的高层集体决策进程也有明显的制度化，其间有领导人之间微妙、谨慎的协商、合作与竞争，所有这些都代表着共产党作为一个制度结构趋于成熟的重要因素。当然，这种成长不能等同于民主化，而且我深信，没有民主化，这些成长并不足以真正拯救党。但它们的的确确是存在的，我怀疑它们是否已得到了认真研究。

11.1990年，在墨西哥城的一场辩论中，秘鲁裔作家马里奥·巴尔加斯·略萨（他最近刚获得了诺贝尔文学奖，但其作为政治评论家的才华丝毫不逊色于小说创作）将墨西哥的一党独大政体称为完美的独裁。他所指的是长期执政的革命制度党。该党似乎解决了困扰着许多权威主义统治甚至最终击垮了这种统治的问题。它发展出了限制权力个人化的诸多制度和惯例，同时坚如磐石的整体牢牢控制了这个国家生活的每个方面已达60年之久。[3]其秘诀是严格限定六年总统任期，并且完善政党的各种功能，虽然它也赋予了统治者指定其接班人的实质权力。与此同时，它也有一套多党竞争选举制度，自称为民主政权，即便是它控制着选举机构，对选举实行司空见惯甚至明目张胆的操控，往往选择性地和审慎地运用暴力和压制来削弱和威胁政治和社会上讨厌的反对势力。这个政权能够自称民主，甚至还能让许多人民相信这就是民主，只是因为它抢占了所有出场机会。这里有反对党，有选举产生的州政权，有一个联邦式的政府结构，立法机构也享有一定权威。此外，反对党能赢得一些议会席位，间或能控制某个州政权。但是革命制度党——最初也是个革命政党，其意识形态内容的严肃性早已消失殆尽——仍然大权独揽，似乎看不到有任何危及其统治的挑战存在的迹象。随着经济与社会的发展，墨西哥逐渐融入全球网络中，民主改革的压力与日俱增。一俟1997年中期选举前，革命制度党的总统欧内斯托·塞迪略顺应了这些压力，创建了一个真正独立的选举委员会，旧日美好时光从此一去不复返。执政党在该次选举中遭遇重挫，随后在2000年的总统选举中尝到了屈辱性的失败。2006年，革命制度党再次败北。简而言之，1990年正逢其权力的巅峰（正如略萨所注意到的）——那时，墨西哥的人均国民收入尚不及当下的中国，或者相差无几，而且，革命制度党从一个革命性政党起步已过去了整整60年，与共产党在中国的掌权时间也大致相等——仅仅10年之后，革命制度党从权力的宝座上重重地跌了下来。

12.我不知道中国共产党的领导人是否认真研究过墨西哥的政治演进和民主转型的案例，但显然他们已知晓世界上另一些政权演化和变革的例子。他们知道他们的目标是——不仅要让中国继续发展并最终成为一个世界强国，但同时要将政权紧紧握在手中。他们也知道他们要避免何种命运——苏联共产党、墨西哥革命制度党、台湾地区的国民党、塞内加尔社会党、肯尼亚非洲民族联盟（KANU），在塞尔维亚、乌克兰和格鲁吉亚那些后共产主义初期的执政党，以及数不胜数的放开了政治空间的一党独大政权的例子，其中绝大多数曾经历了某种程度竞争性的多党选举，而后迅即丢失了权力。

13.1998年，我为了观察一次村民选举而到访中国，我与一位中国官员进行了有趣的交谈，对于国家层面该项改革的议程，他也有所参与。我问他何时选举竞争可能从村一级（在全国范围内）向镇一级扩展。他预测这将在5年后发生。然后我问他如果是到县一级呢，他说下一个5年。那么省一级呢？再5年后。鉴于他如此开诚布公，我斗胆追问："那么你预计什么时候中国会有全国性的竞争性选举？"又一个5年！（那是2018年）。这次对话之后，15年过去了，第一个五年计划尚未实现。任何一个层级，都尚未有全面引入选举竞争机制的迹象。在中国这么大一个国家，除非能够组织一个竞争性政党，从而激活有实际意义的选举竞争，否则任何人都很难在政治的阶梯上平步青云。中国共产党的领导人早已下定决心，决不踏上多党选举竞争之路，那些前车之鉴决不能在中国重演。

14. 因此，中国共产党的领导人正在探索一条更安全的政治改革之路——能带来更多责任、透明度和回应性的制度改革，由此构建更有效、更具合法性的治理体系，同时无需把中国共产党的执政置身于竞争性选举的风险中。许多改革可以实现这些目标。下列革新的可能性的确存在：

● 赋予全国人民代表大会或其他全国性、省以及更低层级立法机构更多的权威。

● 强化某些独立制度结构以加强法治和控制腐败，例如反贪机构和司法机构。

● 推进公务员队伍的专业化和自主性，或者说创建一个韦伯式的国家官僚行政体系，有趣的是，这可能也意味着回到某种形式的精英型儒家官僚体制。

● 不仅在经济上分权，政治权威也逐渐下放。虽然这可能带来某种负面效应，即给下层的腐败和权力滥用开方便之门。

● 使决策中公众参与的协商进程制度化。例如通过某种商议性的咨询使公众能决定许多财政及实际政策问题及其优先性。

● 给予独立媒体和公民社会组织更多空间，使之能监督政府政策与绩效，督促政府更负责。然而，严格的公民社会边界限定在政治之外。

● 在党内引入民主——特别是尝试更大的公开性和制度化的权力竞争。

当中诸多改革事项是本辑其他论文的主题，它们对于评估中国领导层沿着这些可能的政治改革路径到底能走多远无疑至关重要。中国应当能同时推进这些方面的改革，这代表着一种整体性的"通往新加坡"战略。

15. 我个人认为最大的问题不是中共领导人想将政治体系带向何方。毫无疑问，他们深知面对社会和经济的瞬息万变，现状不可能永远延续下去。我想他们精明过人，自然知道对于一个高度发达的经济体，基本上只有两种政体模式可选：精巧的、适应性很强、法治的统治（类似新加坡），以及其他发达经济体竞争性的自由民主体制（当然自由民主程度不一）。我想当今中国的大多数资深政治领导人并未将西方式民主作为目标，他们所期待的毋宁是其替代品——一种儒家风格的、更温和多元且仁慈的权威主义政体。罗伯特·斯卡拉宾诺曾以民主化之前的台湾地区和韩国为例，将其名之为"威权多元主义（authoritarian pluralism [4]）"。

16. 但问题在于：一种威权多元主义体系是否能在像中国这般庞大而复杂的国家产生并长久运行无碍？在其他案例里，（例如城市国家新加坡），这一体制已然是高度封闭而压制性的威权主义与民主之间的过渡形式。

17. 另一种选择存在吗——一种终将走向真正的多党民主的"中国特色道路"？我并未发现当前中国高层领导人有认真思考过这一问题的迹象。虽然他们拥有的时间无疑远远长于多数如美国这类民主国家的领导人。对于未来的更长远政策规划，他们似乎比我们做得更好（这一点也存有争议）。在政治上，他们的时间恐怕就不那么充裕。而他们的政治目标是一致的：维持权力，虽然不是在民主的框架下。他们疲于应付月复一月、年复一年的政策挑战和政治危险，他们可能无法过多思考20年或30年后中国政治将怎样的问题。即便有限但实质性的政治改革——如党内民主和基层民主，或者党政分开（特别是司法独立）——或许也太激进和太冒险了。然而，如果中国继续搁置实质性政治改革的问题（即使缺少选举民主的有限政治改革），实在难以想象他们能解决治理的深层次问题，这些问题正在全国范围内不断地引发抗议和不安，并且危及中国共产党在整个国家统治的合法性。

18. 因而，我想用一种比王教授论文更严重的措辞来指出中国共产党所面临的困境，虽然我赞同他的许多观察，从中也受益匪浅。或迟或早，中国共产党将会发现自己被推到了一种复杂的政治困境的边缘。如果它不踏上真正的政治改革之路，不将党与国家政权分开（首先而且最重要的是与司法分离），增进公民社会内表达和组织的自由，不制度化党内党外政治问责机制（这意味着竞争），一个教育程度、参与意识和需求日渐提高的社会将逐渐失去耐心，并对党灰心失望。那么，等待中国共产党的统治将可能是一场"意外"事故。日渐僵化、日渐脱离社会、合法性不断遭遇各种挑战的形势下，中国共产党将面临在某种新的经济或政治危机中突然而彻底失去政治权力的危险。这样一场突发并且很可能相当猛烈的政治变动，无论对中国还是世界都极其可怕（因此，我想这可不是什么可取之道）。然而，如果中国共产党踏上一条认真的政治改革之路，限制自身权力，扩大独立制度结构和公民社会的权力，它又将迟早面临其他选择了自由化的威权主义政体的命运，尤其是如果它逐渐在更高和更重要的政治权威层次引入选举竞争。

19. 的确很难将我的民主价值标准和本能同纯粹的分析性思考分开。然而——作为一个比较政治学学者，作纯粹分析性思考——我认为中国共产党如果逐渐自上而下地引入根本性的政治改革，重塑其合法性基础，限制其权力，而提高治理能力，这对于其长治久安有益无害。这比现在用过分谨小慎微、零碎的、浅层的政治改革来费力地抓住权力不放恐怕更加理智。浅层改革无法供给更多自由、责任和参与权，而这是更成熟、掌握更多资源、受过更好教育、见多识广的新一代中国公民已经开始渴求之物。因而，它们将无法解决隐隐若现的合法性危机。

20. 或许王教授论文的观点可以用另一种方式来表达："如果没有一种整体性的、宏大的民主战略，这些问题不可能得到真正解决。"因此，中国共产党将不是带着中国通往一种稳固的权威多元主义，而是陷入某种严重的脆弱状态，那就是：政权貌似强大，表面上坚如磐石，而最终现实会证明其不过是外强中干。

（本文作者为胡佛研究所和斯坦福大学国际问题研究所高级研究员）

【注释】

[1] 参见 Ronald Inglehart and Christian Welzel, *Modernization, Cultural Change, and Democracy: The Human Development Sequence*, New York: Cambridge University Press, 2005。

[2] Ibid., p.60.

[3] Leon Krauze, "A Perfect Dictatorship." http://newsweek.washingtonpost.com/postglobal/leon_krauze/2007/02/a_perfect_dictatorship.html.

[4] Robert A. Scalapino, *The Politics of Development: Perspectives on Twentieth-Century Asia*, Cambridge, MA: Harvard University Press, 1998, p. 127.

Abstract

In this commentary paper, the author gives high credit to the wide vision and historical perspective of Professor Wang Changjiang's article. Meanwhile, the author clearly states his own opinions concerning the evolution of Chinese Communist Party as follows: one major evolution of Chinese Communist Party in the past two decades is its ideological transformation; China is right at a stage that the public has tremendous demand for democracy; people's aspiration for democracy will be further activated when China is becoming an affluent society and democracy will definitely come sooner or later; during the past two decades, CCP was inclined to take an up-bottom manner towards political reform; any political party, including CCP, should incorporate the new elites from different social strata; CCP should spare no efforts to establish a more effective and legitimate governance system. The author also makes no bones about the dilemmas CCP is facing, arguing that sustained social stability will not come if CCP couldn't initiate systemic political reforms to remould its legitimacy basis, constrain its power and improve its governing capacity.

中国的社会自治

燕继荣

【内容提要】

政府改革、民间社会实践、学术研究是推动中国社会自治的三种重要力量。要评估30年来中国社会自治的发展状况,一项重要的工作就是跟随这三种力量的历史进路,分析说明它们在发展过程中的作用和贡献。基于这种认识,文章从国家与社会关系的理论探索、政府推进社会自治的政策演进、农村村民自治的实践、城市公民社会的崛起、民间社会组织和行业自治的发展等方面考察了中国社会自治的进展,并试图对30多年中国社会自治发展的成就和问题予以总结。

绪言

财富积累方式、政府治理方式、社会生活方式的变化是衡量一国发展变化不可或缺的指标。1978年改革开放以来,中国社会发生了巨大的变化。考察和说明这些变化,可以有多种视角,除了经济方面的指标——如经济增长、生活水平、市场体系、产业结构、分配方式等——和政治方面的指标——如政治观念、政治体制、政府政策等——之外,社会自治的发展也是重要的方面。

自治(self-governance)是"指某个人或集体管理其自身事务,并且单独对其行为和命运负责的一种状态"。[1]自治被认为是一种社会生活的价值目标。在国家状态之下，自治具有两重意义：就个人而言，它意味着自决（self-determination）和免受干预的自由状态（freedom from intervention）；就一个共同体而言，它意味着一个地方、一个社区、一个村落和一个组织通过其代表决定共同体的经济、社会和政治事务，控制共同体的资源和社会政策的状态。自治也被认为是国家政治的相对物，在国家最高公共权力涉足不到或者不去涉足的地方，自治的概念便产生了。[2] 因此，合理的自治也是国家善治（good governace）的必要条件和基本要素。正唯如此，考察社会自治的发展历来是政治学家观察一国政治发展状况的重要方面。[3]

许多中国学者的研究指出，中国有着悠久的社会自治传统。[4] 在传统中国，帝国的皇权止于县政，为乡村社会留下了自治空间。[5] 有人将中国传统的国家治理结构概括为"上下分治"的格局，即，上层是中央政府，由自上而下的官制系统所构成，底层是地方性的管制单位，由族长、乡绅或地方名流所掌控。[6] 中国社会学家费孝通（1910—2005）先生将这种格局称为"双轨"政治。[7] 正是出于同样的认识，黄哲真（1905—1992）先生在上个世纪30年代出版的《地方自治纲要》一书中作出判断，"地方自治"一词虽然是清末才由国外引入，但是自古以来就有以"乡党"之人治"乡党"之事，以"保甲"、"乡约"制度来达到乡党相助的目的。因此，中国虽没有"自治"之名，却有着"自治"之雏形。[8] 新中国建立之后，随着社会主义改造运动的推行，中国共产党开始重建社会秩序，在农村建立了"人民公社"制度[9]，在城市建立了街道居委会制度和工作单位制度，同时，国家赞助和组建了各种群众组织，如工会、共青团、妇女联合会等，实现了对城市居民的组织管理和控制。[10] 在"左倾"路线的主导之下，上述制度安排为国家公共权力向社会的高度渗透提供了便利，从而形成了高度集权的全能主义（totalism）计划模式。改革开放以后，中国改革派领导人虽然不一定在主观上要自觉地恢复社会自治。但是，市场化的改造、经济活力的追求、治理方式的改善，将中国逐渐地引上了收缩国家权力、回归社会自治的发展道路。

人们通常用"摸着石头过河"来概括说明中国改革的探索过程。在30年来中国社会自治的发展过程中，来自政府的推动和学界的研究以及民间社会的实践构成了三种主要力量。在我看来，来自学术界的研究为社会自治的发展提供了丰富的思想内涵，来自政府的改革政策为社会自治创造了第一推动力，来自民间社会的实践为社会自治提供了现实的舞台和实际的经验。因此，要评估30年来中国社会自治的发展状况，一项重要的工作就是跟随这三种力量的历史进路，分析说明它们在发展过程中的作用和贡献。基于这种认识，本文从国家与社会关系的理论探索、政府推进社会自治的政策演进、农村村民自治的实践、城市公民社会的崛起、民间社会组织和行业自治的发展等方面考察中国社会自治的进展，并试图对30多年中国社会自治发展的成就和问题予以总结。

一、重构国家与社会关系：学术界的探讨

持续至今的中国社会自治运动起始于上个世纪80年代中后期。这场运动最早的理论自觉体现为中国学者对于国家与社会关系以及公民社会建设的学术研究。追求现代化的发展目标，改善国家治理结构，改革政府管理体制，将社会创造力从国家与政府的强权和管控下解放出来，使中国学术界开始关注国家与社会的关系，关注国家构建与社会建设这一"双边进程"（double-sided process）。

中国学者对于国家与社会关系的研究始于20世纪80年代末90年代初，其直接的诱因与80年代的"学潮"有关。民主可以说是中国知识界乃至中国人由来已久的政治追求。1989年北京"政治风波"之后，中国知识界逐渐认识到，民主建设不仅仅是一项国家上层建筑的改造工程，还是一项更为艰巨的社会基础建设工程，它不可能通过一场短期的政治运动一蹴而成。民主虽然是一种政治制度或政治安排，但民主政治的实现和实施却远非单纯的政治领域所能包容。如果说民主制度的确立主要还属于政治制度层面的变革，那么，民主制度的正常运转，却需要来自其他系统如社会、经济

和文化层面诸要素的支持。所以，民主的建设是一项系统工程，它不仅需要设计相应的"硬件"设备和"软件"程序，而且还需要建设与之相容的运作环境。社会自治以及公民社会建设或许正是这项系统工程的基础部分。

这样的认识使中国学者的研究目光转向了西方学术界热衷讨论的公民社会（civil society）理论。该理论认为，西方社会在早期发展中所形成的"公民社会"在公共生活中扮演了重要的角色，形成了多元社会权利对国家权力的分享和制衡，有效扼制了公共权力的专断倾向；公民社会由介于国家与个人之间的"纽带"或中介组织——社会自治组织和团体——所组成，公民社会以及具有非营利性、民间性、志愿性和自治性的社会组织在应对"市场失灵"和"政府失灵"方面发挥了积极作用。西方公民社会的经验和理论为中国学者研究中国的社会自治提供了分析工具和理论参照。而与此同时，对政府计划体制的市场化改造所带来的社会结构变迁，也引起学者对新的社会阶层和民间组织及其政治意义的关注[11]，吸引中国学者也加入到国家与社会关系的研究和讨论当中。

粗略考察，伴随中国改革与社会变迁的进程，中国学术界对于国家与社会关系的研究经历了三个阶段或时期，即，从引介西方市民社会理论为开始，经历关于国家与市民社会关系的讨论，最终转入中国社会建设和社会治理的经验总结。

（一）公民社会理论的引入

公民社会是一个完全源于西方经验的概念，在漫长的历史演变过程中被赋予了丰富的含义。自上个世纪70年代开始，市民社会理论在西方重新复苏。市民社会理论在西方的兴起有其自身的背景，如对新一轮民主化浪潮的解释，使人们重拾了对公民社会的关注；对高度集权计划的斯大林模式的反思，使人们重新认识公民社会的反国家主义特性；国家干预的失灵，福利国家的危机，促成了国家中心论的衰落，凸显了非政府的、扎根于共同体的自治组织在克服政府管理所面临的困境时的优势，进而使人们产生了回归公民社会的想法[12]。中国学界介入"公民社会"研究有着自身的独特背景。

上世纪90年代开始，中国步入政治社会体制转型期，社会力量也逐渐从无所不包的、被行政权力吞噬的国家体制下解放出来。随着市场经济改革的深入，社会自由度的扩大，个人的主体意识开始复苏，分割的城乡二元体制开始发生结构性松动。尤其是1992年中国经济改革进入了市场经济新阶段，现实层面的发展，需要重新认识和确立国家与社会的关系。在这样的背景下，中国知识界借用西方现代化的经验，关注公民社会研究，希望借助公民社会这一概念，构建一个解决中国现代化发展路径及国家与社会关系的理想框架。

90年代初期中国知识界对公民社会的讨论主要集中在对公民社会理论的评介及对概念移植的论证上。那个时期，人们围绕公民社会一词的含义及意义展开讨论[13]，并在如下问题上达成基本共识：（1）极权政治把社会原子化(atomized)为单个的、孤立的个人，以便使国家权威直接地、最大限度地施加于每个个体的社会成员之上。因此，一种组织化、制度化极低的、由单个的和孤立的个人所组成的"大众社会"(mass society)是独裁政治的社会形式或社会基础。（2）社会结构实现了多元化和制度化、社会利益实现了多样化的"公民社会"才是孕育民主政治的良好土壤。（3）公民社会是指一个国家或政治共同体内的一种介于国家和个人之间的广阔领域，它由相对独立而存在的各种各样的组织和团体所构成，这些组织和团体包括家庭组织、宗教团体、工会、商会、学会、学校团体、社区和村社组织、各种娱乐组织和俱乐部、各种联合会和互助协会等等。公民社会是在国家权力体系之外自发形成的一种自治社会，以其独立性和制度化为特点，它按照不同的组织方式和行为规范将单个的个人组织在不同的"次级社会共同体"中，使人们成为有组织的"公民"，而不是随意聚集一处的"群众"。（4）公民社会以市场经济甚或私有产权为基础，促成了平等自治的契约关系、法治原则、自治原则和民主发展进程。[14]（5）1949年以来，中国所建立的是一种政社合一的社会，"社会"这一概念没有独立存在的空间，每个中国人从出生到死亡，都是国家的、单位的附属物，没有独立于国家之外的私人领域。今天，要约束国家权力，要发展民主政治，就要促进公民社会的发展。

（二）国家与公民社会关系的讨论

在引入公民社会概念之后不久，也就是大约90年代中期，中国知识界开始讨论国家与公民社会的关系，试图从理论上确立一种二者关系的理想模式，并以此为根据说明国家建设和社会建设的双重任务，为中国社会自治发展以及构建中国的公民社会提供理论论证。

在国家与公民社会关系的问题上，中国知识界首先围绕洛克式的"社会先于国家或外在于国家"还是黑格尔式的"国家高于社会"展开讨论。由于毛泽东时代所确立的是一种"强国家—弱社会"的观念和体制，国家机构凌驾于社会之上并完全控制着社会，而这种观念和体制正成为改革的目标和对象。因此，中国知识界从理论上反思这种观念和体制的时候，将它归入黑格尔和马克思关于国家与社会关系的理论类型之中。在研究西方公民社会经验的基础上，中国学者重新发掘自由主义经典理论资源，着重阐释洛克式的"社会先于国家或外在于国家"的理论模式，并使之成为分析和批判中国现实的理论参照。显然，这种讨论从总体上为国家正在允许建立非国家组织分享社会管理权提供了论证。

之后，中国学界对于国家与社会关系的认识更加清晰起来。人们逐渐接受了这样一种观点：那种将国家凌驾于社会之上、社会完全服从国家的模式（黑格尔式）确实有问题，但那种将国家与社会完全对立起来、认为二者此消彼长的零和博弈的模式（洛克式）恐怕也成问题，比较理想的关系似乎应当是互助合作的模式。基于这样的认识，人们从理论上设定了二者的互动关系模式：国家和公民社会的发展互为条件，两者缺一不可，治愈"国家主义"的病症和防止"国家主义"的出现需要公民社会；克服公民社会的不自主性和防止社会分崩离析需要国家，二者之间是一个相互型塑的过程：即一方面是"社会型塑国家"(society-making-state)，另一方面是"国家型塑社会"(state-making-society)。这两个过程缺一不可，否则，

(1) 如果只有"国家型塑社会"的过程，没有"社会型塑国家"的过程，其结果必然导致所谓"有国家无社会"(a state without society)，即所谓"全面专政的国家"无所不包地控制一切社会生活领域；(2) 如果只有"社会型塑国家"，而无"国家型塑社会"的过程，那就会导致所谓"有社会无国家"(a society without state)之状况，社会的各行各业就会都成了"政治专业户"。不管哪种结果，都会导致国家和社会发展的失败，只有"社会型塑国家"和"国家型塑社会"两者相结合，一种正和博弈的国家与公民社会关系才是可欲的。[15]

既然国家与社会处于"既紧张又和谐"的矛盾统一体之中，二者具有一种内在的互动(interaction)关系，即一方面，国家制度的不完善往往是与公民社会的不健康紧密相关，比如，国家权威的过于强健，正是与公民社会的过于衰弱或无序化相对应；另一方面，公民社会的不健全与不发展又往往与国家强权的高压相关联，比方，社会自治组织的缺乏和发育不良正是国家超强控制的结果。那么，要建立二者互助合作的良性循环，就必须从国家与公民社会两个方面建设着手，即，中国的改革也是一个"双边进程"：一方面，必须不断地改革作为公共权威的国家权力，寻求国家行为的适当方式和合理限度，以期规范国家和政府行为；另一方面，也必须不断地建设自主自治的公民社会，并确定公民社会行为的合理方式和限度，以规制各种非国家的行为。上述研究所给出的政策性建议是比较清晰的：从国家层面入手，就是要建立一种"有限国家"的权力结构，明确和限定国家和政府的有限职能，并依此来不断调整国家与非国家组织和团体的关系；从社会的层面入手，就是要激活各种社会自治组织和团体，释放每一个社会单位的自由能量，并使其行为在公共秩序中得到规制。

（三）中国社会建设和社会治理经验的总结

上个世纪末期开始，随着国家与社会关系讨论的深化，也随着中国基层社会自治实践的逐渐展开，中国知识界带着强烈的本土化研究意识，更加关注中国公民社会建设问题。此时，世界范围内的治理与善治研究兴起，中国政府的治理变革、制度创新研究也进入一个新的阶段,公民社会建设研究与中国政治民主、社会转型与和谐社会建设、公共治理等研究融为一体。2000年以后,更多的学者对公民社会进行了实证的研究,对国家／社会之间界限的确立、社会自治空间的建构及"第三部门"的发展展开切实的论证。[16]令人瞩目的成果是2009年中国首次发布《中国公民社会发展蓝皮书》,这被学术界称为中国公民社会研究的标志性成果。[17]

此时,学界形成比较普遍的共识,认为改革开放前,中国实行集中统一的计划经济体制和相应的社会管理体制。在这一体制下,各种社会资源高度集中于政府手中,社会生产和生活具有较高程度的同质性。在城市,人们基本上都隶属于某一个政府机关或企事业单位;在农村,人们隶属于人民公社组织。那时的国家与社会高度重合,以至于社会没有太多自治的空间。改革开放后,国家与社会的关系发生了变化。市场经济在改变原有计划经济体制的同时,也带来社会管理体制、社会生活方式以及人们思想观念的深刻变化。首先,人们的身份发生变化,大多数人由原来的公社社员、国有企业职工变成了独立经营的农民、多种所有制企业中的工人以及个体户、工商业者和其他自主创业择业的劳动者。这一现象打破了"单位的城堡"。其次,与身份变化相联系的一系列收入分配、职业生涯、社会保障等方面的改变,导致以往被统一管理和单一组织固定下来的社会模式被打破。第三,身份和工作、生活方式的改变,带来思想意识的变化,人们的自主性、独立性有所增强。第四,由于上述变化,出现了大量自治的、自我服务的社会组织。总之,在改革开放和市场经济的条件下,许多人由原来隶属于国家统一管理体制中的"单位人"和"公社人"变成了具有高度自主性的"体制外"的社会成员,即,从"国家人"变成了"社会人"。这种改变促成了国家与社会一定程度的"分离",形成了一种新的社会结构,为社会自治创造了前提条件。

引入公民社会的概念和理论,目的在于建设中国的自治社会。实际上,在90年代初期,也就是在几乎引入公民社会理论的同时,就有学者提出了构建中国公民社会的命题。[18]在这个总主题下,中国国家与社会关系的变迁成为学者考察的重点。于是，中华帝国时期和中华民国时期的社会自治经验受到了重视[19]，费孝通等人关于"乡土中国"治理方式的学术成果得到了新的阐释。

与此同时，治理理论的兴起拓展了国家与公民社会关系的分析架构，它超越了自由主义与国家主义的传统对立，凸显了国家与公民社会之间实现正和博弈关系的可欲性和可行性，提供了一种新型的国家与公民社会关系范式。[20]此外，第三部门、公共领域和公共治理研究的兴起，更为社会自治领域的发展提供了更加丰富的理论根据（代表性的成果包括：王名主编：《中国民间组织三十年——走向公民社会》，社会科学文献出版社2009年版；唐晋主编：《大国策：通向大国之路的中国民主（公民社会卷）》，人民日报出版社2009年版；俞可平主编：《治理与善治》，社会科学文献出版社2000年版；俞可平：《中国公民社会研究的若干问题》，《中共中央党校学报》2007年第6期；俞可平：《中国公民社会：概念、分类与制度环境》，《中国社会科学》2006年第1期；林尚立：《民间组织的政治意义：社会建构方式转型与执政逻辑调整》，《云南行政学院学报》2007年第1期；林尚立：《两种社会建构：中国共产党与非政府组织》，《中国非营利评论》2007年第1期；郁建兴：《中国公民社会研究的新进展》，《马克思主义与现实》2006年第3期，等等）。鉴于中国作为后发展国家的特殊性，人们肯定，从中国的实际出发，公民社会的发育和发展必须依赖外部动力，而政府的推动正是公民社会建设和社会自治发展可以凭借的力量。

二、治理模式的转换：来自政府的第一推动

社会自治的程度反映着社会成员自由（freedom）、自主（independence）、自决（self-determination）、自律（self-discipline）的水平，也显示了一个社会个人幸福和社会繁荣的程度。因此，从根本上说，显示了一个社会的治理水平。那么，如何判断一个政治共同体的自治水平？有研究指出，如果一个政治共同体或者组织内的行动和控制方式能被视为源于这个共同体

和组织，它便可以被认为是自治的。自治具有三层内涵：第一，在制度层面上，管理机构的成员由该共同体内部的人员担任，而非外来者；第二，公共行动建立在社会意志上，管理机构仅是这种意志的执行者；第三，共同体以整体的福利为导向。这也就是说，考察自治程度可以有三个维度：第一，政治输入过程是否是民主的，并且能够代表大多数人的意志；第二，决策过程是否有个体、组织、管理机构的广泛协商、博弈，决策过程能否代表社会意志；第三，决策结果是否代表社会的整体利益。[21] 衡量社会自治程度可以有多种方法——比如从地方自治、社会自治、个人自治的角度分别予以考察，或者从社会结构、公共领域、公共服务的角度分别予以考察。但无论采用哪种方法，共同体内自治组织数量的增长、共同体自我管理范围的扩展、共同体内决策公共性的提高，以及公共治理结构的确立，应当是判断自治程度的重要指标。

村民自治、社区自治、社会组织及行业自治的发展是考察中国社会自治发展的重要方面。30年来，中国从一个高度集权、高度控制、高度统一、高度政治化的国家，变成了一个地方适度分权、社会自治发展、民间组织活跃的国家。正如美国的中国问题专家李侃如教授所指出："总的来看，现今……人们实际在想些什么，他们选择如何消磨休闲时光，他们与谁结婚，他们追求什么职业等相关问题，不再被认为是重要的政治问题。大多数中国人如今发现，避开几乎是最形式主义的政治活动以及不生活在国家严密监控的恐惧中是相当容易的。国家对人民生活干预范围上的这种变化是过去四分之一世纪的改革中最重要的影响之一。"[22]

如理论分析所言，良好的治理（good governance）取决于国家与社会的良性互动，依赖于政府管理与社会自治的协调配合。很难设想，没有政府的推动和促进，中国国家与社会关系会有如此巨大的变化，社会自治能够取得如此全面和深入的进展。"北京共识"（Beijing Consensus）的提法尽管引起很大争议，但它也揭示了一个基本的事实，那就是，中国30年发展的最大特点就是政府主导。在社会自治发展的问题上也是如此，政府发挥了主导作用。在笔者看来，这种主导作用表现在两个方面：一是政府推行了有力的改革政策，这些政策有目的地大幅度减少了国家干预社会的范围；二是政府自觉谋求治理方式的变革，有意识地推动和引导社会自治的发展。下面，我们将跟随政府政策的变化，以分析和说明中国政府的推动作用。

我们先来考察中国共产党和中国政府关于社会自治的提法和表述的变化。

1982年，中国共产党十二大报告对发展基层民主给予了肯定，指出："社会主义民主要扩展到政治生活、经济生活、文化生活和社会生活的各个方面。发展各个企业事业单位的民主管理，发展基层社会生活的群众自治。"

1987年11月23日，全国人大常委会主任彭真在第六届人大常委会第二十三次会议上讲话，就村民委员会问题作补充说明指出，实行基层群众自治，发展基层直接民主，既是宪法的规定，也是党的主张。

1992年，中国共产党十四大提出，要"加强基层民主建设，切实发挥职工代表大会、居民委员会和村民委员会的作用"。

1997年9月12日，中国共产党十五大第一次将"民主选举、民主决策、民主管理和民主监督"这"四个民主"写进党的全国代表大会报告，并强调"扩大基层民主，保证人民群众直接行使民主权利，依法管理自己的事情，创造自己的幸福生活，是社会主义民主最广泛的实践。城乡基层政权机关和基层群众性自治组织，都要健全基层民主选举制度，实行政务和财务公开，让群众参与讨论和决定基层公共事务和公益事业，对干部实行民主监督"。

2003年10月14日，中国共产党第十六届三中全会在《中共中央关于完善社会主义市场经济体制若干问题的决定》中提出，要加强"农村社区服务"、"农村社区保障"、"城乡社区自我管理、自我服务"的要求。

2004年9月19日，中国共产党第十六届四中全会通过的《中共中央关于加强党的执政能力建设的决定》指出，扩大基层民主，完善基层政权、基层群众自治组织、企事业单位的民主管理制度，坚持和完善政务公开、厂务公开、村务公开等办事公开制度,保证基层群众依法行使选举权、知情权、参与权、监督权等民主权利。

2006年10月11日,《中共中央关于构建社会主义和谐社会若干重大问题的决定》指出,要"全面开展城市社区建设,积极推进农村社区建设,健全新型社区管理和服务体制,把社区建设成为管理有序、服务完善、文明祥和的社会生活共同体"。

2007年10月15日,中国共产党十七大报告写道:"发展基层民主,保障人民享有更多更切实的民主权利。人民依法直接行使民主权利,管理基层公共事务和公益事业,实行自我管理、自我服务、自我教育、自我监督,对干部实行民主监督,是人民当家作主最有效、最广泛的途径,必须作为发展社会主义民主政治的基础性工程重点推进。要健全基层党组织领导的充满活力的基层群众自治机制,扩大基层群众自治范围,完善民主管理制度,把城乡社区建设成为管理有序、服务完善、文明祥和的社会生活共同体。全心全意依靠工人阶级,完善以职工代表大会为基本形式的企事业单位民主管理制度,推进厂务公开,支持职工参与管理,维护职工合法权益。深化乡镇机构改革,加强基层政权建设,完善政务公开、村务公开等制度,实现政府行政管理与基层群众自治有效衔接和良性互动。发挥社会组织在扩大群众参与、反映群众诉求方面的积极作用,增强社会自治功能。"同时,在十七大通过的《中国共产党章程(修正案)》将基层民主制度列为中国四项基本政治制度之一(其他三项政治制度包括:人民代表大会制度、多党合作和政治协商制度、民族区域制度)。

2009年9月18日,中国共产党第十七届四中全会通过的《中共中央关于加强和改进新形势下党的建设若干重大问题的决定》指出,坚持以党内民主带动人民民主;进一步巩固和加强党的基层组织,着力扩大覆盖面、增强生机活力,使基层组织充分发挥推动发展、服务群众、凝聚人心、促进和谐的作用。

通过考察中国共产党相关文献可见,(1)中国领导人主要是在推进基层民主政治实践的话语体系下来考虑社会自治的;(2)中国领导人把党的基层组织和基层政权视为基层民主和社会自治的领导力量。为了贯彻上述意图，中国共产党通过人大立法和政府法规来落实相关政策，希望中国社会自治能够走法治化、制度化的道路。以下有关村民自治和社区自治的法律法规的出台，为此提供了佐证。

1987年11月24日，第六届全国人大常委会第二十三次会议审议通过《中华人民共和国村民委员会组织法（试行）》，该法于1988年6月1日起正式试行。

1988年2月26日，民政部发出《关于贯彻执行〈中华人民共和国村民委员会组织法（试行）〉的通知》；1990年9月26日，民政部发出了《关于在全国农村开展村民自治示范活动的通知》；1994年2月，民政部发布《全国农村村貌自治示范活动指导纲要》。

1998年11月4日，第九届全国人民代表大会常务委员会第五次会议修订通过《中华人民共和国村民委员会组织法》，《中华人民共和国村民委员会组织法（试行）》同时废止。

1998年12月6日，由中共中央组织部、宣传部、民政部、司法部、国务院法制办公室联合发出《关于学习宣传和贯彻执行〈中华人民共和国村民委员会组织法〉的通知》；1998年12月18日，民政部又单独下发《关于贯彻执行〈村委会组织法〉的若干问题的补充通知》；2002年7月，中共中央办公厅、国务院办公厅下发《关于进一步做好村民委员会环节选举工作的通知》，对如何做好村民委员会换届选举工作提出了明确要求；2003年1月8日，民政部、司法部联合印发了《关于进一步加强农村基层民主法制建设的意见》；2004年，中央办公厅、国务院办公厅印发《中共中央办公厅、国务院办公厅关于健全和完善村务公开和民主管理制度的意见》；2005年12月31日，中共中央、国务院发出《关于推进社会主义新农村建设的若干意见》，提出"生产发展、生活富裕、乡风文明、村容整洁、管理民主"的社会主义新农村建设目标任务；2007年1月16日，《国务院办公厅关于转发农业部〈村民一事一议筹资筹劳管理办法〉的通知》；2008年6月30日，中共中央组织部、民政部发布《中共中央组织部、民政部关于认真做好村党组织和村民委员会换届工作的通知》；2009年发布《中共中央办公厅、国务院办公厅关于加强和改进村民委员会选举工作的通知》。

改革开放以来有关社区自治所出台的法律法规包括：

1989年12月26日，第七届全国人民代表大会常务委员会第十一次会议通过了《中华人民共和国城市居民委员会组织法》。

1990年1月，民政部下发《关于贯彻执行〈中华人民共和国城市居民委员会组织法〉的通知》；1993年8月27日，民政部、国家计委、国家体改委、国家教委、财政部、人事部、劳动部、建设部、卫生部、国家体委、国家计生委、中国人民银行、国家税务总局、中国老龄委发出《关于加快发展社区服务业的意见》；1995年12月14日，民政部印发《全国社区服务示范城区标准》。

2001年7月，民政部印发《全国城市社区建设示范活动指导纲要》；2008年，民政部办公厅印发《关于切实做好全国和谐社区建设示范单位命名表彰工作的通知》，决定命名表彰一批全国和谐社区建设示范城区（市）、全国和谐社区建设示范街道、全国和谐社区建设示范社区；2009年2月2日，民政部下发《关于切实做好城市社区居民委员会换届选举工作的通知》；2009年11月23日，民政部印发《关于进一步推进和谐社区建设工作的意见》。

以上文献表明，政府作为社会自治的第一推动力，其推动作用主要表现在以下几个方面：（1）通过法律和法规确认和促成中国基层社会自治；（2）通过党组织和基层政权的领导来组织实施社会自治；（3）通过示范实验来具体指导社会自治；（4）通过表彰来鼓励社会自治；（5）通过监督和监察来矫正社会自治中的不当行为（如基层贿选）。

中国党政领导人为何愿意积极推动社会自治发展？这是许多研究中国政治的学者希望解答的问题。中国官方乐于将之归结为执政党"为人民服务"的宗旨和"三个代表"的性质，但客观的研究更倾向于将之解释为政府当局在"危机驱动"（crisis-drive）下谋求治理模式的转变。众所周知，上个世纪50年代革命性的变革完成之后，国家采取了一种方式，让国家单位——农村人民公社、国营企业和社会组织,以及国家办公机构——成为干预社会的主要工具。这些单位既把国家服务提供给了公众,又承担了大量的政治和安全职能。这种国家管控社会、包办社会的方式,带来了许多问题,造成社会活力不足,生产效率低下,社会福利和公共服务短缺,成为既不富裕又不民主的社会现实的总根源。这些问题在很大程度上危及执政党的执政基础,从而促使中国领导人寻求变革。此外,随着生产责任制的推行,尤其是后来市场经济的引入,国家干预从社会领域的退出,产生了新的"公共领域"和公共管理需求(如以社区为单位的物业管理、以因特网为载体的公共网络管理、以行业为基础的行业管理),这些"公共领域"需要采用新的管理方式和办法,构建新的社会自我管理、自我服务体系。这些在政府看来"管不了"或"管不好"的领域的出现,使中国领导人更加明确和坚定了转变治理方式、发展社会自治、实现社会自我管理的发展方向。

三、村民自治:乡村社会的实践

中国的社会自治最早是从农村开始的。上个世纪80年代,随着农村联产承包责任制的全面推行,以家庭为基础的生产单位取代了以生产队为基础的人民公社,促成了80年代初期人民公社制度的解体。人民公社解体以后,以村为单位的自治化运动逐渐推开。为了叙述的方便,我们把这种自治化过程分为以下三个阶段:

(一)萌芽探索阶段(1980—1987年)

1978年以后,在政府和农民的双重推动下,中国兴起了以恢复农民家庭联产承包责任制和"废社改乡"为内容的农村改革。家庭联产承包责任制的实施与推广,使得建立在集体统一经营基础上的"政社合一"的人民公社体制失去了存在的基础。"土地分到户,生产队就没人管事了,农村社会治安问题、民事纠纷大量增加,乱砍乱伐树林的情况也出现了,偷牛盗马的事情时有发生"。[23] 原来负责农村公共事务的"生产大队"党支部和管委会工作内容和工作方法已经不适应新情况，很多地区生产队的机构和领导班子陷于瘫痪、半瘫痪状态，致使很多工作无人负责。村里的公共事务究竟由谁来管？怎么管？农民自己想出了解决问题的办法——民主推举"当家人"。

正如安徽凤阳小岗村通过"承包"改变了中国农村的经济命运一样，广西宜州合寨村通过"选举"确定了中国农村的基层自治格局。1980年2月，广西壮族自治区宜山县（现为宜州市）三岔公社合寨大队（现为屏南乡合寨村委会）6个生产队85户农民，以户为代表，经无记名投票选举产生了第一届村民委员会。[24] 广西合寨村以及之后其他地区所诞生的村民委员会引起了中央政府的高度重视，1981年下半年，中央政府和全国人大就派出调查组对村民委员会进行调查研究。1982年12月，第五届全国人民大表大会第五次会议通过新宪法，在总结各地实践经验的基础上，确认了村民委员会的法律地位，明确规定村民委员会是农村社会的群众性自治组织。[25]

1983年10月，中共中央、国务院发出了《关于实行政社分开建立乡政府的通知》，对建立村民委员会的工作提出了具体要求。基层的探索性实践得到了中央政府的认可，并通过国家法律和政府政策在全国推广开来。可以想见，此后不久，村民委员会便进入了普遍实施的阶段。有数据显示，到1985年底，全国共建立村民委员会948618个。

（二）试点实验阶段（1988—1997年）

1987年全国人大通过了《中华人民共和国村民委员会组织法（试行）》并于1988年6月1日起试行，这为村民自治提供了制度保障。1988年2月26日，民政部发出通知，开始在全国范围内展开村民自治"试点"工作，这标志着中国农村社会自治发展步入了试点实验的新阶段，到1989年底，全国2862个县中进行试点工作的县已经达到1093个。

1990年9月26日，民政部发出了《关于在全国农村开展村民自治示范活动的通知》，要求各级民政部门要选择有一定基础的县（市）、乡（镇）、

村作为示范单位,并以山东省莱西县为蓝本,提出了村民自治示范村的五条标准:

村委会干部由村民民主选举产生,村委会领导班子坚强有力;

村委会各工作委员会和村民小组健全,工作职责和规章制度明确,切实发挥作用;

定期召开村民会议或村民代表会议,实行村民民主参与制度,坚持村务公开、群众监督原则;

经济发展、安定团结、公益事业办得好,村容村貌整洁;

村民依法履行公民义务,全面完成国家交办的各项任务。

1994年2月,民政部《全国农村村貌自治示范活动指导纲要》对村民自治示范村的标准做了新的补充,在原有五条标准的基础上增加一条:"治安防范措施完备,社会秩序稳定,民间纠纷调处及时,村风民风好。"截至1995年底,全国有29个省、自治区和直辖市确定了村民自治示范县、市63个,示范乡镇3917个,示范村82266个。到1996年底,全国大部分地区普遍完成了第二届村民委员会的换届选举工作。其中山东、辽宁已经进行了五届,江苏、河北、山西进行了四届,北京、四川、新疆、宁夏、江西、上海、湖南、贵州、安徽、山西、湖北、青海进行了三届。

(三)全面推进阶段(1998年之后)

1998年,在中国村民自治及其相应的村委会选举进程中具有跨越性意义。如果此前中国农村的村委会实践还只是带有临时实验的性质,被认为是一场"静悄悄的革命",那么,1998年10月以后,村民自治进入了大张旗鼓全面推进的阶段。[26]

1998年10月,《中共中央关于农业和农村工作若干重大问题的决定》提出,加强农村基层民主法制建设,包括全面推进村级民主选举、村级民主决策、村级民主管理、村级民主监督。《决定》认为搞好村民自治,制度建设是根本,重点在于建立健全村民委员会的民主选举制度,以村民会议或村民代表会议为主要形式的民主议事制度,以村务公开、民主评议和村民委员会定期报告工作为主要内容的民主监督制度。这标志着中国村民自治走上了制度化、规范化的道路。

经过长达10年的村民自治试验，1998年11月4日全国人大修改并正式通过了《中华人民共和国村民委员会组织法》，运行了十年的"试行法"终于得到了"转正"。修订后的村委会组织法着重在选人、议事、监督等问题上作了修订，补充了村委会直接选举程序、村民代表议事制度、实行村务公开等条款，健全了农村"民主选举、民主决策、民主管理、民主监督"等规定和程序，明确了中国共产党在农村的基层组织当中要充分发挥领导核心作用。此外，公布选民名单、由村民提名候选人、由村民推选产生村民选举委员会、秘密划票、查处纠正选举违法、村民代表会议、村务公开、村民自治章程等农村基层群众创造的成功经验，也都得到了法律的肯定和确认。随着法律的确认、制度的保障、直选的普遍推广，"村民自治"自此进入了全面制度化运作阶段。

据统计，截至2007年底，全国共有611234个村委会，村委会成员达2411074人。全国31个省份制定出台了村委会选举办法；29个省份制定出台了村委会组织法实施办法；7个省制定了村务公开条例。在民主选举方面，"海选"已成为全国农村村委会选举普遍推广的方式，农民的平均参选率保持在80%左右。在村民决策、管理和监督方面，85%的农村建立了实施民主决策的村民大会或村民代表大会，90%以上的农村建立了保障民主监督的村民理财小组、村务公开监督小组等组织，村务公开、民主评议、民主恳谈、民主听证等制度和活动也得到了普遍的实施。[27]

对于中国农村社会自治发展历来有不同的评价。主流的看法赋予村民自治以重大的积极意义，它被认为是中国民主政治在基层社会的试验，被看做是中国基层公共治理模式的探索，被理解为中国和谐社会建设的发展方向。因此，人们期待它能有更大的潜力和作为，能够进一步完善，以期在推动中国社会政治经济文化全面发展方面发挥更大的作用。当然，较为悲观的声音也时常能够听到。这些悲观的声音可能主要来自三个方面：（1）因为村民自治实施过程中暴露的诸如家族势力、贿选、村民与基层党政机构的矛盾等问题而对村民自治发展感到担忧；（2）因为考虑到制度因素和政策因素才是制约中国农村发展的关键因素而对村民自治究竟会有多大作为表示怀疑；（3）因为村民自治中政府主导和所受基层党政干预和介入的经常性而对村民"自治性"的判断产生疑问。

但不管怎么说，以下考察结论应当是较为中肯的：

首先，虽然不可否认，村民自治是在政府主导下推广开来的，但从源头上说，它是农民在新的生产组织结构下自发创造的，是应对基层新的公共需求时制度创新的产物。来自官方的认识和来自民间学术机构的研究都承认，包产到户、乡镇企业和村民自治，是中国亿万农民的伟大创举。[28]村委会发展的历史表明，农民自发选举产生了村民委员会，村民共同订立村规民约，实行自我管理，使"包产到户"之后农村出现的如偷盗、乱占耕地、打架斗殴、水利失修、乱砍滥伐等问题得到了治理。广西第一个村委会最初的功能主要是协助政府维护社会治安，但随后，河北、四川等省的农村所出现的类似的群众性组织，其功能越来越向经济、政治、文化等村庄公共事务管理的方向扩展。这一新生事物得到高层的重视，于是派出调查组，经过深入调查研究后对这一做法予以肯定。[29]基层的创新促成了上层的跟进，这可以说是中国农村社会自治运动发生发展的基本模式。

村民自治的产生再次证明中国农民的创造性和民主需求、民主意识及民主参与能力不可轻视。在村民自治过程中，各种创新不断涌现，村务公决、决策听证会、民主恳谈会、"民主日"等，丰富了民主的实现形式；在村务公开中，开展民主管理观察员活动，专门聘请监督员，完善了社会参与机制。[30]

农村"五牙子章"的发明和运用更加充分地证明了这一点。宁夏回族自治区中宁县枣一村为加强对村财务的监督，将村财务公章分成五瓣儿，分别由村民理财小组五个成员保管，每月定期对本村财务收支票据进行审核。如果村民理财小组的三个成员以上同意某项开支，就把五瓣印章用橡皮筋绑在一起，合成一个印章后盖在票据上。因每小块印章形似一颗牙齿，故被称为"五牙子章"。这种公章在中国其他农村地区也能见到。

其次，村民自治发展过程中确实暴露了许多问题，也遇到许多新的挑战，正如早先时候有文章指出，村民自治工作遇到诸多问题，如（1）选举规范问题，表现在：城市化造成居民居住地变迁而带来选民资格难以确认；对"贿选"的界定不明确；对"罢选"的规定不具体，使选举中的问题定性缺乏统一尺度。（2）村委会与村党支部关系问题：二者矛盾时有发生。（3）村民自治权利保障问题：村委会组织法没有规定对侵害村民自治权利行为的惩罚措施，使阻挠计票、砸坏票箱、撕毁选票、强迫选举等违法行为得不到纠正；乡镇政府直接介入村委会选举、非法干预村级财务的现象时有发生。[31] 但是，所有这些问题，都不过是村民自治发展过程中的问题，并不能成为否定村民自治发展方向的理由。特别值得关注的现象是，村民自治本身还需要国家制定村民委员会组织法来赋予合法地位，就连"村民委员会由主任、副主任和委员3至7人组成，每届任期3年，由村民直接提名和投票选举产生"也要由国家法律来作出详细规定，这本身就与"自治"精神相悖。这或许正是社会自治的"中国特色"所在。不过，如果放在中国的语境下，从历史发展的角度看，村民自治算做基层民主的一种方式或农村管理的方式还是比较恰当的。正如前文所言，新中国成立后，中国农村长期实行由生产大队、生产小队负责组织农民统一生产、统一分配的人民公社体制。随着以"大包干"为主要形式的家庭联产承包责任制在全国范围内普遍实行，人民公社体制失去了依托，导致基层管理的某些职能无人负责，农村出现了一定程度的无序状态。村民自治在一定程度上弥补了这个管理"空白"。也应当肯定，以"民主选举、民主决策、民主管理、民主监督"为主要内容的中国农村基层群众自治实践，扩大了农村的基层民主，为农民提供了了解、接触、实践民主的具体途径。

最后，村民自治的确是观察中国农村社会自治的重要途径，也是评估中国社会自治发展的重要依据，但不是唯一的途径和依据。换句话说，村民自治不应当仅仅表现在以自然村为单位的村委会选举及村委会活动上，还应该表现在农村其他社会组织的发展方面。而且，农村其他社会组织的发展或许因为它能够打破自然村庄的界限，带有更大范围横向联系的性质，更易于酿造农村社会资本（social capital），因此，更能反映农村社会自治的水平，对于村民自治发展也具有更加重要的意义。然而，相对于以村委会为中心的村民自治而言，以农村社会组织为基础的村民自治的发展却并不乐观，尤其是对于经济发展落后、城市化水平比较低的中西部地区来说，差距更加悬殊。在经济相对发达的东部地区，乡镇企业和村办企业的发展，使人们融入行业协会的机会有所增加。这一事实也许说明，农村社会组织发展不足，主要原因可能在于需求不足。

四、草根社区：城市公民社会的崛起

中国社会自治发展在农村主要表现为村民自治的落实，在城市则表现为"单位制"的衰落和"社区制"的兴起。为了实现经济发展的目标，政府有目的地大幅减少干预社会的范围，并通过"打破集体大锅饭"、"放弃政府包养包办"的办法把大量人口"挤出"国家单位。由于许多市民由过去的"单位人"变成了"社会人"，公共管理和社会保障（如住房、福利、救济、公共卫生等）也要求随之从国家单位向社会转移。就是在这种背景下，以居委会为基础的城市社区自治运动得到了推广。[32]

我们先来对中国城市组织建制和居委会的演变作一番简要考察。

1949年，中国共产党接管大城市后，宣布废除保甲制度，建立了区一级政府机构。保甲制度取消后，各城市纷纷成立诸如保护队、防盗队、居民小组等名目不同的居民组织。直到1954年12月颁布《城市居民委员会组织条例》，才将城市基层居民组织的名称统一规定为居民委员会，并将其定性为城市基层居民群众自治组织。此后，全国人民代表大会通过了《城市街道办事处组织条例》，按照该条例，1956年底全国各地陆续完成街道办事处和居民委员会的组建工作。

1958年，在农村人民公社运动的影响下，一些地方也成立了城市人民公社。这种城市人民公社由原来作为人民政府派出机构的街道办事处演变成了一级政权组织。公社的行政干部由街道办事处时期的7人增至70—80

人。公社党委下设党办、组织部、宣传部、监委、团委、妇联，公社委员会下设工业办、财贸办、城管卫生办、行政办等。直到1962年"大跃进"失败后，各地城市的人民公社相继被撤销，陆续恢复了原来的街道办事处。

1965年5月，"文化大革命"开始之后，各地街道办事处相继被"造反派"夺权，被改名为"街道革命委员会"，并建立街道党委，实行党的一元化领导。"文革"结束后，1978年通过的新宪法撤销"街道革命委员会"，又恢复了街道办事处。1980年1月，中央政府重新公布1954年的《街道办事处组织条例》，再次明确街道办事处是市或区政府的派出机构。

90年代后，中国政府先后两次谋求城市管理体制改革。第一轮改革以实现"两级政府、三级管理"体制为内容。1997年1月，上海市第十届人大常委会通过了《上海市街道办事处条例》，用法律确定了"两级政府、三级管理"的新体制。新体制的重点和核心是强化政府在街道层面（第三级）的行政权力和行政职能，逐步扩大街道办事处的管理权限，相应配套下放人、财、物的支配权；明确由街道办事处对辖区内社会性、群众性、公益性的工作负全面责任。"上海模式"在全国产生了重要影响，之后大多数城市基本按"两级政府、三级管理"的思路对街道办事处体制进行了改革。[33]

但是，"两级政府、三级管理"体制强化了街道办事处的性质和管理职能，也进一步使社区群众自治组织的居民委员会行政化。再加上，由于社区服务的经费主要来自街道办事处的财政拨款，因此居民委员会的社区服务工作主要以街道办事处的指示为主，而很少按照居民的自主意愿来作出安排。鉴于这种情况，2000年以后，城市实行了第二轮改革。此次改革以"街道社区化"为内容，改革的动机和目标是进一步落实社区居民委员会的自治化。在这一轮改革过程中，各地形成了许多不同的模式，如"深圳模式"、"北京模式"（又称"鲁谷社区模式"）、"南京模式"、"青岛模式"等，几乎所有改革的街道实现社区化，不再保留街道办事处称谓，而以"社区"冠名。此次改革强化了社区管理理念，创建了大社区民主自治组织，确立了中国城市社区自治发展的方向。[34]

在社区自治发展中，2006年10月11日中国共产党第十六届中央委员会第六次全体会议通过《中共中央关于构建社会主义和谐社会若干重大问题的决定》，又提出了和谐社区的建设目标，要求各社区要完善公共服务，开展社区群众性自助和互助服务，发展社区服务业。2009年10月，全国和谐社区建设工作会议在江苏苏州市召开。会议命名188个城区（市）为全国和谐社区建设示范城区（市），253个街道为全国和谐社区建设示范街道，500个社区为全国和谐社区建设示范社区。

随着住房制度的改革，业主委员会作为中国城市社区自治的另一种组织形式在最近10年普遍兴起。业主委员会更带有"草根性"、"自发性"和"独立自主性"，更能体现社区自治的精神。

毫无疑问，中国城市的社区自治运动对于社会自治发展以及公共管理和服务的改善具有重要意义。中国城市社区自治的积极效果至少可以从下面几个方面得到解释：首先，它促进了社区民间组织的发展。在社区建设过程中，各地积极培育社区服务性、公益性、互助性的民间组织，并通过政府购买服务、项目管理等途径，积极引导民间组织参与社区文化、体育、教育、卫生、居家养老等多种事项的管理和服务。据研究表明，上海市仅在2008年就投入3亿多元，培育社区公益性民间组织10418个，天津市通过制定管理备案机制和诚信自律制度，推动建立各类社区民间组织6506个，南京市通过社区服务机构纳入"民非"机构进行登记管理的办法，培育发展各类社区中介组织3500个。[35]

其次，社区自治运动倡导社区志愿服务，推动社区志愿服务朝正规化、专业化和制度化的方向发展。研究显示，社区志愿者注册制度已在全国普遍推行，截至2008年，中国社区志愿者组织已达43万多个，注册人数2000多万，参加社区志愿者服务活动的人数已累计到3000多万人次。[36]

最后，社区自治扩大了社区公共服务的覆盖面。2008年的统计数据显示，全国城镇便民利民服务网点74.8万个，街道以上社区服务中心3515个，社区服务站30021个。在社区医疗卫生方面，已建有社区卫生服务中心7223个，社区卫生服务站21895个，地级以上城市社区卫生服务已实现100%覆盖，县级市超过90%。在社会保障方面，已建有社区劳动保障工作站6.7万个。在社会救助方面，普遍建有社区帮扶救助机构，有慈善超市7053个。在社区治安方面，有社区综治工作服务站10万多个，社区警务室6.1万个。在司法救助上，有约7万个社区人民调解委员会和5.5万个法律援助工作站为居民提供调解和司法服务。仅2008年，经社区人民调解委员会调解并达成书面协议的民间纠纷就超过150万件。[37]

五、社会资本投资：社会组织及行业自治的发展

没有健全的公民社会组织，就不可能有真正的社会自治。许多研究表明，社会资本是和谐社会的黏合剂，是"使民主运转起来"、改善政府管理绩效的无形资源，而社会组织正是社会资本的酿造场。[38]改革开放以来，中国的社会组织迅速发展，它们对中国的经济发展、民主政治、生态保护、文化建设及社会和谐产生广泛而深刻的影响。

在中国，非政府组织通常也被称为民间组织、社会团体、第三部门。根据国家民政部的分类，中国的民间组织主要包括两类，一类是社会团体，一类是民办非企业单位。社会团体是指中国公民自愿组成，为实现会员共同意愿，按照其章程开展活动的非营利性社会组织，主要包括协会、学会、联合会、研究会、基金会、联谊会、促进会、商会等社会组织。民办非企业单位，是指企业事业单位、社会团体和其他社会力量以及公民个人利用非国有资产举办的，从事非营利性社会服务活动的社会组织，主要包括各种民办的学校、医院、福利院、社区服务中心、职业培训中心、研究所、文化馆、体育设施等。

中国官方对"社会组织"的统计数据显示，目前总共有43.1万个注册的组织，其中包括23.9万个社会团体、19万个"公民非营利机构"和1843个基金会。[39]这些数字看起来非常惊人，但如果考虑到组织的变动性（有些组织轰轰烈烈地宣告成立，但过两年可能又销声匿迹），可能就要打些折扣。当然，也有许多社会组织根本不注册，所以也不会被纳入官方统计数据之列。

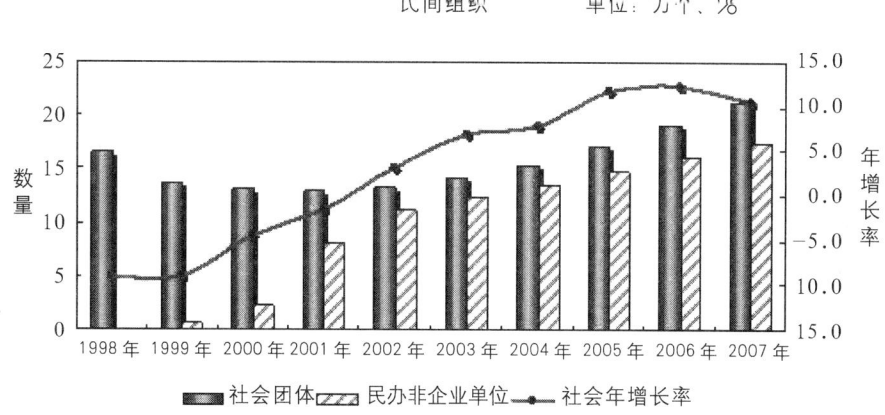

资料来源：国家民政部《中国民政事业发展报告（2008）》

图 1 中国非政府组织的增长情况

无论如何，中国社团组织在数量上的快速增长是一个不争的事实。进入 21 世纪后，社团组织不仅在数量上激增（如图 1 显示），而且在种类上也日益多元化，出现了草根组织、基金会等众多类型的社团组织。

许多研究表明，中国社团组织已经成为一种重要的社会力量、重要的社会组织和动员方式、重要的社会利益表达和聚集渠道、重要的资源集聚途径。中国的非政府组织活跃在社会的各个领域，它们致力于环境保护、扶贫开发、妇女发展、社会福利和社会救助、公民教育、农业商业发展以及社会发展智力支持等领域各类社会问题的解决，发挥了重大而积极的作用。

中国政府对非政府组织的管理经历了一个由紧到松的过程。严格管理、严密控制是政府对待除"工青妇"之外的民间组织的一贯态度。改革开放以后，根据实际需要，政府在一定程度上改变了对非政府组织的态度，从严格控制转而实行适度放开和有效管理的政策。[40]但是，从总体上看，政府对民间组织和"民办"事业始终怀有戒备心理，因此，目前的一些管理政策在很大程度上抑制了民间组织和"民办"事业的发展，使其远不能发挥积极作用。例如，目前的双重管理体制限制了新的非政府组织的成立和同类非政府组织之间的竞争；政府对非政府组织在事务和人员上的控制，限制了组织自主性的发挥；在资金募集方面，政府只给了部分组织向社会募集资金的权利,限制了非政府组织获取资金的渠道。政府对民间组织和"民办"事业的戒备心理,至少在两个方面对公共治理产生消极影响:一是民间事业和民间力量难以充分释放,民间组织在公共管理和公共服务方面难以发挥作用;二是在遇到"社会事件"所造成的危机时,民间组织不仅难以成为化解危机的力量,而且更有可能成为政府的"对手"。[41]

在各类社会组织中,行业协会性组织的发展大概最受政府青睐。因为在政府看来,规范市场竞争,建立行业秩序,提升服务能力是行业发展与管理的主要任务,而行业协会在这方面能够弥补政府管理之不足,甚至发挥比政府更加积极的作用。在行业自治发展方面,政府的基本政策是:(1)按照行业分类,由政府主管部门牵头,资助成立行业协会组织;(2)政府制定并推行行业管理标准及办法,引导行业自律;(3)依托民政部门和行业主管部门,依法对行业组织进行管理和监督。

目前,会计师协会、律师协会、旅游业行业协会、房地产行业协会、化工行业协会、金融行业协会、保险行业协会、通信行业协会、软件行业协会、家电行业协会、印刷包装业行业协会、物业管理行业协会等形形色色的行业协会组织已经遍布中国各大行业。各地依据产业特点,还建立了地方性的行业协会,如温州的打火机行业协会。这些行业协会一方面分担了政府管理的职能,促进了行业自律,另一方面不同程度扮演了利益聚集、利益表达、利益协调与组织集体行动的角色。[42]

六、结 语

正如人们常说,在如何看待中国的问题上,面对同样的事实,可以得出不同的判断,因为那取决于你是把它看成是杯子的"半满"还是"半空"。在评价中国社会自治发展的时候,也同样面临这样的问题:你愿意把看到的东西视为"进步"或"成长"还是视为"差距"或"不足"?

中国学者始终是在发展民主政治的背景下来关注社会自治问题的,因为人们坚信,独立的社会组织是"使政府的强制最小化,保障政治自由,改善人的生活"的重要力量,它不仅是民主化的直接后果,也是民主运作所必需的条件。[43]但是,上个世纪90年代以来一些国家和地区的民主化过程以及中国基层的民主试验,让一些人感到困惑:民主自治究竟是祸水,还是揭开脓疮的药贴?有人认为民主自治是祸水,搞民主等于打开了潘多拉之盒;更有人认为,民主自治是不稳定的根源,甚至是"西方敌对势力"颠覆中国的圈套。基层社会自治和民主试验研究揭示,与其说民主自治是祸水,不如说是揭开脓疮的药贴;事实上,社会毒瘤早已存在,民主自治只是戳破并释放了脓疮而已。就拿农村基层民主实践来说,有人认为,民主选举会使党的控制削弱。但一些研究认为,并不是村民选举削弱了党支部的政治影响,而是农村基层党组织建设长期积累起来的问题在直接、公开和竞争性的村民选举中集中暴露了出来;村民选举确实挑战了农村党支部的传统权威,但如果农村党支部逃避选举,那无疑是主动放弃政治领导地位;村民选举把党支部权力的合法性问题提了出来,这种政治合法性问题能否在村民选举中解决,关键取决于执政党自身如何进行制度化调整。[44]这样的研究再次表明,对中国社会自治运动作出怎样的解释关系重大。

中国的公民社会正在兴起,这一结论被许多研究和观察所认可。2008年,四川地震救灾中民间组织的杰出表现为这种观察结论提供了有力的证明。中国民政部估计,在2008年"5·12"汶川地震后的几个月内,超过300万志愿者帮助从事健康、卫生、医疗援助、分发食品、安全保卫等工作;四川省灾后评估报告显示,有263个非政府组织、63家基金会提供了支持。由此,有研究认为:"虽然新兴公民社会的议论最早是在1990年代后期开始出现,但2008年的地震才推动中国政府正式意识到公民社会如何在后改革时代扎下根来。"[45]

许多研究中国问题的学者关注这样的问题:执政党对于社会的控制随着改革开放进程是会进一步加强还是减弱?经济改革是否会催生公民社会的产生,从而推动国家层面的制度改革?讨论这些问题很容易让我们陷入国家与社会相互对立、"社会挑战国家"的思维定式当中。中国社会自治发展的经验似乎更加支持"社会—国家相互依赖"的关系模式(正如有人所指出，这种模式所形成的不是西方典型意义的"公民社会"，而是"准公民社会"[46]）。在这种关系模式下，国家通过创造众多的社会组织和准行政组织，来达到管理日益复杂的经济和社会事务的目的，这实际上是一种"国家引导的公民社会"（state-led civil society）。[47]但是，国家推动的社会自治究竟会增强还是削弱国家能力？对这个问题好像也会得出截然相反的结论。

中国社会自治发展的经验显示：国家的推动产生了一定的权力下放和社会自我管理的需求，在新的权力格局下，不同的社会组织凭借自身的资源谋求活动空间。在这个过程中，有些类型的社会自治（如社区居委会自治、行业组织的发展）可能主要是政府授意而促成的；有些类型的社会自治（如村民自治）则是基层实践后政府认可并开始推广的；还有一些类型的社会自治（如民间组织的发展）则主要是民间力量发起而政府认可的。不管哪种类型，正如托尼·塞奇（Saich, T.）的研究所指出，从社团组织产生过程看，几乎每个社团组织与国家都存在复杂的互动与协商过程，在这个过程中，国家可以通过将社团组织"法团化"的手段来控制社会，而社团组织也可以借助国家的政策漏洞来提升自己的地位。[48]如此各取所需的"双赢"状态确实让人在"社会自治究竟是增强还是削弱了国家能力"的问题上难以作出简单判断。

正如有研究指出，目前国家对民间组织的管理很严格，实质上是"政府同意制"（approval system），而非"认证制"（authenticate system）。[49]确实，中国的社会自治在很大程度上应当归功于政府主导和推动。因此，它更多地体现了政府以社会"自我管理"来弥补自身管理之不足的意图，所谓的自治性组织可能也算不上是典型意义的内生型的利益集团组织。不过，正如一个儿童的成长，随着年龄的增加，为了自身利益而独立作为的意识也会增强。最近几年，集体"散步"、"喝茶"等形形色色的抗议性或诉求表达性社会运动的发展就是最好的例证。

总而言之，从村民自治、社区自治、社会组织和行业自治几个方面考察，30年来中国社会自治确实有了惊人的发展。但是，同样不可否认的是，与社会"自治性"发展相比，政府决策、政府管理、政府服务的"公共性"

还有较大的落差。对于中国这样的国家来说，社会自治当然是整个棋局的第一步，但现在我们的问题是，自治了以后怎么办？换句话说，社会自治使得社会利益找到了表达的方式和途径，现在，不同利益团体可以通过社会组织这个渠道把它们的愿望、要求和意志表达出来。但是，如果国家对于它们的表达装聋作哑，不予理睬，那它们的表达又能如何？因此，棋局的第二步，也是关键的一步，就是要实现政府决策、管理和服务对社会开放，让民间的"话题"转变为公共决策的"议题"。在这方面，政府需要拿出更大的勇气和决心。完全有理由相信，未来中国社会自治发展能走多远，取决于中国政府在"开放性"和"公共性"方面能走多远。

(本文作者为北京大学政府管理学院政治系主任、教授)

【注释】

[1]《布莱克维尔政治学百科全书》，中国政法大学出版社1992年版，第693—694页。
[2] 参见桑玉成：《自治政治》，香港三联书店有限公司1994年版，第3页。
[3] 有许多学术研究讨论了自治与国家能力、公民权利、民主政治等政治发展要素的关系，有关这方面的研究综述可参见徐增阳的文章：《自治——传统与现代的比较》，载《经济社会体制比较》，2008年第1期。
[4] 正如梁漱溟（1893—1988）所言："许多事情乡村皆自有办法；许多问题乡村皆自能解决：如乡约、保甲、社仓、社学之类，时或出于执政者之倡导，固地方人自己去做。"见梁漱溟：《梁漱溟全集》（第5卷），山东人民出版社1992年版，第585页。
[5] 清华大学秦晖教授将中国传统自治概括为："国权不下县，县下惟宗族，宗族皆自治，自治靠伦理，伦理造乡绅。"见秦晖：《传统十论：本土社会的制度文化与其变革》，复旦大学出版社2003年版，第3页。
[6] 参见王先明：《近代绅士》，天津人民出版社1997年版，第27页。清华大学秦晖教授将中国传统自治概括为："国权不下县，县下惟宗族，宗族皆自治，自治靠伦理，伦理造乡绅。"见秦晖：《传统十论：本土社会的制度文化与其变革》，复旦大学出版社2003年版，第3页。
[7] 参见费孝通：《中国绅士》，中国社会科学出版社2006年版，第46—56页。
[8] 参见黄哲真：《地方自治纲要》，中华书局有限公司1935年版，第57页。
[9] 人民公社是上个世纪中国大地上发生的重大历史事件之一。1958年8月上旬，毛泽东赴河北、河南、山东等地视察工作时说："'人民公社'是一个好名字，包括工农兵学商，管理

生产，管理生活，管理政权。"8月29日，在北戴河召开的政治局扩大会议上，通过了《中共中央关于在农村建立人民公社问题的决议》，之后在一个多月的时间里，全国农村基本实现公社化。从此，人民公社就成为中国广大农村政社合一的集体所有制的经济组织和基层政权组织，农民就成为人民公社社员。1983年10月，中共中央、国务院根据《中华人民共和国宪法》中设立乡政府的规定，发出《关于实行政社分开建立乡政府的通知》，其中规定："政社分开、建立乡人民政府，领导本乡的经济、文化和各项社会建设；社队企业成为合作经济企业，村民委员会成为基层群众性自治组织。"人民公社的三级所有、队为基础的体制被彻底瓦解。到1984年底，全国基本完成了"撤社改乡"的工作。至此，人民公社结束了它的历史使命，人民公社社员又重新被称为农民或村民。

[10] 1958年之后，城市居民也像农村居民一样被封闭在相对孤立的基层组织，即工作单位和居民委员会之中。"工作单位和居民委员会（为那些没有工作单位的人设立的）成了国家和市民关系的中间人。"参见李侃如：《治理中国——从革命到改革》，胡国成、赵梅译，中国社会科学出版社2010年版，第304页。

[11] 参见傅景亮：《关于国家与社会的关系》，见王浦劬、周志忍、燕继荣、高鹏程主编：《中国高校哲学社会科学发展报告（1978—2008）》，广西师范大学出版社2008年版，第252—259页。

[12] 参见李熠煜：《当代中国公民社会研究综述——兼论公民社会研究进路》，转引自http://www.gongfa.com/liyygongminshehui.htm。

[13] "civil society"一词在中国有三种不同的翻译名称，即市民社会、民间社会和公民社会，用词虽有细微差别，但含义大体一致。参见何增科：《公民社会和第三部门研究导论》，载《马克思主义与现实》，2000年第1期。

[14] 参见邓正来：《中国市民社会研究的研究》，见杰弗里·亚历山大、邓正来主编：《国家与市民社会》，上海人民出版社2006年版。

[15] 参见甘阳：《"民间社会"概念批判》，见张静主编：《国家与社会》，浙江人民出版社1998年版。

[16] 参见王清：《关于非政府组织与公民社会》，见王浦劬、周志忍、燕继荣、高鹏程主编：《中国高校哲学社会科学发展报告（1978—2008）》，广西师范大学出版社2008年版，第264—269页。

[17] 参见北京大学公民社会研究中心编：《中国公民社会发展蓝皮书》，北京大学出版社2009年版。

[18] 参见邓正来、景跃进：《建构中国的市民社会》，载《中国社会科学季刊》，1992年第1期。

[19] 参阅陈永森：《告别臣民的尝试：清末明初的公民意识与公民行为》，中国人民大学出版社2004年版。

[20] 郁建兴、吕明再：《治理：国家与市民社会关系理论的再出发》，载《求是学刊》，2003年第4期。

[21] 参见C. Bird, "The Possibility of Self-Government", *The American Political Science Review*, 94(3), 2000, pp.563–577。

〔22〕 李侃如：《治理中国——从革命到改革》，胡国成、赵梅译，中国社会科学出版社2010年版，第314页。

〔23〕 白益华：《亲历村民委员会组织法制定（上）》，转引自人民网：http://www.people.com.cn/GB/14576/28320/35193/35204/2641757.html。

〔24〕 有关合寨村委会诞生的背景、过程以及村委会的职能和委员的组成以及选举办法的描述和说明可参见徐勇：《乡村治理与中国政治》，中国社会科学出版社2003年版，第3—13页，"伟大的创造从这里起步——探访中国最早的村委会的诞生地"。

〔25〕 《中华人民共和国宪法（1982）》第111条规定："城市和农村按居民居住地区设立的居民委员会或者村民委员会是基层群众性自治组织。居民委员会、村民委员会的主任、副主任和委员由居民选举。居民委员会、村民委员会同基层政权的相互关系由法律规定。居民委员会、村民委员会设人民调解、治安保卫、公共卫生等委员会，办理本居住地区的公共事务和公益事业，调解民间纠纷，协助维护社会治安，并且向人民政府反映群众的意见、要求和提出建议。"

〔26〕 徐勇：《乡村治理与中国政治》，中国社会科学出版社2003年版，第14页，"伟大的创造从这里起步——探访中国最早的村委会的诞生地"。

〔27〕 以上数据转引自《村民自治：世界上最大的"民主训练班"》，见《法制日报》，2008年10月12日。

〔28〕 参见张新光：《中国近30年来的农村改革发展历程回顾与展望》，国务院发展研究中心信息网（http://www.drcnet.com.cn/01/23/2007）。

〔29〕 早期基层的创新和上层的调研，为后来宪法修改做了准备。1982年修改宪法时，总结各地经验，废止人民公社制度，确立"基层政权的组织形式为乡（民族乡）、镇政府"，并把"村民委员会"这一组织形式写进了宪法条文，明确规定："农村按居民居住地区设立的村民委员会是基层群众性自治组织。村民委员会的主任、副主任和委员由居民选举。"（《中华人民共和国宪法（1982年）》第111条）

〔30〕 参见詹成付：《基层政权和社区建设》，中国社会出版社2010年版，第80—84页。

〔31〕 参见覃鸿杰：《村民自治现状及对策》，转引自"政治改革与民主研究网"（http://www.world-china.org/newsdetail.asp?newsid=874）。

〔32〕 《中国统计年鉴2009年》，截至2008年底，全国乡镇级区划数40828个，街道办事处6524个，镇数19234个，乡15067个，村民、居民委员会687698个，村民委员会604285个，居民委员会83413个。

〔33〕 此次改革被认为是"中国城市军民自主、自治、参与意识首次觉醒，为自身利益奔走呼号的结果，是政府在利益主体由单位而个人、城市由传统而现代、管理由控制而服务之后，主动转变自身，寻求单位、市民与政府新的契合点，向更贴近市民的社区，主动下放权力、转动转变城市管理体制的结果"（王颖：《市民自治与社区管理方式的变革》，见俞可平等：《中国公民社会的兴起与治理的变迁》，社会科学文献出版社2002年版，第95—96页）。

〔34〕 社区居委会改革在大方向上不尽相同，有人将之分为"强政府型"和"强社区型"（参见

王颖：《公民社会在草根社区中崛起》，载《唯实》2006年第10期）。所谓"强政府型"，就是政府加强向下延伸的服务功能，在社区设立社区服务站和社区工作站，同时让社区居委会成为群众组织完全自治，深圳为此类型的代表。所谓"强社区型"，是指政府向社区还权、让权、授权，并保障财政支持，通过社区居委会之下的社区工作站提供社区管理和社区服务，以此培育社区公民自治及参与城市治理的能力，北京、南京、青岛、安徽等城市属于这种类型。

[35] 以上数据转引自贺更行：《城市社区建设》，见詹成付主编：《基层政权和社区建设》，中国社会出版社2010年版，第172—177页。

[36] 同上。

[37] 同上。

[38] 参见燕继荣：《投资社会资本：政治发展的一种新维度》，北京大学出版社2006年版。

[39] 根据国家民政部所发布的2009年国家民政事业发展报告，截至2009年底，全国共有社会组织43.1万个，比上年增长4.1%；这些社会组织业务范围涉及科技、教育、文化、卫生、劳动、民政、体育、环境保护、法律服务、社会中介服务、工伤服务、农村专业经济等社会生活的各个领域，吸纳社会各类人员就业544.7万人，比上年增长14.5%；全国共有社会团体23.9万个，比上年增长3.9%。按照社团活动地域范围划分，全国性及跨省（自治区、直辖市）的1800个，省级及省内跨地（市）域的23364个，地级社团63043个，县级社团150540个。按照社团服务的主要领域划分，工商服务业类22847个，科技研究类19786个，教育类12943个，卫生类11521个，社会服务类30818个，文化类19687个，体育类12623个，生态环境类6702个，法律类3213个，宗教类4165个，农业及农村发展类45367个，职业及从业组织类16120个，国际及其他涉外组织类661个，其他32294个。

全国共有民办非企业单位19.0万个，比上年增长4.4%。其中：工商服务业类2080个，科技研究类9760个，教育类92703个，卫生类27237个，社会服务类28060个，文化类7188个，体育类6591个，生态环境类1049个，法律类782个，宗教类271个，农业及农村发展类1466个，职业及从业组织类1628个，国际及其他涉外组织类56个，其他11608个。从地域分布来看，民办非企业单位登记数量超过3万个的省份仅有山东省，为31820个，超过1万个的省份有江苏省、浙江省、湖北省、广东省和四川省。

全国共有基金会1843个，比上年增长15.4%，其中：公募基金会1029个，非公募基金会800个。民政部登记的基金会148个。公募基金会和非公募基金会共接收社会各界捐赠183.6亿元。

[40] 政府对民间组织政策的变化主要体现在以下几个方面：第一，放弃了原来的行政管理体制，改为对民间组织的双重领导制，即民政部门负责登记，党政主管部门负责日常管理的体制；第二，采取一些具体措施鼓励民间组织的成立，如政府为民间组织的成立降低门槛，简化手续，对一些发展良好并对经济和社会发展有重要意义的民间组织在资金上给予扶持等；第三，加强对民间组织的管理，如对民间组织成立进行管理、对民间组织的内部事务和管理制度进行指导，对民间组织行为进行规范等。

〔41〕参见燕继荣：《民主、社会资本与中国民间组织的发展》，载《学习与探索》，2009年1期。
〔42〕例如一些地方自发成立"网吧自治小组"，制定"网吧行规承诺书"，推选代表，对参与自治的成员随时进行监督；一些地方成立"机动车维修协会"，制定维修行规，设立行业监督举报电话；一些地方行业协会对会员进行打分评级活动规范行业经营。
〔43〕罗伯特·达尔：《多元主义民主的困境》，尤正明译，求实出版社1989年版，第1页。
〔44〕郭正林：《中国农村权力结构的制度化调整》，载《开放时代》，2001年第7期。
〔45〕阿米·加斯登：《中国非政府组织——采用其他手段的政治》，吴万伟译，转引自http://www.360doc.com/content/10/0804/12/983037_43591896.shtml。
〔46〕He, B. G. *The Democratic Implications of Civil Society in China*. New York: ST. Martin's Press, 1997.
〔47〕参见B.Michael Frolic, "State-Led Civil Society", in Timothy Brookand B.Michael Frolic, Armonk (eds.), *Civil Society in China*, 1997, NY: M.E.Sharp. 46−67。
〔48〕参见Tony Saich, "Negotiating the State: The Development of Social Organizations in China", *The China Quarterly*, 2000, No.1: 124−141。
〔49〕赵秀梅：《中国NGO对政府的策略：一个初步考察》，载《开放时代》，2004年第6期。

【参考文献】

〔1〕陈伟东：《社区自治：自组织网络与制度设置》，中国社会科学出版社2004年版。
〔2〕费孝通：《中国绅士》，中国社会科学出版社2006年版。
〔3〕黄哲真：《地方自治纲要》，中华书局有限公司1935年版。
〔4〕李侃如：《治理中国：从革命到改革》，中国社会科学出版社2010年版。
〔5〕李熠煜：《当代农村民间组织生长成因研究》，载《人文杂志》，2004年第2期。
〔6〕梁漱溟：《梁漱溟全集》（第5卷），山东人民出版社1992年版。
〔7〕闵杰：《20世纪80年代以来的中国近代社会史研究》，载《近代史研究》，2004年第2期。
〔8〕秦晖：《传统十论：本土社会的制度文化与其变革》，复旦大学出版社2003年版。
〔9〕桑玉成：《自治政治》，三联书店有限公司1994年版。
〔10〕王先明：《近代绅士》，天津人民出版社1997年版。
〔11〕袁传旭：《论社会自治》，载《书屋》，2010年第1期。
〔12〕徐勇：《中国农村村民自治》，华中师范大学出版社1997年版。
〔13〕罗平汉：《村民自治史》，福建人民出版社2006。
〔14〕张静：《基层政权——乡村制度诸问题》，浙江人民出版社2000年版。
〔15〕邓正来、景跃进：《建构中国的市民社会》，载《中国社会科学季刊》，1992年第1卷。
〔16〕萧功秦：《市民社会与中国现代化的三重障碍》，载《中国社会科学季刊》，1993第5卷。
〔17〕肖立辉：《村民自治与中国政治发展》，见关海庭主编：《20世纪中国政治发展史论》，北

京大学出版社2002年版。
〔18〕张新光:《论中国乡镇改革25年》,载《中国行政管理》,2005年第10期。
〔19〕徐增阳:《自治:传统与现代的比较》,载《经济社会体制比较》,2008年第1期。
〔20〕Robert D. Putnam, Bowling alone: America's declining social capital, in *Journal of Democracy*, 1995, Vol. 6.

Abstract

In this essay, the author argues that government reform, civil society and academic research are three important forces that contributed to the growth of social autonomy in China. To assess the development of social autonomy in China in the past three decades, one should examine the different roles the aforementioned three forces have separately played during the process. In line with this logic, the author extensively examined the theoretical underpinnings of State-Society relations, social autonomy policies by the Chinese government, the evolution of village autonomy, emergence of urban civil society as well as the growth of social organizations and occupational organizations in China, in an effort to present a full picture of the progress China has achieved and the challenges it still faces in the pursuit of social autonomy.

评燕继荣《中国的社会自治》

魏昂德（Andrew Walder）著　何哲 译

【内容提要】 作者在对燕继荣教授的《中国的社会自治》一文予以肯定的同时，也提出了自己的观点。他认为，中国的领导人应该对社会和政治创新和改革充满信心，这主要是通过政府善治来实现。而善治是指地方政府实施守法、公平和人道的治理，不谋私利，不滥用权力。作者质疑了只有多党民主体制才能够确保法治和实现善治的观点，认为中国实现善治，不能简单地等同于民主化，而应该是一个国家构建和政权自我强化的过程；提出要认真探讨中国过去30年与其他社会主义国家经济发展的不同结果和原因，重构21世纪中国的政治改革将是自上而下的。

对过去30年，关于中国社会政治体制中基层组织的演化，中央政府的政策，以及促进基层公民参与和自治的改革实验以及相应的学术讨论，燕教授给我们提供了一个高度复杂和广泛的分析。我完全同意燕教授的假设前提。他认为当谈到一些例如公民社会或者社会自治的概念时，来争论杯子是半空或者半满这样的问题是完全没有意义的。显然，这些改革的前期的发展依然是非常有限的。正如他强调的那样，核心的问题是这些改革是否提高了基层政府的治理水平。正如燕教授提到的，某些体制内的人将地方自治视为政治不稳定的一个潜在威胁从而惧怕地方自治。在某些程度上，其的确不可避免地削弱了党的领导并打开了所谓的"潘多拉的盒子"。作为回应，他认为，这种认为政治参与与政治控制之间是此消彼长的零和博弈的观点是完全没有必要的。事实上，他提到，地方自治的发展可以增加地方治理的水平，并且在基层解决不断累积的社会和政治矛盾，如果不考虑其他因素，这些矛盾反而会逐渐地成为从实质上威胁政治稳定的因素。

在其论文中的一开始，燕教授就表达了他对于中国经济、政治、社会制度和谐发展的关注。他的论文主要集中在最后一点上。尽管他没有直说，但以我对他的表述理解是，他认为中国高速的经济发展并不能足够保证社会的繁荣和政治上的稳定。政治和社会的制度必须要适应新的环境和新的问题。如果做不到的话，中国的崛起将会处于非常危险的境地，相当大程度上会伴随着政治上的不稳定。燕教授认为允许充分的社会自治发展，是确保中国政治与社会制度向健康发展、确保而不是阻碍中国崛起的重要一步。

如果我正确地理解了燕教授的话，他认为那些惧怕加强地方自治并视之为"潘多拉魔盒"的人对中国政府和人民群众支持缺乏基本信心。我认为中国的领导人应该如他们在过去30年间对待经济改革一样，展示这种对待社会和政治创新和改革的自信和信心。在上世纪80年代，一些中国领导人非常肯定地认为持续的经济改革和向世界开放会必然导致党的统治的崩溃。这种恐惧，当然，已经被证明是没有根基的，而中国很有幸地在90年代被对推动经济改革更有信心的领导人所领导，这最终促使了国家的繁荣。燕教授提出的另一个更深远的间接问题是，在过去30年间里，一直监控经济增长的政治制度是否足以保障实现下一个30年的繁荣和稳定，或者是否我们需要适应、演化和改变以适应当今剧烈变革的经济和社会。

我想澄清一点的是，当我说"适应、演化和改变"时，我并不是像很多中国以外的观察家所认为的指的是向多党政治体制演化，例如沿着西方的路线或者日本、印度的路线。相反，我指的是"善治"。其具体指的是中央政府所颁布的法律会被地方政府所遵守；基层的官员也会公平和人道地实施治理；他们不会利用特权和位置来为自己和家人朋友牟取更多的利益；他们也不会匆忙地镇压谴责官员滥用权力的普通公民。而如果这些不被确保的话，或者这些问题不能够被有效地控制起来，无论经济增长率有多高，中国都将逐渐地成为一个贫弱和不稳定的国家并最终失去人民的支持。

很多外部的观察家，特别是美国的观察家，总是坚持认为只有多党民主体制才能够确保法治和实现善治。对于这一点，我们有足够的理由表示怀疑。首先，很多多党民主制的国家治理得很差，被极度的腐败、非自由、暴力和政治不稳定性所困扰。仅仅就东欧的后共产主义国家来说，至今还未建立起有效的多党体制。俄罗斯和乌克兰为此所做的长期努力已经广为人知，更不用说例如格鲁吉亚、塞尔维亚、摩尔多瓦、白俄罗斯、乌兹别克斯坦和吉尔吉斯斯坦这些国家了。通过转向多党体制就能够解决中国的现实问题，这一观点远远还不能说是清晰的，并且是否会导致这些社会问题变得更糟糕都是值得考虑的。对于社会不稳定、腐败的增长和政治暴力的担忧是的的确确真实的（尽管如前所述，对于国家分裂的恐惧某种程度上是被极端的民族主义者所夸大了）。

怀疑多党制等于善治的第二个原因来自于美国自身的历史。很多评论中国的观察家往往对自身的国家知之甚少。从1830年左右到20世纪，无论是在国家还是地方层面，政治腐败都深深地根植于美国的政治之中，而这一段时间既没有发生常常被滥用的多党民主体制的扩展，也没有所谓的法治的重建。以上两者从建国之日起就有了，但也从那时起，政党政治特别是地方法庭就处于腐败的中心。而20世纪，事实上是联邦管制和联邦法律扩展——中央政府具有更大的管制能力——以减少管理中腐败的程度。同样的过程在南部发生，时间是从1880年左右至现在。简单地讲，中央政府并没有在其领域强化国家宪法，反而创造了一个类似于南非的种族隔离制度。这种腐败的形式被当时的法庭和政党系统所强化，并因暴力和官员的渎职而使形势更加恶化。直到上世纪60年代，南方大规模的抗议和北方继起的抗议推动美国政府不得不加强自身的力量，扩展其权威到南部并结束了那里的治理模式。在19世纪四五十年代，美国的多党政治系统极为不稳定并且法治被极度地践踏，最终导致了漫长血腥的内战。直到自亚伯拉罕·林肯时代的开始，中央政府的权威逐渐扩展开来，美国才逐渐成为一个稳定的和可以治理的国家。这一趋势在后来的20世纪，尤其在罗斯福的新政期间被进一步推动。

第三个怀疑多党民主和法治是唯一产生善治的理由是两个在较短的时间内就基本清除了腐败的地区——香港和新加坡。二者均有一个不受限制的权力来源作为支撑，香港来自于英国，而新加坡则来自于李光耀的统治。在那里，任何不能合法解释其资产来源的个体都将被投入监狱。而美国的所谓"法治"是不可能做到这一点的。律师们在法庭上想办法进行拖延，产生极度高昂的费用，同时被控方会利用这个时间将资产转移到海外。香港和新加坡执行了严格的法律惩罚，使得政府单位的管理在很大程度上与政党的操控隔离，同时伴随的政策是对公务员补偿的增加。

我的出发点绝不是要诋毁多党民主制度，从而为中国缺乏有效的政治改革找理由。事实上正相反，如果我们抛弃了政治改革等同于多党民主和西方化的观念，我们也就移开了在政治改革方面不采取任何果断措施的借口。善治的实现需要对组织形式和管理技术持续不断的反思，例如思考腐败是如何在香港和新加坡从政治运行中清除出去的。这包括创造新的法律形式和强化机制，以及政治领导人对形成这样的机制而不考虑其结果的承诺。如果监控因特网和监视信息的流动是可能的话，那么在中国监视官员的收入、行为和当渎职与滥用权力发生时实施"严打"的可能性也是有的。将政治改革等同于西方化和多党竞争体制阻止了任何有效的行动的实施，并且混淆了是什么使得多党民主更加稳定和有效率的真正原因——一个强有力的中央政权。在中国，善治的实现不能简单地等同于民主化，其也应该被视为国家构建和政权自我强化的过程。正如燕教授可能指出的一样，这是一个人民和国家双赢的结果。

燕教授的论文允许我来探寻从我一开始探寻中国政治趋势起就长期困扰我的一些担忧。和他一样，我认为中国当前最重要的是继续其创下的令人瞩目的经济记录和成功的经济改革，尽快完善政治和社会制度以作为已有改革的补充。但我看到的是对稳定过分的关注，并不惜用任何代价确保"稳定"和害怕不稳定发生，因此而防止贪污腐败和滥用职权。这成为地方各级领导的首要关注点，并且也是中央政府的首要关注点。

燕教授已经从基层治理的微观层面来解释这个问题。我希望将其转移到宏观角度———一种比较的观点。是什么因素导致了中国在过去30年与其他社会主义国家经济发展结果不同？是什么因素使中国避开了苏联的严峻问题并保持了经济的快速发展和人民生活水平的持续提高？如果用渐进改革和激进改革来回答，那么我认为是错的。激进改革——快速地向多党民主体制和私有经济转化——已经在很多东欧小国家取得了成功。例如波兰、匈牙利、斯洛文尼亚、捷克和斯洛伐克仅仅只经历了相对较小的衰退并且现在获得了比之前更多的稳定、开放、繁荣和自由。用同样的标准衡量，爱沙尼亚、拉脱维亚、立陶宛、保加利亚甚至阿尔巴尼亚也取得了类似的效果。

如果你回答是政治稳定性，你也许是对的。在我眼里，激进的改革并不能在苏联和罗马尼亚、东德、南斯拉夫之类的地方创造不稳定。这些国家崩溃是因为其领导人由于意识形态的原因，拒绝任何形式的政治改革，因此不得不依赖于镇压手段来维持社会秩序和保障其社会的稳定性以构建社会主义。问题在于对稳定的关注实质上导致了政治进程的停滞，以致到了某些人例如戈尔巴乔夫试图去医治苏联政治系统的腐败时，已经太迟了。一个又一个的国家接连崩溃：波兰、匈牙利、东德、捷克斯洛伐克、保加利亚、罗马尼亚、阿尔巴尼亚、南斯拉夫和最后苏联自己。是谁推翻了东欧的社会主义？真正的罪人不是戈尔巴乔夫。从我的角度看，是勃列日涅夫和其主持下的保守的领导体制。其认为稳定压倒一切，因而不能够改革任何政治制度。勃列日涅夫主义事实上谋杀了社会主义，因为其不认为有什么比稳定更重要，也不认为有什么比作为解决政治问题的监视、审查、镇压方式更为重要。

在当前的关键点上，我对中国的担心是，其领导人正在避免戈尔巴乔夫的错误，但是最终会走上勃列日涅夫的道路。如果是这样的话，这将是非常不幸的。因为中国在政治重建方面，处在一个比苏联当时好得多的状态。经济改革非常成功；伴随着中国的崛起，中国的公民正产生强大的民族自豪感，充满了爱国主义。不像上世纪80年代，中国的大学生也不再直接对中央政府的政策抱着强烈批判的态度，在中国最光荣的是加入中国共产党和获得一个政府的职位，这与20年前都大大不同了。

中国不是苏联，尤其不是20世纪80年代的苏联。担心中国会面临苏联式的国家分解的结局是不现实的。俄罗斯人只占了苏联人口的一半，并且在其他14个加盟共和国中均不占据优势，这些国家中只有3个说斯拉夫语。中国也不像南斯拉夫，不是一个由多个独立国家组成的联邦共和国。中国的人口超过90%都是汉族。苏联方式的分裂在中国是没有可能的，但是苏联式的政治停滞却是极有可能发生的。

苏式的政治停滞在中国有可能发生的原因，是因为毕竟至今中国依然是世界上为数不多的苏式政治体制国家。这一体制事实上在世界各地都失败了。少数的几个幸存者是越南、朝鲜、古巴和老挝，都是一些无关紧要的国家。苏式体制之所以在这些国家没有崩溃的原因是其落后的经济。苏联失败是因为其无法提供足够好的治理，结果进一步导致他们不但对正常的公民失去信任，更大程度上对党的成员和党的领导也失去信心。可以确定的是，中国已经在其过去30年的经济起飞中使得其制度有效地运行。中国也已经通过年轻领导人的更换来保持官员的升迁动机以避免苏式模式最坏的问题发生。中国也已经是一个比当时的苏联更加开放的社会，给予公民更多的自由包括对信息的获取。简而言之，我并不认为中国的转型是陷入困境的。但是它的确处在一个关键点上。如果重建制度的机会失去了，陷阱将会显现。中国的崛起也将逐渐地停滞。

苏联模式的政治制度被设计为一种起源于战时动员的中央计划经济，其并不是设计用来治理一个具有多样市场导向经济形态的国家。这样的国家对外更加开放，并且与其他已经确立的经济体在均等的位置上进行竞争。我对认为西方的多党民主不能够解决中国问题的观点是部分赞同的。我也认为真正的危险是在不成熟的时候就尝试去行动（但是我无法具体定义"不成熟"）。然而，我可以确认的是，重新设计中国的政治制度并不意味着一定要向不受控制的多元主义的跃迁。然而，如果不进行任何改革，也许会导致中国与勃列日涅夫的苏联时代一样。那样的日子也许比想象的要离我们近得多，并且有足够的证据证明，这种政治上的停滞和溃烂正在悄然而至。

最后，我应该声明，我的评论有一点与燕教授的观点背道而驰：必要的政治改革不一定是自底向上的，除非伴随着国家政治制度的改变。将公民社会视为一种政府形式的结果而不是其创造者是具有长期的传统的。因此，多样的自治社会某种程度上是被多样的已经具有自治和相应政治权力的政府组织所创造出来的。被托克维尔在19世纪20年代所观察的社会其实是被更早的30年前所形成的革命宪法催生出的产品，其既不是美国殖民地的特征，也并不来自其母国英国。地方自治实验的真实结果是有教育性的：其教育了政治领导人不要害怕。一旦这种恐惧被克服，重构21世纪中国的政治改革就将是自上而下的。

（本文作者为斯坦福大学社会学讲座教授、国际关系研究院高级研究员）

Abstract

In this commentary article, the author shows no hesitation to agree on the major points presented by Professor Yan Jirong in his paper "China's Social Governance". Meanwhile, he also puts forward his own viewpoints in this article. In his view, the Chinese leadership should be confident with social and government innovations and reforms, which can be realized through good governance. Good governance, the author argues, means local governments should govern the society in a legal, just and humanitarian manner, refraining from private interests and abuses of power. The author challenges the argument that rule of law and good governance can only be achieved with multi-party democracy, arguing that one shouldn't simply equate good governance with democratization. In his view, the realization of good governance in China should be a process of state-building and regime-strengthening. He urges that researchers should pay more attention to the different development results of China and the other former socialist countries over the past 30 years and the reasons behind such disparities. Finally, he predicts that China's political reform in the 21st century will unfold in a top-down manner.

中国治理评论 | China Governance Review

中国共产党改革的国际视角

沈大伟（David Shambaugh）著　佚名 译

【内容提要】 文章从国际视角诠释了中国共产党的改革历程，介绍了国外关于中国共产党问题研究的演变轨迹，指出国外学者尽管对中国共产党当前的状态和前景存在乐观派和悲观派的分歧，但普遍承认执政党在应对社会问题时处于调整状态。此外，他们的另一个重要共识是，中国共产党与世界上其他政党一样正面临一场"期望值上升的革命"。在此基础上，文章最后探讨了中国政治可能出现的前景。

国外对中国共产党的研究

世界上各大学和研究所（智库）对中国共产党的分析研究非常活跃。但与更广泛的中国政治研究相比，专门研究中国共产党问题的专家学者少之又少。换言之，国外的中国共产党问题研究属于更广泛的当代中国政治研究中的一个子课题。

国外的中国共产党问题研究发展至今已发生了相当大的变化，大致可分为三个时期。

上世纪50至60年代的研究关注：中国共产党取得政权的崛起历程（尤其是延安时期）；中国共产党意识形态（马列主义和毛泽东思想）及其对党

和国家政策的影响；"最高领袖"（毛泽东）和党的其他高级领导人，中共与苏共和其他共产党的关系；党内派别；政治运动；党与知识分子的关系；党的代表大会，中央委员会全会，工作会议；党的正式机构；某些具体地方。在这一时期，中国与外界隔绝，外国学者因难以到大陆作研究，遂转往香港、台湾或国外研究中国共产党。可利用的研究材料限于偶尔流出境外的公开的官方文件、报刊文章以及中国共产党内部文件。

上世纪70至80年代，随着中国开始向外国研究人员开放，研究的关注点和方法发生变化。虽然学者们仍对中国共产党领导高层和取代毛泽东、周恩来和其他第一代领导人的政治更替进程感兴趣，但是他们对中国共产党意识形态、政治运动以及政党间关系的关注出现下降。以下新的研究课题受到关注：党与人民解放军的关系；中央与地方的关系；党与国务院的关系（尤其是上世纪80年代末推行党政分开的时期）；由于实行经济社会改革，导致中国共产党在地方发挥的作用出现变化和下降；农村地区党的干部的作用；中国共产党对知识分子政策的变化；与党和政府有关联的"智囊"的发展；新经济改革对中国共产党政权的影响。因为学者有机会到大陆作研究，他们获得了报纸、期刊、书籍等新的研究资料。最重要的一点是，学者们有可能采访到中共党员和官员。

从上世纪90年代至本世纪头10年期间，国外的中共问题学者再次转移了研究焦点。1989年"天安门事件"发生后，许多学者研究了这一事件对中国共产党及其在中国执政的影响。苏东解体后，有学者开始关注中国共产党与上述政权的比较。随着时间的推移，中国共产党安然度过了1989—1991年的多事之秋，学者们又开始关注一些新的课题：中共党内决策过程；"领导小组"的作用；"第三代和第四代"最高领导层（政治局）个人；中共中央委员会各部门组织机构和职能（宣传部、组织部、统战部、对外联络部、中纪委）；中国共产党的党校系统；新干部的管理和培训方法；中共地方委员会的状况；中国共产党党内民主、协商和透明度；中国共产党吸收企业家和新兴中产阶级的努力；中国共产党与知识分子的关系；中国共产党对政治异见的反应；对中国共产党及其党建的"再制度化"

（reinstitutionalization）；从江泽民／朱镕基到胡锦涛／温家宝的政治更替。

这些就是近年来国外中共问题学者关注的部分课题。像以前一样，国外学者的研究利用了许多出版资料，并尽可能地作采访。但必须指出，在中国研究中国共产党非常困难。对外国人而言，中国共产党的机构和制度总体上极度封闭，不甚透明。如果外国研究员想安排采访中共中央各部门、中共领导人或高官，观摩各机构中的中共会议或中共党校授课，或是阅读中共党内文件，这虽说有可能做到，但却十分困难。虽然外国学者努力了解中国共产党及其进行的改革，但中国共产党总体上并没有推动开展此类研究以及增进外界对自己的了解。

那么，外国中共研究学者如何看待中国共产党近些年的发展和当前状态？我们来看看这个问题。

国外对中国共产党现状的看法

近20多年来，西方的中共问题学者围绕中国共产党当前的状态和前景，既有共识，又有分歧。有一点可能会让我们的中国同事感到惊讶，但1989年中国内外诸多事件发生后，外国学者普遍同意——中国共产党受到许多严重问题的困扰和挑战，处于"收缩"（atrophy）状态。收缩的要素包括：

- 缺少前后一致、有说服力的思想体系；
- 党的动员能力衰退和组织机构萎缩；
- 地方官员腐败；
- 党内腐败蔓延；
- 社会内部张力上升；
- 农村不满情绪和骚乱发生率上升；
- 民族不安定情况增加；
- 内部监督不力，外部制衡缺失；
- 党和国家精英中的政治庇护和派系主义；

- 制度权威碎裂化和制度准则受损；
- 各级国家机构（中央、省、其他地方）提供公共产品、施行良政的能力衰退。

悲观论者

悲观论者认为中国的政治体制问题重重、险象环生、危机四伏。这些分析家认为，这种体制非常脆弱，很可能崩溃——这不是会不会，而是何时发生"内爆"(implosion)的问题。令人吃惊的是，美国（不是欧洲）不少著名学者认同上述观点。但他们对中国的政治体制危机持续至今有多长时间看法各异（有人认为始于毛泽东时代，有的则以1989年为标志，还有人认为始于距目前更近的时期）。这些学者发现，中国充满生机和活力的经济社会与僵化的政治体系日益背离。他们认为，即使中国共产党真的在推行积极和进步的政治改革，此类动作也不是很多——实际上，他们认为自2009年以来，政改出现倒退。他们认为，2009年至今采取的严厉安全措施显露出"党—国"(Party-State)的弱点，而非优点。此外，中国共产党面临着一个"意识形态真空"，并且无法描绘出一幅鼓舞人心的中国未来图景。越来越多的社会群体和个人认为，在很大程度上，中国共产党于他们的日常生活毫无意义。学者们还认为，人们加入中国共产党仅仅是为了谋取私利和寻求政治保护，中国共产党已经腐败缠身。

悲观派的其他分析家认为，尽管中国共产党不一定有短期内崩溃的危险，但仍面临着严重的"治理危机"并表现出"国家无能"(state incapacity)的状态。这些学者认为，中国共产党获取社会支持的群众基础大为削弱，因为它日渐成为一个腐败的精英政党；中国共产党面临着一场严重的认同危机，没有价值观或激励人心的思想体系，这使得大众普遍对执政党冷嘲热讽，期望破灭。学者们还认为，中国各级政治体制都有问责制失灵、腐败泛滥、官员相互勾结的问题。中国共产党权威受损，影响了国家进行治理和提供公共产品的能力，造成了经济崛起但政府效力下降的矛盾局面。学者们认为，无法有效提供公共产品将加深社会上离心离德的状况。这些分析家指出，因为中国社会没有规范化和制度化的机制来表达和发泄不满，社会紧张状况只会加剧，而这将促成中国共产党体系的瓦解。

因此，悲观者认为，目前形势严峻，中国共产党脆弱的政权四面楚歌。一些人预测中国政治体制和中共政权将很快崩溃，另一些人则预测长期停滞不前。

乐观论者

乐观论者认同悲观论者指出的许多困扰中国共产党的难题，但在对待党和政府当政的支持率受到削弱、中共政权可能垮台以及中国发生系统性政治变革的证据上，这些学者要更加慎重。关于中国共产党的优势劣势，乐观者们经评估认为，中共党—国的优势远超其劣势。

这派许多学者认为，中国共产党的列宁主义管控机构（组织部、宣传部、统战部、中纪委、国安部、公安部）仍然强大，而且实际上近年再次得到强化。除管控机关外，自上世纪90年代末以来，中国共产党自身也经历了一场彻底的"再制度化"。再制度化进程包括了重建党小组、支部和党组，推动实现"党内民主"，授权组织进行更多经常性的中层干部培训，加强党校并建立三所国家级干部培训学院（浦东、井冈山、延安），加强中纪委的"监察"能力，进行更细致的年度干部考核并择优晋升。部分西方学者据此宣称，这些进程和再制度化提高了中国共产党的制度弹性（authoritarian resilience）。

其他乐观论者认为，中国共产党已经开始对外开放，变得更加透明，程序更加规范，并更多地与非党团体和其他八个民主党派协商。一些学者将这些改革称为"协商式列宁主义"。虽然协商机制有所增加——比如加强中国人民政治协商会议——但连乐观者也要质疑中国共产党（或任何列宁主义政党）能否容许和包容真正的公民社会（区别于被收编、受管控的社会团体）和代表社会利益的有组织群体。这些乐观者认为，从本质上说，列宁主义政党不会容许自治社会团体存在并向其让渡权力。

乐观论者注意到，中国共产党进行了另一项改革尝试，这就是在"三个代表"理论下将更多的新社会群体，尤其是私营企业主（资本家）吸纳进中国共产党。这种转变党员结构、进而转变党本身的尝试——从传统的以工农为基础的政党转向代表社会、文化和经济领域"先进"阶层的更具包容性的政党——是与其他东亚执政党向精英政党的演变一致的。西方学者认为，"三个代表"倡议除了使中国共产党更具包容性以外，从根本上说，是中国共产党收编新兴中产阶级的一种手段——在其他东亚、欧洲和拉美社会，新兴中产阶级经常成为反对威权、支持民主运动的骨干力量。中国共产党主动吸纳这部分人，是想不断"适应"社会的新变化。虽然这对中国共产党是新鲜事物，但对其他共产党却不是。一些东欧政党——特别是匈牙利和罗马尼亚——采取了这种策略。甚至连赫鲁晓夫也表示要把苏共变为"全民党"。如果先进和进步的中产阶级没有加入党—国和执政精英队伍，那么他们很可能成为反对当权者的外部力量基础。因此，中国共产党走的这一步是着眼于既适应变化又抢占先机的策略。研究这一进程的学者称，这一策略起了作用——中产阶级已经"深深植入"党—国，并因此与保持党—国长久存续产生了更大的利益关联。

中国共产党采取的另一项适应举措是党内精英和领导层的更替。外国学者就此问题有过许多著述。从上世纪80年代确立退休规范开始，并经历届党代会至今，中国共产党引领推动着规范化的领导层过渡和政治更替——这在历史上长期是列宁主义党—国处理不好的问题。众所周知的事实已经证明，共产主义政治体制无法以和平和系统的方式控制更替进程。但是，中国共产党却能控制好这一进程，提供了上述观点的反证例子。这一点引人注目，具有积极的意义。2012年"十八大"，中国共产党将迎来下一次大规模的领导层交接班，届时大约70%的中央委员将退休并被新人取代。

因此，乐观者认为中国共产党积极采取了有限的政治改革，并较成功地适应了各种挑战。得益于党的再制度化和活力恢复，中国共产党及其执政机构与后毛泽东时代的其他时期相比，显得更加称职和专业。党似乎从苏联和东欧国家政权垮台,以及世界上其他政党和政治体制中吸取了许多经验教训。中国共产党为应对形势变化,在基层实行了渐进式改革,同时加强高层党和国家机构的能力,这些做法产生了一种"韧性威权"体制。这些观察家并不否认中国共产党和中国政府面临的挑战和问题,但他们认为,中国的政治体制没有崩溃,而仍保持完整统一;中国的党—国体制并没有失败,反而成功适应了形势变化。

对未来的展望

虽然悲观论者和乐观论者对中国共产党现状有不同的看法,但都认为中国共产党应该认真进行真正的政治改革,改革自身,持续为中国社会打造美好的未来,为实现"十二五"规划的经济目标创造政治条件——从而不断推动中国现代化进程。许多外国学者认为,中国现在的政治体制阻碍了经济增长和发展。另外,外国学者有一重要共识,即与世界上其他政党一样,中国共产党面临着一场新的革命:"期望值上升的革命。"各种政体下的公民都会问他们的政府"最近你为我们做了什么"。因此,满足不断上升的期望、保持政治合法性是一个动态过程——这对中国共产党和其他所有执政党都是如此。

许多外国学者认为,中国共产党应该:
- 改善公共治理并更多回应社会需求;
- 使党和政府更透明、更负责、更受法律约束;
- 采取强有力的、涵盖广泛的措施控制各级腐败(包括在中央委员会内部);
- 改善地方对中央政策的贯彻落实;
- 大幅提高干部的素质和规范其行为表现;
- 制定一套明确的、可执行的物权规定;
- 在各级社会和政府中全面完善和实行法治;
- 确立党的政策反馈和完善的公共机制;

● 党要找到一个前后一致的、有说服力的国家愿景，取代无法取信于人的官方思想意识；

● 放松过度的国内安全管制，容许异见，赋予公民社会以真正的自由。

大部分外国的中共问题学者还会认为，除非中国共产党采取上述和其他措施，否则将继续处于衰败和退化中。

如果中国共产党处于或重回收缩状态，人们应该把这理解成一个渐进和逐步的过程——并非像发生在苏联、东欧和蒙古的零和式权力内爆。不是所有政治体制都会发生爆发和内爆。但更确切地说，许多体制仅能继续"勉强度日"，甚至停滞不前，而其他体制则试图积极地——但逐步地——应对挑战并"与时俱进"。一些执政党开展了全面系统的适应性改革。另有部分国家在爆发民众抗议（2011年所谓的"阿拉伯之春"）前，看上去很稳定——例如中东、北非的许多政权。只要执政党保持对所有强制力手段的控制，许多威权政府——无论多么专制——都能维持长期当权。世界上有许多此类政权，它们从未经历"民主突破"。即使那些认为中共正在收缩的外界观察家也应该意识到，这是一种渐进的状态，可能要相当长时间才能达到临界状态。中国绝非"失败国家"，与其他衰退或垮台的一党执政政权相比，有许多重大的不同。任何一个国内生产总值年均增长10%的国家都不应被认为是衰弱的。

虽然乐观论者认为，从江泽民时期到胡锦涛时期，中共都很适应形势变化，进行了许多政治改革（如前述），他们也发现，2009年9月十七届四中全会以来，许多改革出现停滞、中止甚至倒退。那次重要会议主要关注"党建"并就此作出了一个非常积极的前瞻性"决定"。但是，两年来，几乎所有的外国学者都认为：

● "决定"落实不力；

● 中国共产党非常紧张不安；

● 中国共产党党内改革停滞和退步；

● 在经济自由化道路上出现退缩，再度重视国有企业和中央计划；

● 被动的、不积极的中国共产党；

- 没有安全感的、不自信的中共。

宽泛地说，外国学者认为中国政治体制的前景存在多种可能。这些可能性多达15种，虽各不相同，但并不相斥，可以归纳为三大类。

中国政治可能出现的前景

国外研究中国政体和中国共产党的学者和专家就上述多种可能的政治前景有过讨论和著述。虽然这些外国学者没有达成总体共识，但在一些点上仍取得普遍共识。

关于"诱发政治崩溃转变"的因素：

1. 人民解放军自身不可能发生军事政变，因为它是一支忠诚于中国共产党和中华人民共和国的"党的军队"，但是军队可能在爆发社会动乱时（比如"文革"时期）控制局面。

2. 中国领土不会四分五裂——比如1916—1928年的军阀时期——虽然西藏和新疆的不满情绪和不安定局势可能持续下去。

3. 中国不大可能发生大范围的社会混乱——就像"文革"和1989年5月那样——这是因为以下三点：（a）社会张力离出现失控无序的"拐点"还有一段距离；（b）全国有不满情绪的群体间没有联系和共同的组织；（c）安全部门将压制任何此类骚乱。基于这三点原因，出现全国性群众公开动乱的可能性很低。

关于"没有变化／维持现状"的因素：

1. "专家治国经济至上"（technocratic economism）也许适用于以前的经济发展阶段，但它不再适用于"十二五"规划中提出的下一个必经阶段的要求。

2. 虽然在一党执政体制内，"法团主义"（corporatism）正在现有的经济体系中逐渐发展。

3. 强化了的列宁主义反映出党—国的不安全感，但这并不能带来进步。

4. 党内民主不是真正的民主，虽然它提高了中国共产党的适应性和应

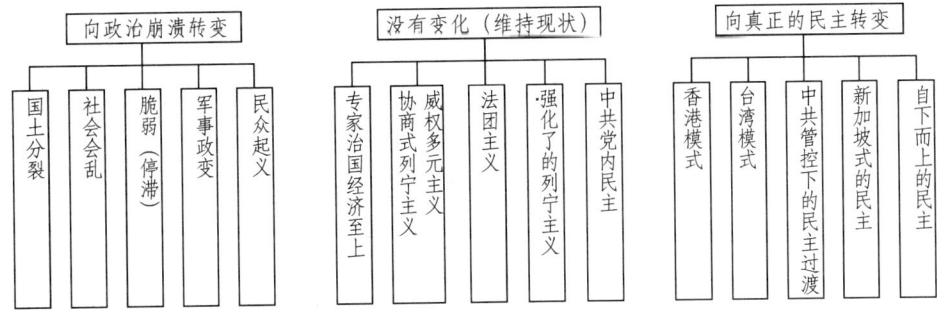

对性,但并不能增强绝大多数民众的权利。

5.中国共产党似乎不能容许威权多元主义和协商式列宁主义。因为这样做,它就要与别人分享部分政治权力。

关于"促成民主变革"的因素:

1.中国共产党无法自上而下进行可控的民主过渡——如同蒋经国和国民党在台湾地区所做的那样。

2.台湾地区目前的民主制太过无序,对中国大陆没有吸引力。

3.新加坡模式对中国吸引力要大一些,但这种模式要求认可真正的竞争性政党存在并赋予它们权利;拥有真正经选举产生、负责任的立法机构以及独立的司法机构;认可非政府组织存在并赋予它们权利,并允许不煽动对抗当局的真正公民社会的存在;有一支坚强有力的公务员队伍;彻底消除政治腐败。鉴此,虽然新加坡模式有吸引力,但中国共产党对采纳该模式的关键因素似乎并不感兴趣。

4.香港模式同样要求一定程度上容许真正的竞争性政党存在并赋予它们权利;在大陆确定"功能选区";配备一支坚强有力的公务员队伍;根除腐败;制约中央行政机关的权力。

在有关民主的各种选择中,从中长期来看,中国共产党可能对香港和新加坡模式作些结合,这似乎是最佳,也是最现实的选择。即使这样,中国共产党也要放松许多目前实行的政治(和经济)控制。

因此,外国的中共问题专家和学者围绕中国政治前景进行了许多争论,但没有形成共识。对分析家来说,最保险的做法是假设未来将与现状很相似（所谓的"直线预测"），但不可预料的事件经常反复证明，这种预测是错误的——比如韩国、日本、台湾地区、印尼、菲律宾、泰国以及拉美一党治和军事统治的终结；东欧和苏联共产党党—国的崩溃；还有最近中东、北非的"阿拉伯之春"动乱。人们似乎可以从这些事件中吸取一条最重要的教训，那就是停滞不前（stasis）——保持现状——肯定会加剧社会内部及国家和社会间的"矛盾"。因此，实行真正形式的政治变革是执政党生存的关键所在。这意味着，从上层稳步控制变革，让唯一的执政党拥有政治安全意识并真正放松政治控制，不失为向前跨出的积极一步。但这要求政党"开放政治空间"，能容许有异见，允许公民社会运作，建立对行政权力的制约，抑制腐败，增强其他政党的权利，使它们能以有意义的方式开展竞争并参与政治进程。

如果一党执政（包括在中国）将能持续下去，就有必要采取上述行动。对此，外国的全球比较政治研究的学者和中共问题专家有着广泛共识。然而，即使唯一的执政党沿着这些路径前进，它们仍可能以衰亡告终。这是一道真正难解的谜题：不改革则会失去权力，但改革仍会失去权力！许多学者认为，中国共产党面临着这一选择。但是，其他人——主要是前述的乐观者——相信并表示，中国共产党通过采取广泛的党内改革措施，就像1997—2009年间那样，与时俱进，趋于主动，确实增加了其在中国长期有效执政的几率。但正如上述，就连乐观者都对2009年以来出现的政改停滞感到吃惊、失望和担忧。

（本文作者为美国乔治·华盛顿大学国际关系学院中国政策项目主任、教授）

Abstract

This paper sheds light on CPC reforms from international perspectives. By examining the history of CPC study in abroad, the author concluded that a general consensus has been reached among foreign China watchers that CPC is now in a state of atrophy, although there are also sensible cleavages of optimism vs. pessimism among foreign China watchers. Furthermore, the author argued that CPC, like any other political parties across the globe, is facing a "revolution of rising expectations" from the citizens. The author wrapped up this essay by laying out the possible prospects of Chinese politics.

中共党员群体特征及政治态度分析*

唐文方

【内容提要】 文章根据中国全国抽样调查数据，在对政党和中国共产党精英政治研究的框架下，从四个方面分析了中共党员的现状：党员的群体特征，党员与群众政治态度与行为的差异，党员内部的分化，以及党内各派之间政治态度的区别。分析结果发现，中国共产党的平民政党色彩在淡化，精英政党色彩在加深，党内民主使得党员的政治参与和政治效能感明显高于普通群众，党员内部有两种意见，一种意见对党内民主向党外民主的转化有明显的抵触情绪，而另一种意见则表现出更强的政治独立性。中国共产党今后面临至少以下几方面的挑战：如何使精英政党继续获得社会大众的政治支持，如何平稳地实现党内民主向党外民主的转换，如何防止党员内部不同派别的进一步分化，以及如何使年青一代党员继续保持对共产党的忠诚。

一、引言

过去30年来，国外学术界对中国共产党的研究从降温转向重新升温，

---

* 本文为作者在台湾政治大学"中共十八大政治继承：持续、变迁与挑战"研讨会上的发言，台湾，2011年3月25—26日。

其原因在于中国国内政治形势的变化。上世纪70年代末，中国共产党的组织和政治威信在"文革"的政治风暴和社会动荡中均受到削弱，80年代初期改革开始后，党政分开和对技术官僚的重用进一步削弱了共产党的作用，1989年的政治风波，以及此后市场改革的进一步深化，意识形态作用的进一步减弱，更给人以共产党将要退出历史舞台的印象。[1]虽然学术界对共产党的关注从来没有停止过，但大多是对高层领导人的接班问题及各次党代会的政策导向的关注，而不是对中国共产党自身作为一个政治组织和政党的关注。

而近年来，中国共产党的作用似乎又重新凸显出来，首先，中国共产党开始更多地讨论如何加强自身的执政能力，而不是如何让位于技术官僚。其次，中国共产党的组织力量不断加强，党员人数有增无减，领导人的更换逐渐走向制度化，决策变得更加透明、渐进，更有可预见性。此外，中国在经济上的成功，使得中国共产党的威信没有减少反而增加，虽然有人对官员的腐败以及中国共产党在政治上的垄断时常感到不满，但中国百姓在经济生活各方面的快速提高为中国共产党提供了更多的政治资本。

中国观察家们发现，中国共产党看来短时间内不会变，而且自身还在不断发展壮大。作为世界上最大的执政党，中国共产党的现状以及未来发展趋势重新点燃了国外学者们的兴趣。近几年来，不算文章，光是研究中国共产党的英文著作，就出了好几本。[2]这些研究对了解中国共产党的组织、纲领、政策和精英政治的现状及其发展态势提供了宝贵的材料。

本文的目的是在这些研究的基础上，对中国共产党的基层党员作进一步的研究。中国共产党有近8000多万党员[3]，如此众多的人数，使其成为中国政治中的一个不可忽视的群体和利益集团，加之共产党内部的民主选举和参与机制的不断深化[4]，这一群体在影响党内政治进程中的作用也变得越来越重要，而目前的研究很少有对党员的政治态度和行为作出比较系统和科学的判断。

本文将从四个方面对中共党员进行研究：（1）对党员身份特征的分析；（2）党员与非党员在政治态度和行为上的区别；（3）党员内部的分化；（4）

不同派别的党员的政治态度和行为的区别。

本研究的数据主要来源于2008年完成的全国问卷调查,该调查是一个德克萨斯A&M大学与北京大学国情研究中心的合作项目,在全国随机抽取的75个县级单位中进一步随机抽取的3989个受访人中,党员人数为330,占样本的8.27%,非常接近党员总数在全国成年人口(18岁以上)中的实际比例(大约为8%)[5]。为了纠正样本中可能存在的偏差,本文在统计分析中会用加权的方法来修正。所谓加权,就是利用人口普查得到的人口现状资料,例如年龄比例、性别比例、教育程度比例等等,来修正调查样本人口特征方面的偏差,使调查样本的人口比例更趋同于人口的实际比例。此外,2008年的全国调查数据25页的问卷包括将近600个问题,涵盖了受访人对很多政治问题的看法和行为,例如对政府的满意度、对不同社会群体的宽容度、对民主的支持度、政治不服从度、民族主义、政治参与行为、政治效能感等等,这些问题为研究者从多方面考证中共党员的政治态度和政治行为提供了丰富的材料。

二、中共党员的身份特征

21世纪以来,"民主国家"的政党有弱化的趋势(Dalton,2005; Norris,2007),各政党党员人数的总和在人口的比例并不高。例如,2000年的世界价值观调查数据显示,党员在人口中所占比例最低的是波兰,只有0.9%,英国为2.6%,德国为2.9%,日本为3.5%,印度为11%,最高的是冰岛,也不过19%(Scarrow,2009)。原因之一是因为媒体高度发达,取代了政党通过党员来实现的传统的政治动员的作用,政党可以通过媒体更快更有效地覆盖更多的民众,政党自身的组织并不需要很庞大。从党员的身份特征来看,"民主国家"政党的党员趋向于三高:即教育水平高、收入高、年龄高,而且多数为男性[6]。从政治态度上看,党员并不是意识形态上的极端分子,他们有时反而比党的领袖更务实,更愿意为了本党执政的需要而放弃信仰(Scarrow,2009)。

中国共产党显然与"民主国家"的政党有着本质上的区别,党不用考虑来自其他政党在选举中的竞争,也从来没有放弃过对马克思主义意识形态的坚持(中共中央,2004)。从理论上讲,共产党是无产阶级的政党,理所当然应当吸收劳动阶层入党,因此党员在工人农民和退休人员中的比例历来很高。例如,2000年,工农和退休党员占党员总数超过50%,而知识分子的比例只有20%。另一方面,近年来中国共产党加强了党员队伍的年轻化和知识化,这种做法有可能在总体上降低了党员的年龄,提高了他们的教育程度。

表1通过2008年的调查数据,对中共党员的年龄、性别、教育水平、社会地位和城乡差别作了回归分析,结果发现,与非党员相比,党员的年龄偏大,男性多于女性,教育水平和社会地位偏高,城市户口的党员多于农村户口党员。这些结果表明,中国共产党的平民政党色彩在淡化,精英政党的色彩在加深,虽然中国共产党与"民主国家"的政党性质不同,中共党员的特征与"民主国家"政党成员却有着相似之处,因为"民主国家"政党成员同样也集中在高年龄、高收入、高教育的男性中。

表1中回归分析的必要性在于证实了年龄、性别、教育、社会地位和城市化对党员身份的多重影响,但其问题是不能很直观地表现出党员与非

表1 中共党员身份特征回归分析(加权,与非党员相比)

	Logit 回归系数
年龄	0.056***
女性	−1.059***
教育水平(年)	0.245***
社会地位(1—5)	0.212***
农村	−0.437***
农民工	−1.186***
城市(比较组)	
常量	−5.098***
样本数	3,773
*** $p<0.01$, ** $p<0.05$, * $p<0.1$	

资料来源:2008年全国抽样调查。

党员身份特征的区别。表2则可以更直观地显示出两个群体在平均年龄、平均教育年限、性别比、平均收入和私营个体比例上的差异。私营个体的加入是为了检验2002年中共十六大后发展非公有经济中党员的情况。此外，表2还包括了1987年国家体改委中国城市调查的数据，以显示1987年和2008年这两个时间点上党员身份特征的变化。由于1987年的数据只包括城市，为了比较有一致性，2008年的数据也只限于城市受访者（见表2）。

如表2显示，在城市中，2008年的党员比起1987年来，年龄呈下降趋势，教育水平和收入则呈上升趋势，男党员的比例居高不下。例如，1987年，城市党员和群众的年龄差为6岁左右，到2008年则缩小到4岁。1987年到2008年，虽然两个群体的教育程度都有提高，但党员的提高速度高于群众，两个群体之间的平均教育水平之差从1987年的2年扩大到2008年的将近3年。1987年，群众的平均个人收入是党员平均个人收入的83%，而到了2008年，这一数字下降到65%左右。1987年城市改革刚刚起步时，城市党员中私营个体党员的比例为零，虽然这一数字上升到2008年的1.6%，但同一时期城市非党员的私营个体的比例从1987年的2.6%快速增长到2008年的12%，可见中共十六大之后在非共有经济行业中发展党员的政策并没有很好地贯彻执行，起码在城市党员中没有[7]。

本节对党员身份特征的分析表明，中国共产党是一个社会精英组织，其成员的社会特征与"民主"政体下的政党成员并无大差别，都是三高一

表2 中共党员身份特征的变化（加权）：1987年和2008年

	1987年城市		2008年城市	
	党员	群众	党员	群众
平均年龄（岁）	48.8	42.9	44	40
教育水平（年）	9.7	7.7	11.6	8.7
男性比例（%）	70.5	43.8	73.1	49.2
个人收入（党员为100）	100	83.3	100	65.1
私营个体（%）	0	2.6	1.6	12
样本数	563	2013	147	1070

注：2008年城市包括流动人口。
资料来源：1987年5月国家体改委城市人口调查，2008年中国全国抽样调查。

多：即高年龄、高教育、高收入、男性多。本节的分析进一步表明，中共党员与群众的社会经济差距正在进一步加大，其精英性更为显著。在这种情况下，党员与非党员在政治态度上有何差别？这是下一节的研究内容。

三、党员与非党员在政治态度和行为上的区别

政治态度与行为关系到共产党执政的合法性和政权的稳定性，也关系到中国公民社会的发展和民主化的进程。如前所述，2008年的中国调查数据包括受访者对诸多政治问题的态度和行为，例如对政府的满意度、对不同社会群体的宽容度、对民主的支持度、政治不服从度、民族主义、政治参与行为、政治效能感等等，其中政府满意度和民族主义与政权合法性有关，社会容忍度、民主支持度、政治不服从度、政治参与和政治效能感与公民社会和民主化的发展有关。本节将对这些问题在党员与非党员之间的区别作一对比。

下面将说明在2008年中国调查中以上各个概念的具体定义与测量标准：

政府满意度用下列一个问题来测量：您对中央政府的工作满意吗？

民族主义综合了受访人对下面四个问题的答案（因子分析结果）：

（1）即使可以选择世界上任何国家，我也更愿意做中国公民。

（2）假如外国人更像中国人，世界将变得更好。

（3）总体来说，中国比其他大多数国家都好。

（4）当我国运动员取得优异成绩时，我以作为中国人而荣。

社会政治容忍度包括受访人对下列群体的容忍程度（因子分析结果）：

（1）持不同政见者。

（2）卖淫者。

（3）同性恋。

（4）吸毒者。

民主支持度是下列问题的因子分析结果：

（1）示威不会转变成社会动乱，不会影响社会稳定。

（2）一党制不是中国当前最稳定的政治制度。

（3）不应当禁止示威活动。

（4）如果大家思想不一致，社会将不会陷入混乱。

（5）多党制不会导致一个国家发生政治混乱。

不服从度包括受访人认为在必要时可以（因子分析结果）：

（1）不缴税。

（2）不服从法律。

（3）不参军。

政治参与为下列问题的因子分析结果：

（1）过去5年中在村／居委会／社区选举中投过票。

（2）参加过与政治有关的各种会议。

（3）向上级领导表达过自己的观点。

（4）通过媒体表达过自己的观点。

（5）通过社会组织表达过自己的观点。

（6）为一项社会活动组织募捐或者筹集资金。

（7）在请愿书上签名。

（8）游行／静坐／示威。

（9）为某项特定的理想或事业加入组织或者团体。

政治效能感为下列问题的因子分析结果：

（1）像我这样的人，有权评价政府行为。

（2）政府官员会在乎像我这样的人有何想法。

（3）我觉得我对中国面临的重大政治问题很了解。

（4）我觉得我比一般人知道更多的政治的情况。

（5）我认为我完全有能力参与政治。

（6）我也可以胜任领导工作。

（7）像我这样的人是可以理解政治的复杂性的。

在以下的分析中，上述七个指标均作为因变量，最低值均为0，最高值均为1（详见附录1），自变量为党员与非党员之分。换句话说，下面的分析将检验党员与非党员在此七个指标上是否有所不同（表3）。

表3 中共党员与非党员政治态度与行为比较回归分析（OLS）

	政府满意度	民族主义	社会容忍度	民主支持度	不服从度	政治参与	政治效能感
中共党员	0.034***	0.037***	−0.053***	−0.018	−0.022**	0.090***	0.092***
非党员（比较组）							
常量	0.806***	0.576***	0.395***	0.178***	0.728***	0.079***	0.314***
样本数	3,663	3,169	3,773	3,773	3,642	3,773	3,480
R-squared	0.035	0.009	0.022	0.038	0.035	0.109	0.08
*** $p<0.01$, ** $p<0.05$, * $p<0.1$							

注：年龄、社会地位、教育程度、城市化程度、性别包括在回归等式中，但未显示（详见附录1）。
资料来源：2008中国全国抽样调查。

如表3所示，除了在民主支持度上党员与非党员没有显著的区别，两者在其他指标上均有明显差别。例如，党员对政府的满意度明显高于非党员，民族主义情绪也比非党员强烈，而社会容忍度和不服从度却明显低于非党员。政府满意度可以被看做党员作为现政权的受益者对共产党的支持，民族主义是近年来共产党为了巩固其合法性而提出的口号，支持民族主义也表明了对政权的间接支持，而社会容忍度和不服从度则是公民社会的重要指标（Almond and Verba，1963；Norris，2007），这两项指标在党员中的低弱，进一步说明党员不支持对现政权的挑战。因此，仅从政权满意度、民族主义、容忍度和不服从度这四个方面来看，党员这一群体不是促进民主的重要力量，非党员群众对政府更不满，民族主义情绪相对弱，容忍度和不服从度也比党员高，他们看起来比党员更会促进中国的政治变革。

然而，对党员下上述结论似乎还为时过早。表3中，党员的政治参与与政治效能感均高于非党员。政治参与和政治效能感是公民社会和民主政治的另外两个重要指标（Almond and Verba，1963），党员在这两项指标上的强势，说明他们比一般群众更能推动中国公民文化与公民社会的发展。

本节的分析表明，党员既是民主的阻力，又是公民社会的推动力。那么，应当如何解释这种矛盾现象呢？答案可能在于中国共产党近年来推行的党内民主，使得党员政治参与的机会增多，政治效能感增强。但在加强党内民主的同时，中国共产党仍然坚持其在中国政治舞台上的统治地位，这种内外有别的政策造成了党员不支持党外民主却又主张党内公民社会的看似矛盾的状态。

郑永年在他对共产党近年来发展状况的权威性专著中，将这种党外权威、党内民主的状况形容为"组织化皇权制度"（Organizational Emperorship）。一方面，中国共产党不允许任何人挑战自己的地位；另一方面，中国共产党近年来加强了党员在党内的政治参与，决策的透明度、法制化，选举和领导人接班的制度化。本节的分析结果表明，2008年的中国调查数据正确地反映了中共党员"内外有别"的现状。

四、党员内部的分化

尽管一再强调党内的团结一致，但中国共产党从来不是铁板一块，党内历来存在着不同的派系，有学者将党内派系的分化和斗争看做是了解中国政治过程及走向的关键（Nathan，1973；Huang，2000）。

本文没有必要重复党内精英政治的派系斗争，而是要分析精英派系斗争对一般党员的影响。研究党员之间的分化，有助于理解精英中的分化。随着党内民主的扩大，党员中的分化有可能更直接地影响到精英的分化，也可能被精英用来作为高层派系较量与谈判的政治资本。因此，了解一般党员的思想状况以及此群体的内部分化就显得尤为重要。

然而，在调查问卷中了解党员内部分化并不是一件容易的事情，一种办法是直接问他们对高层派系的看法，但这种问题比较敏感，而且对受访人的政治水平要求太高，受访人不一定愿意或有能力回答。一个比较可行的办法是考察人们入党动机的差异。这种差异能够反映党员内部对共产党的性质和作用的不同看法，从而说明党员队伍的内部分化程度。

2008年的全国抽样调查包括一个与入党动机有关的问题：（党员）请问您入党的动机主要是什么？（非党员）您觉得人们入党的动机主要是什

么？表4显示了党员与非党员群众对各种入党动机的评价。

党员的回答表现出相当的政治正确性，认为入党是为人民服务的比例最高，占67%；其次是为共产主义而工作，占50%；第三位是因为相信中国共产党是唯一有能力领导中国走向繁荣富强的政党而入党，占39%。但也有相当数量的党员认为入党是为了谋私利，包括有助于职业发展（28%）、提高社会地位（20%）、有机会在政治上进一步发展（18%），甚至是有机会提高收入（7%）。从总体上来看，党员中立党为公的人数多于立党为私的人。而在一般群众的眼中，党员入党的动机似乎没有那么高尚，他们认为党员因公入党和因私入党的动机差不多一样，认为入党为人民服务的最多，占37%，但排在第二位的是提高社会地位，占33%。其次是有助于职业发展（28%），有机会在政治上进一步发展（26%）和提高收入（19%），而相信党员入党是为共产主义工作和认为中国共产党是唯一能领导中国的群众远低于党员，分别为19%和16%（见表4）。

为了进一步分析党员中对入党动机持不同态度的人的身份特征，有必要对表4中的七项入党动机进行简化，合并同类项。从表4中可以看出，相信前三项的党员，包括为人民服务、为共产主义工作、共产党是唯一有能力领导中国的政党，入党更多是出于意识形态的考虑，而相信后四项的党员，即有助于职业发展、提高社会地位、有机会在政治上进一步发展、有机会提高收入，入党更多是出于实用主义的考虑。事实上，通过分析可以证明，前三项的入党动机互相之间有着很强的正相关系数，后四项之间也

表4 中共党员入党动机加权百分比（党员n=330，群众n=3659）

您认为您（人们）入党的动机主要是什么？	党员%	群众%
为人民服务	67	37
为共产主义而工作	50	19
中国共产党是唯一有能力领导中国走向繁荣富强的政党	39	16
有助于职业发展	28	28
提高社会地位	20	33
有机会在政治上进一步发展	18	26
有机会提高收入	7	19

资料来源：2008中国全国抽样调查。

有较强的正相关系数（见附录3）。在此基础上，我们通过因子分析将前三项合并成一个变量，简称传统型党员。同样，后四项入党动机也通过因子分析合并成一个单一的变量，简称实用型党员。两个新变量的最小数值均为零，最大为1，数值越大，传统性和实用性的特征就越明显。

下一步要分析的是两种类型党员的身份特征，即什么样的党员更传统或更实用。在身份特征中，本文着重分析年龄、社会地位、教育程度、城市化程度和性别对两种类型的影响（表5）。

如表5所示，年龄是区别传统型党员和实用性党员的最重要因素。我们可以把受访人的年龄分成四个组，36岁以下，36—46岁，47—58岁，58岁以上。这四个年龄组分别代表了中国的政治地理分层。一般认为，16岁初中毕业是一个人社会化过程的第一个阶段的结束（Tang and Parish, 2000），很多重要的价值观均已在此阶段形成。如果按此推理，2008年中国调查中的受访者如果是59岁或以上，他们达到16岁的年份应当是1965年或更早[2008－（59－16）＝1965]，这说明这一代人是在社会主义环境下成长的，而且受社会主义教育的时间也最长。如果受访者在2008年的年龄在47—58岁之间，那么他们达到16岁的时间应当在1966年和1977年之间[2008－（58－16）＝1966，2008－（47－16）＝1977]，也就是说，他们是在激进的"文革"年代完成了社会化的过程，但他们受社会主义教育的时间却不如上一辈人。如果受访者在2008年的年龄在36和46岁之间，那么他们达到16岁的时间应当在1978年和1988年之间[2008－（46－16）＝1978，2008－（36－16）＝1988]，也就是说，这一代人是在改革初期长大，可以定义为改革的一代。最后，如果受访者在2008年的年龄在35岁或更小，这群人完成社会化的年龄应当在1989年之后，他们受社会主义教育的程度应当是所有年龄组中最少的，可以称为后改革的一代（详见附录4）。

在表5中，1989年之后完成社会化的后改革一代党员比起其他年龄组明显地表现出更少的意识形态色彩，而更多地具备实用主义的特征。总体来看，年龄越大，传统意识形态的色彩就越重，实用主义的入党动机就越弱。此外，教育水平高的党员及流动人口中的党员比教育水平低的非流动

表5 党员分化的身份特征（OLS回归分析系数）

	传统型党员	实用型党员
年龄36以下（比较组）		
年龄36-46	0.144***	-0.146***
年龄47-58	0.188***	-0.188***
年龄58以上	0.279***	-0.205***
社会地位1-5	-0.015	0.024
受教育年数	-0.006	0.009*
农村人口	0.014	0.047
流动人口	0.036	0.153*
城市人口（比较组）		
女性	0.047	0.043
常量	0.467***	0.137
样本数	319	319
R-squared	0.126	0.148
*** p<0.01, ** p<0.05, * p<0.1		

资料来源：2008中国全国抽样调查。

人口党员也更实用主义。[8]

本节的分析表明，中共党员的思想并不是像党中央所期望的那样步调一致，党员中存在着年龄大、受教育少的意识形态派和年纪轻、受教育多的新型实用主义派。虽然目前大多数党员的入党动机还具有很浓的意识形态色彩，但随着党员的更新换代和教育水平的不断提高，实用主义的特征会更强，意识形态会不断减弱。

五、党内分化对党员政治态度和行为的影响

上一节中虽然对党员的入党动机作出了两种不同的分类，但我们仍然需要进一步分析这两种不同类型的党员在政治态度上是否有区别。本节继续上一节的讨论，就两类党员的政府信任度、社会容忍度、民主支持度、不服从度和民族主义作进一步分析。政府信任度为党员受访者所表达的对政府的信任程度，最小为零，最高为1。而社会容忍度、民主支持度、不服从

表6 党员的分化对其政治态度和行为的影响（OLS回归分析系数）

	政府信任度	容忍度	民主支持度	不服从度	民族主义
传统型党员	0.138***	−0.118***	−0.143***	−0.009	0.077***
实用型党员	0.047	0.016	−0.048	0.099***	−0.009
常量	0.639***	0.462***	0.384***	0.162***	0.757***
样本数	309	274	319	319	314
R-squared	0.089	0.096	0.125	0.077	0.122
*** $p<0.01$, ** $p<0.05$, * $p<0.1$					

注：两类党员在政治参与和政治效能感没有显著的差别，因此没有在表中列出。其他包括在回归等式但没有列出的变量有年龄、社会地位、教育程度、城市化、性别（详见附录5）。

资料来源：2008中国全国抽样调查。

度和民族主义均与表3中所用的指标相同，最低值为零，最高值为1（详见附录4）。

如表6所示，两类党员的政治态度有明显的区别。越是传统型党员，对政府的信任度越高，民族主义情绪越强烈，社会容忍度越低，对民主的支持度也就越低。越是实用型党员，不服从度就越高。而实用主义与否对政府信任度、容忍度、民主支持度和民族主义并没有统计意义上的明显作用。

六、总　结

本文各节的分析结果可以概括如下：第一，中国共产党的社会精英组织的色彩日渐浓厚。尽管近年来其党员的平均年龄呈下降趋势，但总体上来看，党员的年龄、教育程度、城市化程度、社会地位和个人收入均高于普通群众，而且男性的比例大大高出女性。第二，党员与群众相比，对现政权的支持度和服从度都更高，仅从这个角度来看，党员对中国的政治开放所起的推动作用有限。但另一方面，党内民主的发展使党员明显比群众更有机会参与政治，影响决策，并提高政治效能感，从而使党员成为中国公民社会发展的动力。第三，虽然党员中的意识形态色彩还很浓厚，但有些党员，特别是年轻的、受过更多教育的党员正在摆脱意识形态的束缚，把入党作为自我实现的工具，这种入党为公和入党为私的分化，在中国共产党内部正在表现得越来越明显。第四，党内两派的政治取向有明显的差异，传统型（立党为公）党员不太支持党外民主，而实用型（入党为私）党员则在政治上表现得更加独立，对权威不会轻易服从。

中国共产党在未来起码会面临四个挑战。第一，党员与群众之间的不平等，会使共产党加大与社会大众的距离，如果处理不当，会失去社会大众对共产党的支持。第二，如何处理党内民主向党外民主的过渡将是一个挑战，过渡慢了会导致党外人士的不耐烦，进一步加强他们对共产党的不满，而过渡太快又会导致共产党地位的动摇和政治上的风险。第三，如何应对党员内部的分化所产生的党内矛盾，特别是传统型党员与以自我为中心的实用型党员之间的矛盾，以及农村与城市和不同职业、年龄和教育水平党员之间的矛盾，处理不好将会削弱共产党执政能力。第四，如何保持新一代党员对党的忠诚将是中国共产党将要面临的又一个挑战，新一代党员对传统的意识形态说教不太容易听得进去，他们有着强烈的自我实现的欲望，他们加入共产党，更大的目标是为了自我实现，而不只是为了对党的理想和价值观的信仰。

（本文作者为美国爱荷华大学政治学系教授）

【注释】

〔1〕有关内容参见 Chang 2001, Pei 2002 and 2006, Shambaugh 2000 and 2009, Dickson 2000。

〔2〕相关内容参见 Sandby-Thomas 2011, Zheng 2010, McGregor 2010, Gore 2010, Shambaugh 2000 and 2009, Brown 2009, Brodsgaard and Zheng 2006, Wang and Zheng 2004, Lu 2002。

〔3〕详见 http://www.scio.gov.cn/xwfbh/xwfbh/wqfbh/2011/0624-1-1/。

〔4〕有趣的是，近年来有学者认为，党内民主也是民主政体中政党发展的新趋势（Martz 2000, Scarrow, Webb, and Farrell 2000, Bille 2001, Wu 2001）。关于党内民主的讨论，请参见方柏华和王景玉 2010，孟庆国和朱新现 2009，乔丽军 2010，王仰文 2010，王林坡 2010，牛月永 2010，陈家喜 2010，中共中央党校中青二班民主政治课题组 2010，任剑涛 2010，靳晓霞 2010，刘红凛 2010，许耀桐 2010，毛政相 2010，Li 2010。关于党内民主与党外民主的关系，请参见任中平 2010，马冀 2009，刘红凛 2009，许忠明 2010，石月荣 2009。

〔5〕详见 http://renshi.people.com.cn/GB/11997655.html, 2/19/2011。
〔6〕详细内容见 Widfeldt 1995, Verba, Nie and Kim 1978。
〔7〕2008年全国抽样调查数据显示（表2中没有包括），在农村，私营个体在非党员受访者中占7.2%，在党员中为5.9%（加权），明显高于城市。
〔8〕其他关于党内不同利益群体的讨论，请参见李雪梅2009，课题组2010，俞凤翔2010，叶吉波2010，李军2010，龚先庆、沈晖2010。

【参考文献】

〔1〕马冀:《促进党内民主与人民民主良性互动的建议》，载《理论前沿》，2009年第22期，第52—53页。
〔2〕王仰文:《党内巡视制度民意表达问题研究》，载《河南师范大学学报》（哲学社会科学版），2010年5月，第37卷，第3期，第40—42页。
〔3〕王林坡:《党内民主建设：风险与风险认知》，载《河南师范大学学报》（哲学社会科学版），2010年5月，第37卷，第43—46页。
〔4〕王家红、付军、王保光、汪宇:《新形势下大学生党员意识的调查与思考》，载《世纪桥》，2010年第19期，第77—79页。
〔5〕中共中央委员会:《中共中央关于加强党的执政能力建设的决定》，2004年。
〔6〕中共中央党校中青二班民主政治课题组:《公推直选制度及其完善》，载《中共中央党校学报》，2010年第5期，第69—72页。
〔7〕牛月永:《党内民主视野下党员意见表达刍议》，载《攀登》，2010年第3期，第51—55页。
〔8〕毛政相:《进一步完善党代表选举机制》，载《理论探讨》，2010年第5期，第100—104页。
〔9〕方柏华、王景玉:《世界政党发展视角下的党内民主》，载《科学社会主义》，2010年第4期，第60—64页。
〔10〕石月荣:《关于中国特色社会主义民主建设途径的思考——兼论党内民主推动人民民主问题》，《徐州师范大学学报》(哲学社会科学版)，2009年12月，第6期，第91—96页。
〔11〕北京市邓小平理论研究中心课题组:《中国共产党党员队伍社会成分的历史考察》，www.bjdj.gov.cn, accessed Feb. 2007, 23, 2011。
〔12〕叶吉波:《新形势下流动党员教育管理探索》，载《党政论坛》，2010年7月号，第18—20页。
〔13〕乔丽军:《保障党员民主权利与党内民主的当前使命》，载《兵团教育学院学报》，2010年第3期，第30—36页。
〔14〕任中平:《人大制度在实现党内民主带动人民民主中的作用》，载《云南社会科学》，2010

年第2期,第25—29页。

[15] 任剑涛:《在组织理论的视野中——论党内民主与人民民主的关系》,载《科学社会主义》,2010年第1期,第24—30页。

[16] 刘红凛:《党内民主与人民民主的耦合与互动》,载《理论探讨》,2009年第6期,第112—115页。

[17] 刘红凛:《政党类型与党内民主分析》,载《中国人民大学学报》,2010年第5期,第119—127页。

[18] 许忠明:《党际民主是从党内民主通向人民民主的桥梁》,载《上海市社会主义学院学报》,2010年第5期,第33—38页。

[19] 许耀桐:《民主集中制在中国的认识与发展过程》,载《新视野》,2010年第4期,第4—10页。

[20] 李凤诗:《抓好党员教育提高党员素质推动企业发展》,载《求实》,2009年第1期,第56—57页。

[21] 李军:《术语"和谐"的由来与实现党内和谐的路径》,载《学习月刊》,2010年第10期(下),第13—14页。

[22] 李雪梅:《党内利益关系分化对党内和谐的影响及对策》,载《珠海城市职业技术学院学报》,2009年第4期,第39—46页。

[23] 陈驹、张颖萍:《以学生党支部建设为平台 提高学生党员素质:以中国计量学院光电学院为例》,载《新西部》,2010年16期,第78—79页。

[24] 陈家喜:《公推直选党代表的实践探索与理论审视》,载《领导科学》,2010年9月(上),第46—47页。

[25] 陈善晓:《基于多元统计分析法的高校学生党员教育评议体系的构建》,载《思想教育研究》,2010年第6期,第71—74页。

[26] 孟庆国、朱新现:《互联网时代党内民主建设路径探析》,载《长白学刊》,2009年第6期,第55—58页。

[27] 赵文化:《战士党员"四个不够"现象应引起重视》,载《军队党的生活》,2010年第6期,第66页。

[28] 俞凤翔:《加强村党组织书记队伍建设》,载《党建研究》,2010年第4期,第44—45页。

[29] 姚桓:《中青年干部党性锻炼的时代特色》,载《执政党观察》,2010年第4期,第32—34页。

[30] 唐小芹:《共产党执政各国提高党员素质以加强执政能力建设的比较研究》,载《湖南师范大学社会科学学报》,2010年第3期,第88—92页。

[31] 课题组:《农工党员对社会热点难点问题的看法分析》,载《前进论坛》,2010年第4期,第33—34页。

[32] 龚先庆、沈晖:《防止党内出现既得利益集团的思考》,载《内蒙古大学学报》(哲学社会科学版),2010年第5期,第26—30页。

[33] 蒋秀秀:《新时期大学生入党动机问题研究》,载《思想教育研究》,2009年总第169期,

第99—101页。

〔34〕靳晓霞:《完善党内选举的路径分析——以落实党员选举权为维度》,载《求实》,2010年第9期,第19—22页。

〔35〕雷祖军:《充分发挥高校关工委在端正大学生入党动机中的作用》,载《思想理论教育导刊》,2010年第9期,第106—108页。

〔36〕Gabriel A. Almond and Sidney Verba, *The Civic Culture: Political Attitudes and Democracy in Five Nations*, Princeton University Press, 1963.

〔37〕Lars Bille, "Democratizing a Democratic Procedure: Myth or Reality?" *Party Politics*, 2001, 7: 363-80.

〔38〕Kjeld Erik Brodsgaard and Yongnian Zheng, eds, *The Chinese Communist Party in Reform*, Routledge, 2006.

〔39〕Kerry Brown, *Friends and Enemies: The Past, Present and Future of the Communist Party of China*, Anthem Press, 2009.

〔40〕Gordon Chang, *The Coming Collapse of China*, New York: Random House, 2001.

〔41〕Russell Dalton, *Citizen Politics: Public Opinion and Political Parties in Advanced Industrial Democracies*, 4th ed. Washington, DC: CQ Press, 2005.

〔42〕Bruce Dickson, "Political Instability at the Middle and Lower Levels: Signs of a Decaying CCP, Corruption, and Political Dissent", in David Shambaugh, ed., *Is China Unstable? Assessing the Factors*, M.E. Sharpe, 2000.

〔43〕Lance Gore, *The Chinese Communist Party and China's Capitalist Revolution: The Political Impact of Market*, Routledge, 2010.

〔44〕Jing Huang, *Factionalism in Chinese Communist Politics*, Cambridge University Press, 2000.

〔45〕Cheng Li, *China's Leaders*, Rowman & Littlefield Publishers, Inc, 2001.

〔46〕Cheng Li, "China's Communist Party-State: The Structure and Dynamics of Power," in William A. Joseph, ed. *Politics in China: An Introduction*, Oxford University Press, 2010.

〔47〕Xiaobo Lu, *Cadres and Corruption: The Organizational Involution of the Chinese Communist Party*, Stanford University Press, 2002.

〔48〕John D. Martz, "Political Parties and Candidate Selection in Venezuela and Colombia," *Political Science Quarterly*, 2000, 114: 639-59.

〔49〕Richard McGregor, *The Party: The Secret World of China's Communist Rulers*, Harper, 2010.

〔50〕Andrew J. Nathan, "A Factionalism Model for CCP Politics," *The China Quarterly*, 1973, 53 (January): 34-66.

〔51〕Pippa Norris, "Political Activism: New Challenges, New Opportunities," in *The Oxford Handbook of Comparative Politics*, Carles Boix and Susan C. Stokes, eds. Oxford University Press, 2007.

〔52〕Minxin Pei, "China's Governance Crisis," *China Review*, Autumn-Winter, 2002: 7-10.

〔53〕Minxin Pei, *China's Trapped Transition: The Limits of Developmental Autocracy*, Harvard University Press, 2006.

[54] Peter Sandby-Thomas, *Legitimating the Chinese Communist Party Since Tiananmen: A Critical Analysis of the Stability Discourse*, Routledge, 2011.

[55] Susan E. Scarrow, "Political Activism and Party Members," in Russell J. Dalton and Hans-Dieter Klingemann, eds. *The Oxford Handbook of Political Behavior*, Oxford University Press, 2009.

[56] Susan E. Scarrow, Paul Webb and David M. Farrell, "From social Intergration to Electoral Contestation: The Changing Distribution of Power within Political Parties," in Russell Dalton and M. Wattenberg, eds., *Parties without Partisans: Political change in Advanced Industrial Democracies*, Oxford University Press, 2000.

[57] David Shambaugh, "The Chinese Leadership: Cracks in the Facade?", in David Shambaugh, ed., *Is China Unstable? Assessing the Factors*, M.E. Sharpe, 2000.

[58] David Shambaugh, *China's Communist Party: Atrophy and Adaptation*, Washington, D.C.: Woodrow Wilson Center Press, 2009.

[59] Wenfang Tang and Benjamin Darr, "Nationalism in China," *Journal of Contemporary China*, 2012. Vol. 21, No. 77, September.

[60] Wenfang Tang and William L. Parish, *Chinese Urban Life under Reform: The Changing Social Contract*, Cambridge University Press, 2000.

[61] Sidney Verba, Norman Nie and Jae-on Kim, *Participation and Political Equality*, Cambridge University Press, 1978.

[62] Gungwu Wang and Yongnian Zheng, *Damage Control: The Chinese Communist Party in the Jiang Zemin Era, East Asian Institute*, National University of Singapore, 2004.

[63] Anders Widfeldt, "Party Membership and Party Representativeness," in Klingemann, Hans-Dieter and Dieter Fuchs, eds. *Citizens and the State*, Oxford University Press, 1995.

[64] Chung-li Wu, "The Transformation of the Kuomintang's Candidate Selection System," *Party Politics*, 2001, 7: 103-18.

[65] Yongnian Zheng, *The Chinese Communist Party as Organizational Emperor*, Routledge, 2010.

Abstract

Based on a national sample survey, the author examines the status quo of CPC members in four aspects: group characters of CPC members, different political attitudes and behaviors of CPC members compared with non-CPC members, polarization of CPC members and different political attitudes among various factions of CPC. The following conclusions are drawn by the author: CPC is changing from a populist party into an elite party; political participation and political efficacy of CPC members is ostensibly higher than non-CPC members as a result of inner-party democracy; and CPC is divided into the conservatives and the pragmatists, with the former resisting the expansion of inner-party democracy while the latter exhibiting much stronger political independence. According to the author, CPC is grappling with the following challenges: how to maintain widespread political support when CPC is becoming more elitism, how to steadily expand inner-party democracy to the whole society, how to prevent the further division among different factions within CPC, and how to keep CPC members of new generations loyal with the party.

附录

附录1: 表3及附录2中的变量特征（加权）

	样本数	均值	标准差	最小值	最大值
政府满意度	3848	0.804612	0.219974	0	1
容忍度	3316	0.558608	0.191147	0	1
民主支持度	3989	0.352147	0.169839	0	1
不服从度	3989	0.193648	0.165378	0	1
民族主义	3829	0.766656	0.152697	0	1
政治参与	3989	0.134243	0.148896	0	1
政治效能感	3635	0.387953	0.193855	0	1
中共党员	3989	0.076332	0.265561	0	1
年龄	3989	45.98646	15.63274	18	92
年龄35	3989	0.417896	0.493275	0	1
年龄36-46	3989	0.280251	0.449178	0	1
年龄47-58	3989	0.144924	0.352068	0	1
年龄59	3989	0.156929	0.363779	0	1
社会地位	3803	2.894222	1.012361	1	5
教育（年）	3946	7.101029	4.285608	0	18
农村户口	3989	0.689143	0.462902	0	1
农民工	3989	0.120039	0.325048	0	1
城市户口	3989	0.185377	0.388652	0	1
女性	3989	0.489645	0.499955	0	1

资料来源：2008年中国全国抽样调查。

附录2：党员与非党员政治态度与行为OLS回归分析（加权，所有变量，见表3）

	政府满意度	容忍度	民主支持度	不服从度	民族主义	参与度	效能感
党员	0.034***	−0.053***	−0.018	−0.022**	0.037***	0.090***	0.092***
非党员（比较组）							
年龄35（比较组）							
年龄36—46	0.035***	−0.013	−0.024***	−0.029***	0.036***	−0.019***	−0.019**
年龄47—58	0.036***	0.002	−0.040***	−0.041***	0.045***	−0.008	−0.004
年龄59	0.074***	0.005	−0.051***	−0.061***	0.068***	−0.001	−0.005
社会地位	0.003	−0.004	0	0.015***	−0.005*	0.008***	0.020***
教育年数	−0.005***	0.002*	0.001	−0.003**	0.001	0.007***	0.005***
农村户口	0.014	−0.013	−0.026***	0.037***	0.017**	−0.013*	0.008
农民工	0.006	−0.034***	−0.043***	0.012	0.039***	−0.008	−0.022*
城市户口（比较组）							
女性	−0.025***	0	−0.009*	−0.011**	0.006	−0.014***	−0.048***
常量	0.806***	0.576***	0.395***	0.178***	0.728***	0.079***	0.314***
样本数	3,663	3,169	3,773	3,773	3,642	3,773	3,480
R-squared	0.035	0.009	0.022	0.038	0.035	0.109	0.08

*** p<0.01, ** p<0.05, * p<0.1

资料来源：2008中国全国抽样调查。

附录3：入党动机各项指标相关系数

	为人们服务	为党工作	中共是唯一有能力的政党	职业发展	社会地位	增加收入
为党工作	0.3466					
中共是唯一有能力的政党	0.266	0.3829				
职业发展	−0.2698	−0.2907	−0.2882			
社会地位	−0.244	−0.3681	−0.2787	0.3445		
增加收入	−0.2501	−0.1497	−0.1498	0.1608	0.1901	
政治机会	−0.2282	−0.2483	−0.1793	0.1901	0.186	0.0497

注：除了增加收入与政治机会之间，其他相关系数都有统计显著性，$p<.001$。
资料来源：2008中国全国抽样调查。

附录4: 表5表6及附录5中所用变量的特征（加权）

变量	样本数	均值	标准差	最小值	最大值
传统型	330	0.519223	0.357252	0	1
实用型	330	0.223849	0.299412	0	1
政府信任度	320	0.757543	0.255594	0	1
容忍度	282	0.524862	0.211332	0	0.9
民主支持度	330	0.345402	0.183296	0	1
不服从度	330	0.160776	0.156638	0	0.8
民族主义	325	0.801915	0.124322	0.4	1
政治参与	330	0.248788	0.189257	0	0.9
政治效能感	325	0.504846	0.204684	0	1
年龄35	330	0.317877	0.466358	0	1
年龄36—46	330	0.241148	0.42843	0	1
年龄47—58	330	0.170308	0.376474	0	1
年龄59	330	0.270668	0.44498	0	1
社会地位	319	3.26256	0.931457	1	5
教育年数	329	10.13942	4.372275	0	18
农村户口	330	0.508983	0.500679	0	1
农民工	330	0.043933	0.205257	0	1
城市户口	330	0.440323	0.49718	0	1
女性	330	0.25421	0.436077	0	1

资料来源：2008中国全国抽样调查。

附录5：表6中党员分化对其政治态度和行为的影响

（加权，所有变量，OLS回归分析系数）

	政府信任度	容忍度	民主支持度	不服从度	民族主义
传统型党员	0.138***	−0.118***	−0.143***	−0.009	0.077***
实用型党员	0.047	0.016	−0.048	0.099***	−0.009
年龄36以下（比较组）					
年龄36−46	0.02	−0.032	−0.035	−0.001	−0.015
年龄47−58	0.061	−0.005	−0.03	−0.037	0.007
年龄58以上	0.055	0.042	−0.022	−0.032	−0.001
社会地位1−5	−0.009	0.02	−0.001	0.008	0.005
受教育年数	0.001	0.005	0.006**	−0.005*	−0.002
农村人口	0.076**	−0.024	−0.005	0.024	0.039**
流动人口	−0.019	−0.023	−0.021	0.056	0.003
城市人口（比较组）					
女性	−0.074**	0.047	0.022	0.017	−0.037**
常量	0.639***	0.462***	0.384***	0.162***	0.757***
样本数	309	274	319	319	314
R-squared	0.089	0.096	0.125	0.077	0.122
*** p<0.01, ** p<0.05, * p<0.1					

资料来源：2008中国全国抽样调查。

向日本开放（1978年）
——《邓小平传》节选

傅高义（Ezra F. Vogel）著　　贾亚娟 译

【内容提要】

本文节选自傅高义教授新书《邓小平与中国的变迁》的第十章。1978年，邓小平以中国国务院副总理的身份对日本进行了正式友好访问并出席互换《中日和平友好条约批准书》仪式。此次访问是自中华人民共和国成立以来中国主要领导人对日本的首次访问。访问期间，邓小平同福田首相就国际形势和双边关系进行了会谈；参加了裕仁天皇的款待午宴；出席了日中友好团体的宴请；探望了日本各界的知名人士和为中日友好作出重要贡献的中国人的"老朋友"；出席了日本记者俱乐部举办的记者招待会，睿智地回答了记者的提问。此外，访问期间，邓小平还参观了日本的现代化企业和"新干线"。在新中国外交史、中日关系以及此后的中国改革开放等方面，邓小平的此次访问无疑是一个具有划时代意义的重大事件。

邓小平在1978年10月访问日本之际，曾寻求与日本合作来共同抵御苏联和越南的扩张。但是，他自己很清楚，没有任何一个国家（美国可能除外），能够帮助中国实现四个现代化。日本拥有现代化的生产技术和高效的管理手段，中国如何加快经济增长、扩大现代工业，如何从调控经济向开放经济过渡，都可以向日本借鉴。日本是中国一衣带水的邻国，而且许多日本人也已经做好了对中国慷慨施以援手的准备。邓小平知道，与日本的关系要想顺利发展，就必须让日本人相信，中国是一个稳定的、负责任的合作伙伴。他同时也明白，与曾经的宿敌合作，他不得不克服来自中国人民的抵触与反对。

邓小平访问日本之际，随同访问的还有中国的媒体工作人员，他们捕捉影像，努力帮助中国人改变对战后日本的看法。影像和图片不仅展示了现代的日本工厂和高速列车，而且还有友好、和平、宁静的日本人，他们热烈欢迎远道而来的中国客人，而且表示非常愿意帮助中国。邓小平深知，这些形象对于帮助中国民众接纳他们曾经憎恨的日本人来中国访问、投资和教学是至关重要的。这一任务与说服日本向中国提供资金、技术和管理经验同样具有挑战性。1894—1895年甲午中日战争爆发，日本割占台湾并使之成为日本殖民地，从那时起，日本就成了中国的仇敌。1978年，年过40岁的普通中国人大概对第二次世界大战期间日本带给中国的恐惧仍留有深刻印象。30年来，中国人从各类媒体或学校、工作单位的高音喇叭播放的内容中，也了解了日军在二战时期野蛮凶残的行径和对中国人犯下的滔天罪行。在各类宣传中，激起人民的爱国主义要比细数日本在二战期间所犯下的暴行更有效。

邓小平，一个坚定的实用主义者，对他个人而言，对民族利益和应采取的相应措施作出冷静的估量并不困难。在他年轻时，也曾激烈地谴责过日本和其他帝国主义国家侵略行径。但是，随着地位的不断提升，身居要职的他适时观察到民族利益的改变而不得不随之作出调整。资本主义国家及其资本家在追求各自利益时所表现出的坚定的决心和毅力，邓小平对此并不抱有任何幻想，而且，在与他们合作时，他将坚决地维护中国的利益。但是，1978年，日本和美国担心苏联的扩张，都急欲使中国远离苏联，这就为邓小平打开了一扇机遇之窗。

对于邓小平而言，劝导本国狂热的爱国人士以日本为师需要足够的政治勇气和决心。幸运的是，美国总统尼克松，曾是一位狂热的反共产主义人士，但最后，他也找到了与共产主义中国——曾经的敌人——实现邦交正常化的政治基础。因此，邓小平，作为一个曾参加八年抗日战争的勇猛战士，要迈出改善与日本关系这一勇敢而重要的一步，也同样拥有坚定的政治基础。

在邓小平出访日本之前，他首先需要与日方商定相关条约，为即将到来的访问铺平道路。早在1972年，在毛泽东和日本前首相田中角荣的共同努力下，中日两国就已经恢复了邦交正常化，但自此以后，两国关系却停滞不前，未有建树。因为当时，毛泽东和田中角荣并未处理诸如建立领馆、开展商业贸易和促进人员交流等相关法律问题。邓小平在此次出行之前，需要首先解决好这些问题。

《中日和平友好条约》

在1977年年中邓小平复出之际，旨在巩固中日关系的条约谈判已经被搁置了许多年。中方希望使日本能疏远苏联，并深知"反霸权"条款将会激怒苏联。1976年9月，苏联飞行员驾驶战斗机叛逃并降落在日本的北海道，日本与美国共同研究了战斗机的性能，并拒绝将飞机归还给苏联，自此，日本与苏联的关系每况愈下。但是，以贸易立国的日本，当时在国境外开展军事行动的能力极为有限，所以只能选择避免招惹任何国家，尤其是在1973年世界石油危机发生之后，像苏联这样石油储备丰富的国家，日本更是避之不得。

中方首先提议，两国政府应该商谈缔结一个和平条约，但是日本却坚持认为其已经和之前代表中国的蒋介石政府签订过和平条约，而该条约仍然生效。中方转而又建议，两国签署一个和平友好条约，日本已经和许多国家签订过类似条约。但是，直到1977年，此项主张仍未有任何进展。尽管田中角荣首相的两届继任者，三木武夫以及1976年12月继任的福田赳夫都曾作出努力，但日本国内右翼势力拒绝向心意已决的中国作出任何妥协和让步。邓小平对国内外缓慢的民主化进程感到棘手和焦虑，他希望加快进程以解决当前问题,尽管国内面临政治困难,但他仍坚持与日本合作。

随着僵持局面的继续,邓小平分别在1977年9月和10月主持会见了来访的二阶堂进和河野洋平等日本政界要人以寻求缔结条约的可能性,这些客人被认为是对中国怀有同情之心的日本人。与此同时,在日本,一些热切希望与中国建立更多接触和往来的各类商业团体和地方协会,纷纷进行游说以争取获得更大的灵活性和更多的途径来缔结此条约。曾经是日本大藏省(现财务省)官员的福田,因其向东南亚邻国提供帮助的"福田主义"广受亚洲国家领导人的好评。1977年11月28日,福田重组内阁,他任命了"中国的老朋友"园田直为外务大臣,园田直被认为是最有可能促使条约缔结的日本官员。福田首相鼓励园田直与时任中国外交部部长的黄华举行会谈来解决条约缔结过程中存在的问题。

从1977年底至1978年7月中旬,双方就条约的细节问题举行了一系列不间断的会谈,但是"反霸权条款"始终是谈判的症结所在。3月,情况略有转机,日本似乎愿意考虑接受略有修改、慎重措辞的声明。日本人认为如果加入一个相对缓和的条款,就意味着本条约不针对任何特定第三方,苏联也因此不会被激怒。

1978年7月21日,在邓小平的主持下,正式的协商开始了:双方举行了缔结条约的第一轮谈判,谈判共持续了14轮,在此后的各轮谈判中,双方交换了各种决议草案。8月初,在北京的日方代表,对中方在缓和条款作出让步抱有充分的信心,外务大臣园田直甚至亲自前往北京参加谈判。之后,日本外务省条约局副局长东乡和彦说,邓小平作出了一个非常明确的"政治决定",并且,在谈判期间,当中国外交部部长黄华接受了日本的措辞和提法后,说道:"我非常高兴我的领导在私下同意我的看法。"缓和条款的内容是:"本条约不影响缔约各方同第三国关系的立场。"该条约由时任中华人民共和国外交部部长黄华和日本国外务大臣园田直于1978年8月12日在北京签订。

为什么在经历了八个多月的谈判之后,邓小平突然打破了外交僵局,而同意日方将缓和条款加入协议中呢?因为,在邓小平急于在国内进行现代化之时，与越南冲突的升级使和平谈判愈加紧迫。两周前，也就是7月3日，邓小平曾宣布撤回在越南的所有中国专家。当时，邓小平认为越南很有可能入侵柬埔寨，如果发生，中国将不得不作出回应。为了防止苏联卷入这场纷争，邓小平只能尽快与当时的世界强国，如日本和美国加深关系。未出所料，苏联的确对日本与中国缔结条约深感不安，但由于缓和条款的存在，苏联选择了容忍。

《中日和平友好条约》并未规定，中国应派其领导人赶赴日本参加条约签订的庆祝活动。但是，中国领导人应该对1972年田中角荣的访问作出回访，而且六年来未曾有中国领导人访问过日本。很明显，邓小平已经做好了出访这个岛国的准备。

邓小平对日本的成功访问
（1978年10月19—29日）

第二次世界大战结束的六年里，共有三个外国领导人访问了日本，他们的访问给日本民众造成了深远的影响，日本民众从根本上改变了对来访国家的态度和方式。早在20世纪60年代，第35任美国总统约翰·肯尼迪的弟弟罗伯特·肯尼迪在访日期间，与当地学生和普通市民进行了坦率而热烈的公开对话，日本民众从未与任何一个外国领导人有如此特别的经历。罗伯特·肯尼迪的活力、别具一格的理想主义、为全人类服务的诚意、对他人观点的尊重都加深了日本人对民主价值的理解，并增强了日本民众对美国的好感。

30年后的1998年，另一位外国元首，时任韩国总统的金大中，在访日期间，对1973年曾挽救他生命的日本人表示感谢，这也同样给日本民众留下了深刻的印象。当金大中流亡日本期间，曾被韩国的中央情报部劫持并绑架至一艘小船上，他们计划将金大中扔到海里使其溺亡。访日期间，金大中试图缓和两国人民之间的敌意，真诚地用日语说道，韩国和日本应该向前看，而不是向后看，两国应该共同期待一个和平友好的未来。他的言语深深触动了在场听众。在之后几个月里进行的韩国和日本民众的民意调查来看,双方对彼此之间的态度有了明显改变。

美韩两国领导人对日本的访问都产生了积极影响,在这两个激动人心的时刻之间,邓小平1978年访问日本也同样给日本民众留下了深刻的印象。在中国和其岛国邻邦日本交往的2200年间,邓小平是第一位踏足日本国土并会见日本天皇的中国领导人。邓小平说过,尽管两国在20世纪曾经历过令人遗憾的时期,但两国拥有2000年的友好关系,他期望以向前看的态度建立两国的和平关系。一些日本人深知日本的侵略曾给中国人民带来了巨大的伤痛,希望有机会表达自己的悲痛之情,并愿意伸出友谊之手。邓小平的上述一番话深深感染了这些日本人。邓小平的到来不仅是为了促进民族和解,而且还带来了两国人民能够在和平友好的新时代和平共处的新希望。甚至有些人感到,二战结束的30年后,伤痛正在复原。

邓小平访日期间,许多日本人对他们给中国人民造成痛苦表示惋惜和痛心,甚至日本的政界要人誓言不再让此类悲剧重演。邓小平接受了他们的道歉却没有要求他们尽数所犯罪行。对于许多领域和阶层的日本人而言,帮助中国实现现代化,不仅是对他们自己曾经所犯罪行的追悔,也是为中国的繁荣贡献力量的方式和途径,他们的行为本身无疑将会大大提高两国和平共处的机会和可能性。

当时几乎所有的日本家庭都已拥有电视机。通过电视,日本民众了解了他们的领导人代表国家向邓小平的致歉,对此,日本民众深有同感。虽然电视机在中国并未广泛普及,但是邓小平访问日本工厂的新闻片和照片也让中国人从中看到,邓小平在日本是如何受到日本民众的热烈欢迎,图片上展示的日本新技术也让中国人明白中国的落后程度。

1974年至1975年,邓小平负责会晤来访的外国领导人,那时,他就发现日本客人要远远多于其他国家的客人。从他与日本代表的个人交往中,他开始逐渐明白,来自社会各个阶层的日本人与中国文化有某种相似之处。在访日期间,日本东道主一次次地表达了对道教——日本文化、语言文字、艺术以及建筑(尤其是被日本人尊奉为古老日本精髓的城市,如奈良和京都）的源泉——的感激之情。邓小平在访问日本的10天里，会见了来自各行各业的人们，包括政府官员、执政党和在野党党员、大财团的代表、当地社区的普通民众以及媒体工作人员。他在1973—1975年和1977—1978年间在北京热情接待过的日本友人，在他此次访问日本期间也热情地接待了他。他像中国人问候曾经遇见过的人那样，称呼这些人为"老朋友"。

在1978年10月19日抵达日本之前，邓小平并非中国的最高领导人，但是他所受的礼遇与代表中国的最高领导人无异。邓小平在访日期间的日程被安排得很满，这位曾经叱咤沙场、军纪严明的军事家，对日方对此次访问的精心安排印象深刻，他们如同日本工厂的控制产品质量的工程师一样，对细节格外关注。

10月23日清晨，福田赳夫首相携400位日本友人在国宾馆举行盛大仪式欢迎邓小平访问日本，并共同参加了《中日和平友好条约批准书》的换文仪式。28位来自驻日主要国家使馆的大使也参加了该仪式，但是按照中方要求，苏联大使并未在邀请之列。

仪式结束之后，福田首相在首相官邸会见了邓小平，只见邓小平从容地从口袋里掏出一包"熊猫"牌香烟，按中国的礼节递给在座的每人一支，这样一来，气氛立刻变得轻松起来。邓小平说："多年来一直希望访问东京，这一天终于到来了，早就想认识福田首相，这个愿望实现了，我感到高兴。"福田首相回答道："持续将近一个世纪的非正常的中日关系终于结束了。条约的目的就是建立两国长期和平友谊关系。条约的缔结是邓小平副总理的英明决策的结果。"当福田表示自己只了解战争前的中国，希望有一天能得到访华的机会时，邓小平立刻回答："我愿意代表中国政府以及中国人民，邀请福田首相去中国。任何方便的时候，都欢迎。"福田当即接受了邓小平的这一邀请，表示"一定要访问中国"。在福田表示要为加强中日友好而竭尽全力之后，邓小平笑着说："日本也把穷人（中国）作为朋友，真了不起。"

在园田直外相和黄华外长签字并交换了官方文书之后，邓小平出乎意料地同福田拥抱，福田看上去有些慌乱，姿势也颇为僵硬，但很快恢复常态，并将拥抱看成是友好善意的表示。（邓小平一般对共产党国家领导人才有如此举动。）邓小平郑重地说，和平条约"通过促进政治、经济、文化、技术和其他交往将会对亚太地区的和平和安全产生积极的影响……友好关系和合作是亿万中国人和日本人民的共同愿望，而且也是历史发展的潮流……让我们代表两国人民将我们的友谊世世代代继续下去"。

邓小平在访日期间，与日本天皇在皇宫举行了两个小时的午餐会。为了保证天皇能够与来访者自由交谈，日方并未对此次交谈作记录。但事后邓小平表示他们的谈话非常愉快。据随同参加的外交部部长黄华说，邓小平曾对天皇说："过去的事情就让它过去，我们今后要积极向前看，从各个方面建立和发展两国的和平友好关系。"黄华说，日本天皇在首次会见中国领导人时使用了"不幸的事情"这一措辞，"相当于间接地向中国人就战争伤害致歉"。天皇和邓小平都表达了相同的观点，即两国现在建立的和平友好关系，要永远继续下去。

当天下午，邓小平与福田首相举行了90分钟的会谈，之后，福田主持举行了盛大宴会，参加宴会的还有日本政治、经济界的领袖和学术界代表，包括日本自由民主党干事长大平正芳、前外相藤山爱一郎以及日本政坛新星并很快成为日本首相的中曾根康弘。在宴会期间，福田致祝酒词，他首先回顾了日中两国具有2000年以上的友好交流的悠久历史，称"到了本世纪，经历了不幸的苦难"。讲到这里，他离开眼前的讲稿，突然说出："这的确是遗憾的事情。"中国人将福田传递的这一信息视为致歉。福田接着说："这种事情是绝对不能让它重演的。这次的日中和平友好条约正是为了做到这一点而相互宣誓。"邓小平接着致词说："中日友好源远流长。我们两国之间虽然有过一段不幸的往事，但是，在中日2000多年友好交往的历史长河中，这毕竟只是短暂的一瞬。"

邓小平向日方陈述了此次访问日本的三个原因：第一，交换《中日和平友好条约批准书》；第二，向日本友人近几十年来为改善中日关系所付出的努力表示感谢；第三，像徐福一样，寻找"长生不老药"。随即引起了日本人会意的笑声，日本人比较熟悉徐福的故事。在2200年前的秦朝，徐福曾奉秦始皇之命，东渡日本以寻找长生药。邓小平继续解释说，他所谓的

"长生不老药"实际上是如何实现现代化的经验。他希望学习现代技术和管理方法。在亲切友好的氛围里，日本国会众议院议长保利茂说，灵丹妙药就是友好的日中关系。随后，邓小平参观了京都的"二条城"。日本友人介绍道："您在此看到所有文化都是我们的祖先从中国学习而来，随后以自己特有的方式逐渐改造而成的。"邓小平立刻回答说："现在我们的地位（老师和学生）颠倒过来了。"

由于邓小平对自己在中国国内权威的信心，以及对他所访问的友人的熟知，使他能够自如应对，并充分展现出他自然随性的人格魅力。当人们聚集在一起希望一睹他风采的时候，邓小平明白他已经触动了听众的心灵，正在赢得支持者，并以一个政治家特有的热情和自信作出回应。

邓小平此次访问日本的顾问是廖承志。他们二人曾在华侨、香港事务以及日本问题方面亲密共事多年。比邓小平年轻四岁的廖承志颇受日本人的欢迎。廖承志出生、生长在日本，在日本接受了小学教育，并进入早稻田大学学习，几十年来，一直承担接待来访的日本友人的工作。廖承志的父亲廖仲恺，曾被认为是孙中山最主要的继任者之一，1925年被反对派杀害。像邓小平一样，廖承志曾参加过长征并于1945年当选为中央候补委员。没有任何一位中国领导人像廖承志一样，对日本拥有直接和深入的感性认识，与日本人建立亲密的个人友谊，并拥有较高的政治地位。他是陪同邓小平访问日本的最佳人选。

在参观日本现代化工厂期间，邓小平体会到，先进技术需要有高效的管理手段为保证，而好的管理方法又与国家制度紧密相连。他表示，非常愿意向日本学习如何从二战期间的政府主导的封闭经济过渡到20世纪50年代更为开放的动态经济模式。他很清楚，日本政府在日本现代化的过程中起到了非常重要的角色。他被日本工厂、公共交通和工程建设所体现出的现代科技深深吸引。他非常希望能够尽快找到一种途径，把现代技术和管理方式引入中国。而日本商人，尤其是在不久前或在二战期间在中国停留过的日本商人，已经准备慷慨援助中国。

邓小平在前往国会参加欢迎仪式之前，对前首相田中角荣、众议院议长保利茂和自由民主党的领袖大平正芳进行了礼节性的拜访。当时的田中角荣因为洛克希德丑闻事件而被软禁，许多日本人都在极力避开他。尽管如此，邓小平却主动要求前往田中角荣住处亲自拜访，会谈中，他再次提到，他此次访问日本的一个重要原因就是，向那些为改善中日关系而作出努力的老朋友致谢。他想感谢田中首相为中日两国的友谊以及《中日联合声明》的签订所作的贡献和努力。邓小平说，虽然田中首相访问日本之际，他正在江西农村下放，但"我们无法忘记你为两国友谊所作的贡献"。接着，邓小平正式邀请田中作为中国政府的客人访问中国。当天晚些时候，田中对记者说，《中日和平友好条约》的缔结是自明治维新以来发生的最重要的事情。他所会见的所有外国领导人中，周恩来给他留下了极为深刻的印象，"今天，邓小平的来访，让我再次体会到当年会见周恩来时的感觉。"

到1978年为止，那些曾在20世纪五六十年代努力保持中日联系和友谊的日本人都已相继离世。在10月24日的晚上，邓小平和夫人卓琳在日本的赤坂国宾馆会见了那些在艰苦岁月与中国仍旧保持联系的健在的日本友人，以及已故政治家的家属。邓小平因无法亲自登门拜访向他们表达了歉意，他希望向日本友人表达周恩来曾在中日复交招待会所（周恩来曾在1917—1919年在日本生活）上表达的相同意思，即"吃水不忘挖井人"。他补充说，即使在中日邦交正常化之前，他们都坚信，两国邦交正常化的一天总会来到。即使其中一些人无法在场与我们共同分享恢复邦交的喜悦，但是他们的努力将永远不会被忘记，他们的名字将永远镌刻在两国友好交往的历史上，鼓舞两国共同向前。邓小平接着说，这些人，以及他们的遗孀和孩子都是中国人的老朋友，并使中国人民"更加坚信中日两国人民一定会世世代代友好下去"。他邀请在场的人多到中国去看看。许多人甚至流下了激动的眼泪。

当天下午，邓小平在日本日产公司社长川又克二陪同下对公司的神奈川县座间市的日产工厂进行了一个小时的参观。该工厂刚引入了机器人生产线，使之毫无争议地成为世界上自动化程度最高的汽车生产厂。在参观过程中，邓小平得知该厂人均每年汽车生产量为94辆后，他深有感触地说，这个工厂比中国最先进的长春第 汽车制造厂的人均年产量竟多出93辆。在参观结束后，邓小平发表即席讲话中提到："我懂得了什么是现代化了。"

第二天，邓小平又一次会见了福田首相，并参加了由日本主要的商业协会——日本经济团体联合会（Keidanren）款待的午餐会，当天下午晚些时候，举行了记者招待会，之后，接见并设宴款待了当地华裔。在日本经济团体联合会的午餐会上，据说有320家公司的执行官参加，超过了之前伊丽莎白女王来访时的300位宾客的记录。

在中国，邓小平从未举行过记者招待会，但是在访日期间，邓小平成为第一位举办"西欧式"记者招待会的中国共产党领导人。大约400位记者参加了在日本记者俱乐部举办的记者招待会。邓小平首先对国家寻求霸权的危险性以及中日两国共同抵制这种趋势的重要性作了简要陈述。邓小平深谙当时日本国内存在的强烈的中立主义情绪，坚决主张中国人民希望以和平的方式解决国际问题。实际上，中国人民需要一个和平的环境来实现现代化。之后，邓小平请在座的记者提问。当一名记者问到有关钓鱼岛归属问题时，会场的气氛陡然紧张起来。邓小平却回答道，"尖阁列岛"，我们叫钓鱼岛，这个名字我们叫法不同，双方确实有不同的看法。两国政府把这个问题避开是比较明智的，我们这一代缺少智慧，下一代比我们聪明，一定会找到彼此都能接受的方法。邓小平合情合理的回答令全场的记者折服，会场又恢复了轻松的气氛。最后，有记者问及毛泽东在"文化大革命"期间给国家造成的创伤的问题，邓小平回答："这不仅仅是毛泽东的错误，也是我们所有人的错误，我们中的许多人都犯了错；我们因缺乏经验而作出了错误的判断。"他接着说，"我们不得不承认我们贫穷而且落后，我们有很多工作要做，有很长的路要走，有很多东西要学。"

在回答有关四个现代化问题的时候，邓小平指出，中国已经制定目标，在20世纪末时，现代化建设有所突破。为了实现现代化，中国需要正确的政治环境和政策。"长得很丑却要打扮得像美人一样，那是不行的。"他接着说："我们必须承认我们的落后，老老实实承认落后就有希望，要向日本学习。"当问及他对此行的印象如何时，他向日本人的友好热情表达了感谢，受到了日本天皇、工商业界以及来自各行各业日本民众的热情而真诚的款待。而且，与福田首相举行了愉快的会谈，并表示中日两国的领导人应该每年举行会晤。他又说道，虽然他的此次行程非常短暂，但是他希望中日两国的友好关系能够永远继续下去。日本民众非常希望能够听到这种意思表达，在他结束谈话之后，在场的人都起立长时间地鼓掌。

一位共产党的领导人是如何在他的第一次记者招待会上获得巨大成功的呢？答案或许可以从以下方面找到：他拥有向中国不同集团解释各类问题的丰富经验；他对日本问题和日方观点的熟悉；对阐述中国政策和立场的信心；在承认中国所存在的问题时所表现出的坦诚；对日本和日本民众的善意和友好；轻松、诙谐、丰富的语言。除此之外，参加记者招待会的人们也形成了广泛的共识，即邓小平对日本的访问是一个历史性时刻。在此次访问期间，日本不仅对过去非正义行为致歉，而且承诺帮助中国实现现代化，这些都预示着一个两国和平共处的新时代的开启。

次日，新日本钢铁公司社长、日中经济协会会长稻山嘉宽陪同邓小平乘坐气垫船（中国还未曾有的一种快艇）从东京竹芝码头出发，前往位于千叶县东京湾海岸的君津钢铁厂参观。君津钢铁厂是一家现代化的钢铁生产企业，其一家的产量就相当于中国所有钢铁企业产量的一半。在参观完钢铁厂后，邓小平立刻表达了筹建一个以君津钢铁厂为模板的中国钢铁企业的愿望。实际上，筹建宝山钢铁厂的思路当时已经形成。

邓小平从东京乘坐新干线前往京都和附近的奈良和大阪。在奈良的一家饭店用餐时，他路过隔壁的宴会厅看见了一位身着白色衣服的女子，当得知这里正在举行婚礼时，他高兴地走到婚礼现场，向新婚夫妇祝福。这对新人非常高兴，兴奋地与邓小平合影留念，他们的婚礼成为了国际新闻。

邓小平参观了拥有800年历史的京都。京都的城市规划、艺术和建筑风格是模仿中国唐朝的首都长安营建而成。在京都，他会见了京都府知事和京都市市长以及地方商业领袖。之后，他乘坐专列从京都前往奈良。奈良也是仿照中国的建筑风格的城市，甚至比京都的历史更为悠久。他参观了奈良的仿照中国南宋寺庙建筑风格而建的东大寺。

结束对日本古代首都奈良的访问，邓小平前往参观大阪的松下电器公司，并会见了松下幸之助。松下在20世纪20年代从自行车店制作车灯的学徒工开始，到邓小平访日之际，已经成为拥有世界领先的电子生产公司的企业家。像其他的日本企业家一样，松下为日本曾带给中国人民的痛苦和伤害深感愧疚，并传达了希望通过生产质高价廉的电视机，让更多的普通中国家庭能够承受（当时，普通中国家庭无力购买电视机），以此来提高中国人民的生活水平。

在松下电器公司，邓小平不仅参观了彩色电视机的生产和装配，而且也见到了传真机和微波炉的生产，而这些东西还未引入中国。邓小平深知松下幸之助的声誉，称他为"经营管理之神"，希望松下能够将最先进的技术传授给中国人民。松下向邓小平解释说，像松下电器公司这样的私有企业是通过不断开发新技术而得以生存，所以他们不太愿意将最新技术公之于世。显然，邓小平的顾问们未曾向他提及这些信息。松下的公司在中国发展很快，公司的确传授给中国人一些先进技术。在10年之内，松下帮助普通中国人实现了拥有电视机的梦想。

傍晚，邓小平与大阪市政府的领导，以及已故高碕达之助的女儿共进晚餐。邓小平希望向他女儿亲自表达对其父亲所作贡献的尊敬和感谢。她的父亲曾与廖承志共同签订了发展两国民间贸易的《中日综合贸易备忘录》。1964年在北京和东京分别设立"高碕达之助事务所"和"廖承志办事处"，在1972年两国实现邦交正常化之前，两国间的控制贸易就已经开展，并允许记者互换。

日本NHK公共电视台对邓小平访问日本工厂进行了报道，给观众呈现了一个精力充沛、观察力敏锐且充满自信的邓小平。他参观中亲眼见到日本先进技术，充满了热情和好奇，但并未有任何谄媚奉承之举。邓小平在日本的言行的确在国内引起了强烈反响，访日行程结束后，中国的中小学生们都从老师那里得知，邓小平就有关乘坐新干线感觉时的回答非常完美，他的回答很简单："新干线比风还快，就像推着我们跑一样，我们现在很需要跑。"他既承认了外国先进科技的价值，又没有牺牲中国人的尊严。

日本领导人在邓小平访日期间的言行也给国内民众留下了深刻的印象。即使几十年后，日本的年轻人仍将接待邓小平的那一代领导人看做是真正的政治家，而不像他们的继任者那样，仅仅关注金融问题和细微的政治分歧。曾接见过邓小平的日本领导人（福田首相、园田外相、日本经济团体联合会会长、工商业界领袖稻山嘉宽和松下幸之助）是真正大胆的规划者和建设者：在他们的领导下，不仅将一个荒芜孤寂、居民食不果腹的战败国变成一个繁荣、充满活力的国家，而且在1978年仍快速发展。这些日本领导人也经历过第二次世界大战，他们非常清楚日本带给世界的恐惧和灾难，而且知道，他们永远无法弥补日本带给中国的创伤，但是，他们却仍然希望两国的子孙后代能够和平共处。他们已经做好准备将先进的经验和创新技术传授给中国并帮助中国实现现代化。日本在从第二次世界大战的浩劫中恢复时也面临各种挑战，而邓小平恰逢努力重建自己国家之时，他能够从这一代日本领导人获得理解和体恤，并从他们身上有所收获。

稻山嘉宽是邓小平在日本主要的商业接待者。早在1957年，他就已经开始向中国出售钢铁，到1971年时，他的公司在武汉钢铁厂的现代化改造中扮演重要的角色，使之很快成为中国最现代的钢铁厂。向一个过时的苏联式的钢铁企业转移技术，而不是重建新厂，稻山嘉宽的这种做法让他的一些雇员颇有微词。但稻山嘉宽却回答道，他非常高兴能有机会参与到中国钢铁工厂的现代化改造中。1901年，当稻山嘉宽在日本创办第一家工厂时，铁矿石主要来自于武汉，因此他非常高兴能够以这种方式回报中国这座城市。

稻山嘉宽并不是第一次因为他的"忍耐哲学"而受到下属的非议。他对其他国家和公司太过慷慨，甚至牺牲本公司的利益也在所不惜。他当然不希望自己的公司亏本，但是他更愿意回报社会。他相信钢铁生产技术的转移能够让韩国和中国受益，这种对于他国的"馈赠"能让双方互惠互利，共享繁荣。他甚至甘愿冒日本人所说的"反向效应"的风险，即将技术转让给中国，而在不久的将来却发现廉价的中国出口商品开始进入日本，进而破坏日本国内生产基础。他信心满满地说，中国国内市场非常巨大，足以消费中国自己生产的钢铁。

邓小平期望通过此次行程能够推进在中国沿海创建大型现代化钢铁企业计划的实施,稻山嘉宽和中国副总理李先念曾在一年前讨论过该项目。在世界上最先进的君津钢铁厂,邓小平看到流水铸造生产线以及电子计算机控制生产的技术,认为这就是中国第一个现代钢铁企业(位于上海北部的宝山钢铁厂)的模板,中国需要日本的帮助来提高经营管理水平。他还半开玩笑地说,"咱们订一个君子协定。如果(在管理方面)上海搞不好,那就不是学生的责任,而是教师不好。"

从日本访问归来,在邓小平眼里,"管理"一词拥有更深层次的含义。他开始更加频繁地使用该词。他向那些曾在毛泽东时代深受"西方资本主义剥削工人"观念影响的国人们解释,真实情况并非如此:日本的工人拥有自己的居所、汽车以及在中国闻所未闻的电器产品。在访日期间,邓小平不仅亲眼见到了他只是曾经听说的东西,而且他非常希望能够学习日本人是如何组织工人进行生产以实现贡献和效用的最大化,在他看来这就是"管理"。他总结访日行程时说:"我们必须牢抓管理,仅仅生产产品是不够的,我们需要提高产品质量。"早在一个世纪以前,中国的仁人志士就曾提出过"中学为体,西学为用"观念,也就是在学习西方先进技术的同时,要坚守"中国精神"。邓小平通过使用"管理"这一中性词语来指代学习西方先进方法和技术,而同时又坚定不移坚持共产党领导和社会主义道路,这样做能保证在更多引进西方先进技术的同时,减少来自中国保守派的阻力。邓小平坚信社会主义也可以使用现代的管理技术和方法。

日本媒体对邓小平此次增进了两国关系的日本之行进行了积极而正面的报道。而中国国内的报道则比较官方和低调,但信息传达的中心思想却是一致的。在中国,邓小平访日的影片和照片让中国的民众见识了什么是现代化的工厂,更让中国人意识到自己的国家是多么落后,为了赶上世界水平,中国人还有很多工作要做。

日本之行的丰硕成果

在此次行程结束之前，还特意安排来自北京、天津和上海分管经济的官员对日本进行了一次后续的考察访问。邓力群任访问团顾问，时任国家经济计划委员会副主任的袁宝华任访问团团长。在邓小平离开的几天后，访问团抵达日本并在日本进行了为期一个月的考察。考察结束后，代表团撰写了一篇报告，陈述了中国应如何向日本学习先进的经济管理经验。

代表团的团员深知报告的读者——共产党的领导人，深受马克思主义观点的熏陶已久。他们在报告中说明了日本对马克思所描述的早期资本主义作了重要的调整。日本人的管理是通过激励工人的方式来获取利益，工人们之所以努力工作是因为他们比在马克思笔下的受资本家剥削的工人有着更好的待遇。从日本访问归来，在邓力群的倡导下，仿照日本的协会，组织成立了质量管理协会和中国企业管理协会。借鉴从日本考察的经验，设立了以学习日本经验为目的、培养各省高层经济管理官员的培训项目，培训的内容包括：如何调整价格以反映生产成本的变化、如何根据市场需要而不是指令性计划来制定生产目标、如何通过抓原始生产而非事后监管来实现质量控制、如何使用各类指标来评价生产绩效。中国企业甚至打出标语，强调学习日本管理体系、制订培训计划的重要性。

邓小平也倡导发起了中日之间的文化交流，将日本文化——电影、小说和艺术介绍到中国。日本电影非常受中国观众的欢迎，通过日本电影，中国观众增进了对日本民族的了解。邓小平明白这种欣赏能够为两国经济和政治交往的扩大提供坚实的基础。在邓小平的努力下，中国人对日本人的态度有了明显改观。

因此，邓小平为推进全面而健康的中日合作关系的建立作出了重大贡献。访日结束后的三年内，由于中国实行的限制投资的紧缩政策，使两国商业关系的发展受阻。但是，邓小平时代的大部分时间，中日两国关系，尽管存在跌宕起伏，但总体仍旧保持友好关系。

截至1980年12月，中日关系已经有明显的改善，可以共同召开第次两国内阁级会谈。而且，就在同月，黄华与时任日本外相的伊东正义签署了一项协议，长期以优惠条件从日本海外经济协力基金会（Japanese Overseas Economic Cooperation Fund, OECF）获得贷款。从1979年到2007年，日本海外经济协力基金会向中国提供的资金超过了任何一个国家，总量达到2.54万亿日元（以2007年汇率计算，大约相当于250亿美元）。日本工业企业在中国广建工厂。日本贸易振兴会（Japan's External Trade Organization, JETRO）在上海设立联络处，利用其与日本企业的广泛关系网帮助中国企业寻找愿意向中国提供管理培训和技术训练的日本企业。在邓小平执政期间，世界上没有任何一个国家像日本那样，在援助中国建工厂和基础设施建设方面发挥了如此重大的作用。

（本文作者为哈佛大学社会学教授）

Abstract

Originally Chapter 10 of Ezra Vogel's new book *Deng Xiaoping and The Transformation of China* (Harvard University Press, 2011), this essay presents a vivid documentation of Deng Xiaoping's visit to Japan in 1978. That year, Deng Xiaoping visited Japan as vice Premier of China and took part in the ceremony to ratify the Treaty of Peace and Friendship. Deng's landmark visit represented the first visit to Japan by a prominent Chinese leader since the founding of People's Republic of China. In this essay, the author narrated Deng's visit with deep details, including Deng's conversation with Prime Minister Fukuda Takeo, the two-hour lunch with the Japanese Emperor at the Imperial Palace, the meeting with Japanese friends who in recent decades had dedicated themselves to improving Sino-Japanese relations, and the first Western-style press conference for a Chinese leader in Japan Press Center etc. According to the author, Deng's visit to Japan represents a turning point in the histories of PRC diplomacy, Sino-Japanese relations as well as China's Reform and Opening up.

书评 | Review Essays

中国治理评论 | China Governance Review

探寻基层政权的治理逻辑

杨雪冬

【编者按】
本文评论的是以下三部著作：赵树凯：《乡镇治理与政府制度化》，商务印书馆2010版；田毅、赵旭：《他乡之税：一个乡镇的三十年，一个国家的"隐秘"财政史》，中信出版社2008年版；吴理财：《改革与重建——中国乡镇制度研究》，高等教育出版社2010年版。

对中国这个正在经历剧烈社会变革的巨型国家来说，基层政权在整个国家治理中的地位早就引起了各个方面的关注。但是，对于基层政权发挥了怎样的治理作用，如何发挥治理作用，乃至是否有存在的必要，却有着不同的判断和认识。学术研究除了受立场、视角以及观察对象的限定外，还受到了国家政策、社会舆论以及个人经历的影响。因此，许多的研究成果中都或多或少地潜藏着某种前置价值，甚至充满着某种强烈的情绪，很容易混淆科学态度与现实关怀的界限，削弱分析的理性化和判断的客观性。

无疑，赵树凯教授的新著《乡镇治理与政府制度化》（简称《乡镇治理》）是一本力图将科学态度与现实关怀有机结合，理性思考作为基层政权的乡镇的治理逻辑、治理过程和治理效果的重要著作。树凯长期在中央农村政策研究部门工作，也曾经在地方政府担任职务，对于基层政权的运行有着丰富的切身体验。这种特殊经历决定了他对基层政权有着敏锐的洞察力。但是，树凯并没有局限于政策研究侧重问题和对策的套路，而是在掌握了丰富材料的基础上，用规范的方法，形成分析的概念，建构其自己的解释框架，并力图与国内外研究发现进行对话，以推动知识的增长。在国内学界热衷于对策条陈，一些农村问题研究者用所谓"本土化"排斥学术对话的背景下，这种学术追求更值得推崇。

为了写作《乡镇治理》一书，树凯除了充分利用工作中积累的材料和发现外，还在2004—2005年间在四川、山西、山东、湖南、江苏、陕西、甘肃、浙江、安徽、河北、宁夏等十个省区，运用参与式观察、结构化深度访谈的方式进行了调查。这次调查正处于取消"农业税"的前夜，围绕取消"农业税"进行的多项改革已经成形，并且开始在许多地方产生了影响，比如乡镇人员增长受到控制，乡镇财政状况的缓解，债务恶性增长受到遏制，乡镇公共服务能力的改善等。因此，选择这个时间段进行调查具有很强的比较研究意义。当然，如果能够在2006年之后再进行回访调查，将可能有更有意思的对比发现。

《乡镇治理》一书共有九章。第一章讨论了乡镇研究的进展，提出了自己的研究思路，接下来的六章分别讨论了乡镇组织与人员、乡镇财政与债务、乡镇权力与问责、乡镇控制系统、乡镇公共服务、乡镇政府前景，最后两章是总结性的讨论和展望，分别是政府运行与制度异化、政府制度化与改革。全书不仅详细描绘了乡镇治理的主体、关系以及过程，重点分析了乡镇治理面临的主要问题与挑战，而且延伸讨论了整个国家的治理改革。

这种通过分析基层政权而讨论整个国家治理改革的方式，并非作者的独创，而是许多中国学者在研究中国地方治理时惯用的。这样做可能出于两种考虑：一是这些学者都有强烈的现实关怀，希望通过对具体的、个案的问题研究来发现推动中国治理改革的一般性规律；二是这些研究预设了一个前提，即中国作为一个单一制权力高度集中的国家，不同层级政权的运行方式具有高度一致性，或者用有的学者的话说"职责同构"，因此见一木，如见森林。更重要的是，政权层级越高，越难以进行实证研究，尤其是参与式的观察或者大范围的调查。就研究方法而言，这种从层级低的政权入手研究具有操作性，但是随着整个国家治理复杂性的增加，不同层级间政权关系互动方式的变化，这种"以小见大"的研究预设值得进一步检讨。

《乡镇治理》一书将乡镇政府的运行特点描绘为：职能公司化、结构碎片化、行为运动化，这些综合为"内卷化"（黄宗智的概念），反映了制度的异化，即乡镇政府在实际中的角色，"既与本区域内的社会公共利益需求不一致，又与上级政府，尤其是中央政府的理念、要求和政策导向不一致"[1]。制度的异化是由于制度缺失、制度错位、制度悬置、制度逆变四个因素造成的。作者认为，要解决乡镇制度的异化，出路在于"政府的制度化"，"用制度化的政府来适应高度分化、复杂的政治社会环境，建立起专业化的结构以执行各种职能和任务。不仅要在政府内部'形成按照规则体系办事的过程'，也要在政府外部'回应环境的变革，将新的外部需要和价值判断渗透、渗入内部，实现适应性的变革发展'。"[2]

作者论证上述观点所选用的理论框架是现代国家构建。由于基层政府处于国家权威、上级政府与基层社会之间，因此对其分析采用的是"自上而下"与"自下而上"两种视角，来讨论基层政府与社会、上级政府之间的关系。在作者看来，自上而下的视角，可以观察和分析国家如何控制基层政府，如何通过基层政府渗透到基层社会，基层政府又是如何贯彻国家的政策法律，并且从基层社会汲取资源，获得合法性。而自下而上的视角，则观察的是基层社会对于公共秩序和公共服务的需求如何得到满足，基层政府如何应对上级政府的监督和管理，基层社会又是如何回应政府的管理。

近年来，由于制度化问题的突出，现代国家构建理论得到了国内学者的热烈响应，用这套以西方民族国家为经验基础的理论来分析和解读中国的制度化建设方向和面临的问题。一个流行的判断是，对于中国这个超大型国家来说，如果不能成功地完成现代国家构建，那么就很难保证民主化的稳步推进。在这个意义上，国家构建优先于民主化。作者虽然声称以国家构建理论为出发点，但是并没有依据中国的基层政权建设经验，对该理论进行进一步的检讨和回应。在结尾部分，反而与海外学者对基层政权的判断进行对话，让人感觉作者不过是借用了现代国家构建的概念，而没有在理论上加以深化。

这不能不说是一种缺憾。

作者在讨论了理论框架之后，提出了"制度化"的分析路线，在行政、财税和社会管理三个领域讨论乡镇是如何应对上级政府和基层社会以及处理乡镇内部主要关系的。总体上说，乡镇政府对于上级（县市级）的需求适应程度高，但按规则办事程度低；在管理下级的时候，对村以及村民的需求适应程度低，按规则办事程度低。因此在这两个方面，乡镇政府明显是"政绩导向"的，从而导致了制度异化。而在乡镇内部关系处理上，非制度化因素决定了乡镇对外部需求的适应程度，并且基本上都不是按照规则办事的。易言之，乡镇内部的管理是相当缺乏制度化的。

在我看来，与其说"制度化"是分析的路线，不如说是分析的参照系，即用国家的正式制度规定来衡量基层政权的实际运行，遵守这些规定，就说明基层政权的制度化水平高。反之，则低。作者以国家的法律政策作为制度，无可厚非，但是，我们需要进一步追问，为什么基层政权不能遵守这些法律政策？为什么不遵守它们，基层政权依然能够保持一定的活力和有序性？这些现象背后的逻辑、力量或者因素更值得分析研究。实际上，不仅基层政权的"制度化"水平低，高层政权的"制度化"水平也不高。这是一个整体性问题。但是，在这样一个快速变革的时代，也许正因为制度化水平不高，才使得中国的制度具有较强的灵活性和"适应力"。这也是近年来多位海外学者（如沈大伟、王绍光、Sebastian Heilman等人）研究中国改革成功经验时特别强调的。如何解释制度化与制度灵活性之间的关系，不仅具有理论意义，更有实践价值。

中国有3万多个乡镇，差别巨大。对于研究者来说，用什么样的方法来进行研究，以较为客观全面地描绘出现状，把握主要关系和问题，得到一般性的结论，是非常具有挑战性的。树凯有着丰富的调查研究经验，对于用什么样的方法来研究乡镇有着独到的见解。在他看来，近几年的乡村政治研究是在三个层次展开的：注重经验案例的微观研究；重视宏大命题和整体分析的宏观研究；以及基于微观基础的中观研究。他倾向于中观研究，并以案例研究为基础。

在他看来，中观研究"不至于对案例的描述讨论，也不是对理论的简单引介，而是根据案例与经验的调查，结合对理论的反思和批判，提出具有解释力的新理解，提出适合本土经验的一般性的理论解释"。[3] 在使用中观方法的时候，树凯又侧重于两点：一是通过对不同地区的20个乡镇的实地调查，力图了解不同区域乡镇所具有的共性，揭示基层政府的实际运行过程和运行机制。二是从乡镇干部这个特定群体的角度介入，来正面考察乡镇政府的运行机制，透视其运行逻辑。在作者看来，从乡镇干部的角度来分析乡镇，更具有价值。一方面他们是乡镇行为的主体，另一方面他们对于乡镇的理解和认识更为透彻。

树凯对中观方法的偏好，反映了他对当前农村问题研究现状的忧虑。他曾经在给《他乡之税：一个乡镇的三十年，一个国家的"隐秘"财政史》（简称《他乡之税》）一书写的序言中谈到，目前的农村问题研究，理论层面的抽象概括多，现实生活层面的深入观察少；关于当前问题的考察多，关于历史发展过程的考察少。研究者往往不愿意花工夫对现实生活进行深入的观察，也不愿意花工夫在历史的纵深方向上探索问题的发生过程，而是热衷于提炼新理论新概念，热衷于出主意提建议。然而，对于研究者来说，要将理论与现实、历史与当下有机地结合起来，形成完美的研究结果，除了要有合理可行的方法外，还需要有明确的问题意识。在变化快速的中国来说，这更为重要，因为这直接决定了研究者的研究立场、问题选择、观察视角以及价值追求。《乡镇治理》一书的问题意识就是乡镇政府应该改变只对上级负责，而不对乡镇居民负责的倾向。要改变这种倾向，除了要推进乡镇制度化改革外，还需要推动基层民主、基层自治和政府法治。树凯在全书的最后一章对这些改革内容进行了较为详细的讨论。这也进一步说明了作者在研究基层政权的时候，内心更关注的是整个国家的治理改革。而每个乡镇要改善治理，实现善治，除了要进行自我改革外，更需要依靠制度环境的变革。

除了方法论上的贡献外，本书另一个重要贡献是对乡镇治理逻辑的揭示。所谓逻辑，就是乡镇靠什么治理，用什么治理，治理的结果又会如何影响乡镇的存在。乡镇政权处于上级政府与基层社会之间，承受着双重的压力，拥有的资源有限，法定权力在实际行使时不完整（对于内部单位，掌握有限人事权，所以只掌握"半盘棋"；对于垂直单位，没有财政和人事权，所以是"一盘死棋"），大部分乡镇的财政捉襟见肘。与之相对应的是，乡镇承担的治理任务不断增加。一方面"上面千条线下面一根针"，另一方面是基层社会治理不力，治安维稳压力不断增强。

在这种情况下，乡镇治理在多个方面都出现了问题。《乡镇治理》一书主要讨论了乡镇行政、财政和社会管理三个领域的治理状况。以乡镇财政来说，收入不足，债务严重。债务在不同阶段成因各异。上世纪80年代主要是乡镇企业破产；90年代主要是公共事业的投入，2000年后主要是税收增长。许多人可能不理解为什么税收增长会导致乡镇债务增加。作者在书中提到这是"买税"所致，但着墨不多，前面提到的《他乡之税》一书可以作为补充性阅读。

田毅等人写的《他乡之税》一书充分利用了个人笔记、历史档案、访谈等方法，对一个北方乡镇过去30年的征税历史进行了报告文学式的描写，其中许多事件性叙述和分析极为精彩。[4] 为了完成县市提出的税收计划，境内税源不足或者征收有困难的乡镇经历了从"垫税"到"买税"的过程。"垫税"主要发生在征收农业税期间，由于多种原因，乡镇无法按时从农民那里收齐规定的税费，所以从村到乡镇，负责的干部只好东挪西借或者"寅吃卯粮"地垫付，由此，一些村干部和乡镇干部以个人的名义承担了债务。随着经济的发展，特别是地方政府之间经济增长竞争的加剧，获得更多的税收成为它们追求的重要目标。县市政府给乡镇施加了更大的征税压力。但对于许多乡镇来说，境内税源不足，只好采取"买税"的方式，即通过给予减税优惠，将外县乃至外省的企业吸引到本地交税。所谓的"优惠"成本则由乡镇承担。这样就形成了恶性循环：买得越多，完成上级的税收任务就越容易，但乡镇财政就越紧张。一些乡镇领导也以买税支出为名，掌握了许多独立于财务管理之外的资金。由于买税成本的增长，尤其是税收管理的规范化，乡镇开始转向"协税"，乡镇干部变成了税务干部，主要任务是帮助地方税务局开发税源。

田毅等人的观察有两个值得进一步研究的发现：一个是"一个政府，两个税收任务"。上级政府给乡镇布置的税收任务和乡镇自己制订的任务是不同的。这种差别既是为了能更好地完成上级任务,也是为了给自己争取到更多的收入。另一个是乡镇干部在"买税"和"协税"过程中出现的分化。其实,官员分化是中国治理过程中出现的一个重要问题。官员不仅来源多样化了,而且其拥有的资源和动员资源的能力也差别很大。这不仅改变着官员之间的关系,更影响到官员选拔过程。树凯虽然没有分析乡镇官员的分化,但是注意到乡镇权力的行使是高度"一元化"的,党委书记作为"一把手"的权力远远大于包括乡镇长在内的其他乡镇干部。对于乡镇长来说,"如果把书记看做一把手,就可能成为一把手,如果不把书记看做一把手,就永远成不了一把手。"

《乡镇治理》一书认为,乡镇在治理过程中,首要考量因素是上级的评价,因此会不惜成本地完成上级安排的任务,尤其是"一票否决"任务。但是,上级政府对于乡镇的治理能力和效果并不充分信任。这表现为:一方面,多个部门实现垂直管理,既肢解了乡镇的法定权力,也造成了政府部门之间的利益分化,因为收入和福利差距拉大了;另一方面,县市对乡镇的考核越来越严格、"科学化",乡镇的自主性大大减弱。这种控制还从乡镇延伸到村,比如实行"村财乡管",统一发放村干部补贴,并进行相应的考核。

但是上级控制的加强,并没有从根本上改善乡镇的治理,也对国家整体治理状况的改善不大,因为"基层政府的行为取向并不以总体的政治合法性为依归,而是以上级政府的具体考核管理为导向"。[5] 更值得关注的是,面对包括上级在内的各种压力,乡镇也谋求应对。比如,树凯的调查发现,乡镇对于上级的考核流于应付,不作为行为越来越多。在财政压力面前,乡镇的生存策略也有了分化,有:煎熬等待型;分散撤退型(以非正规方式大规模向政府外撤退干部,干部分流;另一种是大多数人放假或变相放假);集中转型或生产自救型;走向掠夺。造成分化的因素除了乡镇自身拥有的治理资源外,还有上级政府的激励监督方式以及基层社会的变化。

虽然有分化,但是乡镇的治理逻辑从根本上是"生存"性的,即在各种压力下保持乡镇存在的理由。《乡镇治理》一书虽然没有明确得出这样的结论,但是并没有像一些学者那样提出撤销乡镇的主张,作者始终对于乡镇存在的合理性持肯定的态度,对于乡镇干部的生存状态抱着同情。《他乡之税》的作者则明确提出不能简单地套用杜赞奇的两分法,把乡镇看做是"谋利型"的,将乡镇干部看做完全是个人利益最大化的。在过去30年中,乡镇是"不确定性最大的政权",一方面乡镇的"中心工作"变化最大,另一方面乡镇缺乏自主性,既缺少应对不确定性的足够资源和能力,又不断成为上级政府的改革对象(比如合并乡镇,精简人员,压缩工资等)。面对不断变化的上级、市场以及社会,乡镇最合理的选择是"以万变应万变",各种选择都是对不确定性的应对。另一位近年来在国内农村研究中颇有影响的青年学者吴理财在《改革与重建——中国乡镇制度研究》[6]也得出了类似的判断。

笔者在长期的乡镇调研中,对于乡镇以及乡镇干部的生存状态也有类似的认识,但是,如果你调查每个层级的政权,都会看到类似的问题,听到同样的抱怨。这种生存的逻辑,贯穿在整个政权的运行之中。在这种情况下,我们必须追问,这种逻辑是否是一定历史阶段必然存在的?这个历史阶段究竟是赶超型现代化,还是所谓的威权体制的转型,抑或是官方文件所说的"战略机遇期"?如何是处于特定的历史阶段,那么是否就可以毫无疑问地认为乡镇以及乡镇干部的选择是合理的,即便是出现问题,也是可以理解甚至宽恕的?笔者并不认同这种把问题都推卸给历史阶段、制度环境的判断,如果那样,就彻底否定了人的能动性,更重要的是否定了道德价值对政治生活的规范影响。没有能动者的参与,制度是不会运行起来的。因此,对于研究者来说,必须在理解研究对象和批判研究对象之间找到平衡点。这对于推动中国治理转型来说,极为重要。

《乡镇治理》一书凝聚了树凯多年的工作经验和调查发现,是一本厚重的学术著作,给同行以及后学展示了:研究中国问题,不仅要有中国情怀,还需要合理的方法;不单要扩展现有的知识存量,更要实现知识的增量;不仅要理解现实中的问题,更需要提出解决问题的思路乃至方法。

包括乡镇在内的基层治理,是和大部分中国人的日常生活密切相关的,对于一个国家的治理改善具有基础性和根本性。虽然近年来有越来越多的学者开始关注这个领域,并且形成了多种研究成果,但是,对于中国这样一个快速变化、问题不断呈现的大国来说,这些研究还远远不够,诸多领域还需要引起进一步关注,比如不同区域乡镇治理之间的差别,执政党组织基层社会管理的方式和手段的变革,农村人口流动对农村治理的影响,私营企业家在农村治理中的作用,家族与农村治理,农业税取消后农民与政权之间的关系,城市化推动带来的治理问题,等等。

变化的时代,也是问题涌现的时代。对于研究中国的学者来说,这是一个充满刺激和挑战的时代。而对于中国学者来说,除了要享受这种刺激外,更要迎接挑战。

(本文作者为中央编译局世界发展战略研究部副主任、研究员)

【注释】

［1］赵树凯:《乡镇治理与政府制度化》,商务印书馆2010年版,第8页。
［2］同上书,第13页。
［3］同上书,第65—66页。
［4］田毅、赵旭:《他乡之税:一个乡镇的三十年,一个国家的"隐秘"财政史》,中信出版社2008年版。
［5］赵树凯:《乡镇治理与政府制度化》,商务印书馆2010年版,第223页。
［6］吴理财:《改革与重建——中国乡镇制度研究》,高等教育出版社2010年版。

文化传统与历史承继

——读《作为组织化皇权的中国共产党：文化、再造与转型》

闫 健

【编者按】

本文所评论的著作是 Zheng Yongnian, *The Chinese Communist Party as Organizational Emperor: Culture, Reproduction and Transformation*, London and New York: Routledge, 2010。

引 子

在当今海外中国政治研究界，对于中国共产党的研究似乎是分歧最大的领域之一。乐观者关注的是中国共产党在市场化改革中表现出来的惊人的学习能力和适应能力，包括政治制度化、有限的政治开放以及对民主因素的引入。悲观者则看到了中国共产党在市场化改革中表现出来的萎缩迹象，例如意识形态感召力的下降、党内组织纪律的松弛以及无所不在的腐败。更有像沈大伟这样的"折中派"[1]，认为中国共产党同时处于收缩和适应当中——至于究竟是"收缩为主"，还是"适应更胜"，沈大伟先生似乎不置可否，静待读者自己评判。无论如何，现今海外学界对中国共产党的研究似乎已经进入了沈大伟所说的"未知领域"，学者们在无法弥合彼此分歧的同时，对于自己所持之观点似乎也并无太多自信。

郑永年《作为组织化皇权的中国共产党：文化、再造与转型》一书便是对海外中国共产党研究领域现状的一种反应。在郑永年看来，海外中国共产党研究的根本问题就在于，西方学者往往"不恰当地"将西方的理论和概念应用于对中国共产党的研究之中，由此导致其研究的结构化倾向和不可避免的价值导向。"当（海外）学者们解释中国的发展时，他们常常首先进行规范的或道德的判断。在道德判断之后，他们的解释常常充满了价值导向，进而导致结论的不客观。西方学者常常将对中国的解释基于他们对西方社会的观察之上，而非对中国现实的观察。"[2]西方学者的研究视角无论如何都不免受西方社会历史经历的潜在影响，在郑永年看来，如若要真正理解中国共产党，我们就必须将其置于中国特殊的历史文化场景下，构建起一种本土化的视角。"为何乐观派和悲观派都无法提供对中国政治令人满意的解释呢？我认为，问题的关键在于他们将中国政治变迁置于西方文化背景下。我认为，对中国政治变迁任何有意义的阐释都必须置于中国文化的背景之下。"[3]为此，郑永年试图在中国的政治文化传统与中国共产党之间寻找历史联系，并试图探究中共背后蕴含的历史和文化的连续性和断裂。

换言之，郑永年致力于对中国共产党进行文化阐释，用他的话说就是"将中国共产党置于中国文化的背景下，试图回答'中共是什么'这样一个问题"[4]。在郑永年看来，中国共产党是一种组织化的皇权，代表了中国传统皇权政治文化在现代的重生。通过借用葛兰西的"文化霸权"理论和福柯等人的社会学理论，郑永年表明，中国共产党与传统皇权的相同之处就在于其享有对国家和社会的持续霸权和主导。

全书的内容共分四部分。第一部分主要阐述此项研究的主旨、目的以及对海外中共研究史的简短梳理（包括导论和第一章）。第二部分的主要内容是确定此项研究的分析框架，同时论述了从个人皇权到组织化皇权的转变历程（第二章和第三章）。第三部分主要阐述组织化皇权的维系与再造，包括党对国家和社会的霸权与主导，以及党的霸权的"合法化"过程（包括第四章、第五章、第六章和第七章）。第四部分主要介绍组织化皇权的转型与中国政治的前景（第八章）。

本文的评述将从三方面展开。第一部分主要阐释郑永年的"组织化皇权"的含义以及从个人皇权向组织化皇权转变的过程。第二部分主要围绕"组织化皇权"的维系与再造过程，关注中国共产党在改革开放以来的各项改革与适应性调整。第三部分对全书的理论价值与不足进行简要评述。

作为组织的皇权

郑永年将中国共产党称为"组织化的皇权"，或是皇帝的"现代化身"。然而，在将中国共产党与皇权进行类比并探寻二者之间的历史文化联系之前，他必须首先对"皇权"的政治含义进行阐释。郑永年认为，皇权就意味着"皇帝是所有权力的最终来源"，它"不与任何政治或社会行为体分享权力"。从理论上讲，"皇权"意味着不受限制的权力（尽管这并不否认实际政治运作过程中的权力分工）——在传统中国，皇帝是它的化身，在现今中国，中国共产党则是它的"现代形式"。为了论述二者之间的历史联系，郑永年还指出了传统皇权与"组织化皇权"之间的若干相似之处，包括对"皇权承担者"的"偶像化"（郑永年称之为"合法化过程"）、对权力挑战者的不容忍以及对自身政治主导地位的不妥协。

具体而言，"组织化皇权"就是指政党对国家以及党国体系对于社会的主导。一方面，它意味着"皇权"的承担者是一种具有现代政治形式的组织，即按照列宁主义原则组织起来的政党。另一方面，它又表明权力的实质仍旧是前现代性的，即不可分享且不受限制的"皇权"。如此一来，郑永年便在中共与传统皇权之间建立起联系，同时得以阐释中国现代政治形式背后隐藏的传统政治实质。用郑永年的话说："后毛泽东时期中共所有的政治变化都可被视为组织化皇权的文化再生过程。"[8]

但是，这并不意味着"组织化皇权"就仅仅是传统皇权的现代翻版。在郑永年看来，"组织化皇权"不同于传统皇权的地方就在于"霸权"的实现方式上。他认为，在实现对国家和社会的主导方面，中国共产党同时采纳了三种不同的方式：一是强迫，即中国共产党通过强制性手段（比如干部任用体制和大规模的政治运动）来获取国家和社会的服从。在党国与社会关系层面上，这就体现为对社会力量的控制和压制。强迫是单方面的，其目的在于确保党对国家和社会的主导，进而强化"组织化皇权"。二是谈判，即两个行为体之间（党与国家或者党国与社会）通过各种谈判方式解决彼此冲突的过程。它是双方面的过程，其中，各方会利用彼此的资源追求共同的或各自的利益。三是互惠，即两个行为体通过自我调整或协商来实现彼此之间的自愿合作。互惠的基础是义务，即每一方都以另一方能够接受的方式行为。[9]这样一来，"组织化皇权"不仅具有了更为"现代性的"霸权实现方式，更为重要的是，它某种程度上超越了西方学者对于国家与社会关系的想象（即国家与社会关系的零和性质），具有了真正意义上的"中国视角"。

皇权从个人向组织的转变无疑要受到近代以来中国特殊历史情境的影响，后者直接决定了近代以来中国政治精英的选择范围。正如后来历史所表明的那样，中西方近代以来的遭遇使得中国传统的政治社会秩序陷入了严重的危机之中：在欧洲现代民族国家的强大力量面前，不仅传统的皇权难以为继，甚至作为一个社会共同体的"中国"本身都面临着被征服和解体的危险。如郑永年指出的，"中国传统的国家不同于近代以来的西方国家，在后者的强势面前，中国的革命者意识到，必须按照现代的形式重塑传统国家。"[10]如此严峻的国际环境，使得近代以来的中国人不得不将"救亡图存"作为其追求的首要目标，这势必对中国的现代国家构建过程产生深刻影响。一方面，如郑永年指出的，辛亥革命后的军阀割据与议会民主实验的失败，使得中国的革命者意识到皇权文化依旧是影响中国政治的重要因素，换言之，它并不以革命者憧憬民主政治的主观愿望为转移；另一方面，列宁主义政党的出现又为皇权从个人向组织的转变提供了有效载体。郑永年指出，列宁主义政党从意识形态和组织两方面都为中国的政治精英所认同。在意识形态上，列宁主义政党强调政治权力的唯一性，这就使得原先的"一切权力属于皇帝"转换为"一切权力属于党"。在组织层面上，列宁主义政党体系大大提高了"皇权"的有效性，因为它具有了更广泛的组织基础和更强大的渗透能力。[11]

这也是为何中国国民党和中国共产党都将列宁主义政党作为国家构建根基的原因所在。

在郑永年看来，组织化皇权的基础是民族主义和主权观念。无论是民族主义还是主权观念，本都是源于西方的概念，但在组织化皇权的构建过程中，其含义却发生了悄然变化。郑永年指出："在西方，民族主义包含两重意思：一是国家免于外族的统治，二是个人自由的获得与捍卫。具体而言，一是国家主权，一是人民主权，二者是彼此联系在一起的。但在中国，民族主义的内涵却发生了变化，国家主权与人民主权分离了。前者被赋予了最高的位置，而后者却被国家主权所取代。换言之，个人自由被国家自由所取代。"[12] 正因如此，在救亡图存的历史重任面前，中国传统的皇权文化通过列宁主义政党得以蜕变和重生。

组织化皇权的再造与前景

在郑永年看来，"组织化皇权"的再造体现在其对民主因素的接纳和吸收上。为此，他重新构建了"民主转型的类型学"。郑永年指出，在西方学术界，民主转型通常意味着从"封闭的霸权"（closed hegemony）向"多元体制"（polyarchy）的线性运动。但是，在郑永年看来，这样一种类型划分无法解释改革开放之后中国共产党"组织化皇权"的再造与转型过程。因此，他借鉴了达尔的类型学划分，将中国共产党的"组织化皇权"划分为四种类型，即封闭的霸权、竞争性寡头（competitive oligarchy）、包容性霸权（inclusive hegemony）以及多元体制。不同的类型意味着不同的党国关系以及党国与社会的关系：在党国关系上，封闭的霸权意味着领袖独裁和强人统治，竞争性寡头意味着党内的派系政治与权力平衡，包容性霸权意味着对党内各种社会力量的接纳，多元体制则意味着党内民主的实现。在党国与社会关系上，封闭的霸权意味着一党统治，竞争性寡头意味着执政党开始与其他政治力量分享权力，包容性霸权意味着赋予社会力量一定的政治参与渠道，而多元体制则意味着政治体系的民主化。[13] 在郑永年看来，改革开放以来中国共产党"组织化皇权"的再造过程体现了从封闭的霸权向竞争性寡头以及从封闭式霸权向包容性霸权的运动过程,尽管这并没有带来中国政治体系的民主化。因此,在西方学者看来,改革开放以来中国共产党的转型就呈现出一种矛盾的景象:一方面,作为组织化皇权的中国共产党并不致力于发展西方式的民主;但另一方面,它也并不完全拒斥民主因素的增长。郑永年将这种专制因素与民主因素并行不悖的现象称为"政治渐进主义":中国共产党一方面致力于调整制度框架,以确保经济改革和政治稳定;另一方面,它又旨在应对经济社会发展带来的急剧变迁。在郑永年看来,政治渐进主义的最终目标是维系和再造中国的"组织化皇权",即维持中国共产党的主导地位。[14]

如此一来,郑永年便大大拓展了政治发展的谱系范围,避免了西方"民主/专制"两分法导致的"非此即彼"的绝对化。与此同时,这也使得更为"准确地"评判改革开放以来中国的政治发展成为可能。通过具体分析中国共产党精英政治(尤其是最高权力交接规则的确立)、党与国家的关系、党国与社会的关系以及中国共产党权力的"合法化"过程(党校系统和宣传系统)的变化,郑永年认为,改革开放以来中国政治的变迁实现了中国共产党组织化皇权的再造,"主导和合法化的双重过程使得中共能够适应不断变化的、有利于民主化的社会经济环境,继续对国家和社会施以主导。在这样的过程中,党国与社会之间的霸权式权力关系结构得以维系。与此同时,党国也逐渐包容民主因素。"[15]

因此,郑永年认为,西方学者有关"中国只有经济改革而没有政治改革"的说法是站不住脚的。他指出,改革开放以来,中国共产党主导的政治进程已经在以下两个方面经历着深刻转变:"首先,在党内政治方面,中共已经从一个封闭的、排他性的霸权转变为一个竞争性的寡头制,某种程度的竞争和权力分享正在党内出现。其次,在党国与社会关系方面,中共已经从一个封闭排他性的霸权转变为一个包容性的霸权,不同社会力量的政治参与日渐出现。"[16] 在郑永年看来,这些政治发展表明,组织化皇权与民主并非格格不入的,这使得他对中国未来的政治前景充满了期待,"中国存在着来自内部和外部两方面的民主化动力。在党的内部,对于党内竞争的要求在增加。尤为重要的是，快速经济社会变迁导致的外部动力（改革开放以来中国社会的利益分化——笔者注）更为迅猛。"[17]因此，郑永年认为，民主化是中国共产党唯一的出路，这不仅因为民主化是利益表达和利益代表的最佳途径，还因为，只有吸纳民主，中国共产党才能再造组织化皇权，尽管在他看来，这并不意味着中国会成为一个西方式的民主国家。

简短评价

在笔者看来，《作为组织化皇权的中国共产党：文化、再造与转型》一书最大的价值就在于它将中国视角带入了中国共产党研究之中，从而避免了西方学者因忽视中国历史背景和传统文化而带来的误读。尤其是，作者对组织化皇权四种类型的划分，大大超越了西方学者对国家与社会关系的理论想象。[18]全新的理论框架加上作者对中国近现代史和传统政治文化的把握，使得本书具有很强的历史厚重感，从而也更为贴近中国政治的现实。

当然，与任何学术著作一样，本书也存在若干缺陷。如果说社会科学研究的现实目标可分为理解和解释两个层次的话，那么本书的强项在于深化了我们对中国政治和中国共产党的理解，但是，它对中国政治中出现的规律性现象的解释则稍显不足。例如，作者谈到中国传统政治中"天命的转换"都是通过农民造反完成的，那么，时至今日，这种传统政治中出现的规律性现象是否已经失去存在的根基？如是，原因又何在？再如，作者曾经论及"组织化皇权"必然导致的"权力个人化"和家长统治[19]，这种现象与传统中国政治中的权力运作十分相似，但遗憾的是，作者并没有对这种规律性现象背后的政治和文化逻辑进行深入挖掘。

其次，本书忽略了对中国共产党与其他列宁主义政党的比较分析。在西方学术界，中国共产党是一个典型的列宁主义政党，它与苏联和东欧社会主义国家的执政党在意识形态、组织纪律以及权力运作等方面存在着很大的相似性。如果作者能够在比较研究的视野下分析传统政治文化对于中国共产党的影响。那么，本书的解释力将会大大增强。更为重要的是，列宁主义政党理论很早就关注到列宁主义政党的"克里斯玛性质"。例如,肯尼斯·乔伊特(Kenneth Jowitt)将列宁主义政党视为一种"非个人化的克里斯玛权威"(charismatic impersonalism)。所谓"非个人化的克里斯玛权威"是相对于传统的克里斯玛权威而言的。传统的克里斯玛权威本质上是一种个人权威,与此不同,在列宁主义原则下,承载"克里斯玛权威"的不再是个人,而是一个组织,即列宁主义政党。如乔伊特所言,"列宁主义政党的特殊之处就在于克里斯玛权威与现代的组织形式都是其核心特征"。[20] 某种程度上,乔伊特所说的"非个人化的克里斯玛权威"与郑永年所说的"组织化皇权"本质上是相同的,尽管郑永年更为重视传统文化的延续性。如是,则"组织化皇权"很有可能并非中国独有的现象。对中国传统文化的过分关注,不仅使得作者忽略了对其他国家"组织化皇权"的关注,还使得全书多少具有"文化相对主义"的倾向。

本书的另一大缺陷就是没有对改革开放之前中国共产党"组织化皇权"的形成和再造历史予以论述。"组织化皇权"的形成和再造必然有其历史脉络,如是,则"组织化皇权"的初创和早期经历对于其后来的发展变迁应有极为重要的影响。譬如,中国共产党早期在瑞金和延安的政治实践对于建国后"组织化皇权"的变迁有何影响?再如,"文革"期间,作为"皇权"承载者的中国共产党自身在群众运动的冲击下"千疮百孔","皇权"似乎出现了重新"个人化"的倾向。这本应是"组织化皇权"发展史上一种极不寻常的现象,具有很强的理论探讨价值,但却被作者忽略了。作为一本试图对中国共产党的历史和现实进行"文化解释"的著作而言,这样的遗漏似乎很不应该。

无论如何,本书都代表了海外学者试图将"中国视角"带入中国政治研究的努力,这对于西方理论占绝对主导地位的海外当代中国研究领域而言,无疑具有突破意义。当然,在笔者看来,"中国视角"并不仅仅包括中国的历史文化传统,更为重要的是,它意味着研究者必须以"中国面临的现实问题"为研究的出发点和依归。另一方面,本书的出版也是对海外中国共产党研究领域的一大刺激,毕竟在海外当代中国研究领域,对于中国共产党的研究很长时间内被学者们遗忘了。希望本书的出版能够像郑永年先生所期望的那样

"把党带回来"。

【注释】

[1] David Shambaugh, *China's Communist Party: Atrophy and Adaptation*, Woodrow Wilson Center Press, 2008.
[2] Zheng Yongnian, *The Chinese Communist Party as Organizational Emperor: Culture, Reproduction and Transformation*, London and New York: Routledge, 2010, p. xii.
[3] Ibid., p. xvi.
[4] Ibid., p. xiv.
[5] David Shambaugh, *China's Communist Party: Atrophy and Adaptation*, Woodrow Wilson Center Press, 2008, p.34.
[6] Ibid., p. 23.
[7] Ibid., p. 18.
[8] Ibid., p. 17.
[9] Ibid., pp. 33—34.
[10] Ibid., p. 55.
[11] Ibid., p. 61.
[12] Ibid., p. 52.
[13] Ibid., pp. 37—41.
[14] Ibid., pp. 43—44.
[15] Ibid., p. 149.
[16] Ibid., p. 177.
[17] Ibid., p. 198.
[18] 早在90年代初，白鲁恂就指出，"在中国空谈国家与社会关系没有太大意义"，因为中国从来没有存在过全国性的公民社会（national civil society）。除了政府之外，中国并不存在任何能够影响整个国家的机构。因而，国家和社会并没有形成全国层面的关系；通常的情形是，帝国政府或全国政府对抗地方群体、分散的利益、地方私人团体或半合法的秘密社会。详见 Lucian Pye, "The State and the Individual: An Overview Interpretation," *The China Quarterly*, Number 127 (September 1991), p. 443。
[19] Zheng Yongnian, *The Chinese Communist Party as Organizational Emperor: Culture, Reproduction and Transformation*, London and New York: Routledge, 2010, p. 65.
[20] Kenneth Jowitt, *New World Disorder: The Leninist Extinction*, University of California Press, 1992, p.4.

学术动态 | Academic Events

当代中国治理研究的重点和前景：
《中国治理评论》创刊仪式
暨杂志编委会成立座谈会纪要

【编者按】

2011年8月6日，由中央编译局比较政治与经济研究中心、清华大学政治发展研究所和清华大学人文社会科学学院政治学系联合举办的《中国治理评论》杂志创刊仪式暨杂志编委会成立大会在清华大学举行。来自中央党校、国家行政学院、中央编译局、国务院发展研究中心、清华大学、复旦大学、中国人民大学、吉林大学、南开大学、浙江大学、西安交通大学、哈尔滨工业大学、深圳大学等高校及科研机构的专家约30人参加了此次会议。中央编译局副局长俞可平教授、清华大学副校长谢维和教授、联合国开发计划署驻华代表罗黛琳女士出席会议并分别致辞。与会代表就如何办好《中国治理评论》刊物，如何进行治理研究等议题各抒己见，畅所欲言。会后，个别编委还专门提供了书面建议。以下是会议讲话和书面建议的综述。

俞可平：首先，我代表中央编译局比较政治与经济研究中心祝贺《中国治理评论》创刊，也祝贺中国社会治理评估项目启动，特别欢迎各位前来参加创刊仪式，并担任《中国治理评论》编委。罗黛琳女士是联合国开发计划署驻华总代表，今天请来的也都是中国政治学界最有代表性的专家学者。我们的会议虽然规模不大，但确实可以说是政治学和治理研究领域的顶尖级会议。

今天会议最主要的议程是就创办《中国治理评论》听取各位的意见。《中国治理评论》由中央编译局比较政治与经济研究中心、清华大学凯风发展研究院联合主办。这个杂志也是"中国社会治理评估"项目的一部分，该项目是由中央编译局比较政治与经济研究中心、联合国开发计划署驻华代表处、清华大学凯风发展研究院政治发展研究所、商务部国际经济技术交流中心联合启动的大型项目。

我们创办这个杂志主要有三个目的：一是通过对中国治理变迁的动力、特征、规律作深入的研究，推动中国政治学的研究；二是总结中国治理改革的成就、经验和教训，发现存在的问题，探讨解决问题的办法，推进中国的善治进程；三是借鉴国外治理改革的经验，促进中外学术交流，尤其是在治理领域的学术交流。我们希望把《中国治理评论》办成不光是在中国治理研究领域，而且在国际治理研究领域也具有代表性的权威刊物。我相信，各位之所以愿意担任杂志的编委，也是因为拥有上述这些共同的目标。

《中国治理评论》将着重发表以下几个领域的优秀学术成果：（1）治理和善治的一般理论，治理已经成为政治学、经济学、社会学等领域的学术前沿；（2）中国的政治发展和民主治理，特别是中国民主治理的经验和教训；（3）中外治理比较，包括国外的治理改革经验和治理研究的成果；（4）治理评估，我们即将启动"中国社会治理评估"项目，《中国治理评论》将是发表这一重大项目研究成果的主要平台。中央现在非常重视社会管理，社会管理这个概念国外读者很难理解，甚至有时候会有负面的理解，把它简单地视为政府对社会的控制。其实，按照中央文件的解释，社会管理不光是政府对社会的管理，还有社会组织、民间组织的自我管理，以及政府与公民的共同管理，所以更接近于社会治理的概念。中央编译局比较政治与经济研究中心和联合国开发计划署曾经合作进行过国家治理的评估，在座的有些专家也参与过我们的治理评估项目。那个项目应该说做得非常好，但那是一个治理评估框架，接下去我们想把原来的研究项目往前推进，建立一个中国社会治理评估指标体系，并对中国一些地方的社会治理现状进行测评。我们的刊物将成为发表这个项目研究成果的重要窗口。

谢维和：首先，我代表清华大学感谢中央编译局比较政治与经济研究中心以及俞可平教授能够和清华大学合作创办这样一个高水平的刊物，这是一件非常有意义的事情。其次，我作为凯风公益基金会理事，受理事长的委托，作为项目的参与和支持单位之一，祝贺刊物创刊。我们对刊物寄予了非常高的期望。当然，也非常感谢各位在政治学领域、在治理研究领域的大家们能够在酷暑之中光临清华大学，参加刊物创刊和编委会会议。

凯风发展研究院作为清华的一个独立研究机构，目前已经成立，初创时期只有两个研究所，一个是由俞可平教授领衔的政治发展研究所，第二个是由孙立平教授领衔的社会进步研究所。我相信俞可平教授和孙立平教授会把凯风研究院提到很高的水平上。从我个人的体会来说，现在中国的发展和全世界都不约而同地和治理联系在一起、和善治联系在一起，治理问题是一个具有高度关联性的战略话题，在这个时候，这个问题在整个研究的价值序列中有高度的统一性，而且也是一个世界性问题。政治发展研究所能够和联合国开发计划署合作、和商务部合作，在整个中国社会治理这个大项目下，作为其中的一个项目，我认为就是一流的事情。一流的事情要由一流的学者来做，更重要的是要做一流的贡献、一流的工作，为国家做有建设性意义的事情。

对这样一个刊物的创刊、将来的问世以及将来要作出的贡献，我非常有信心，刚才俞可平教授讲了三个"最"，我非常同意。一是最权威的，在座的都是中国最有权威的学者，由最有权威学者来办的刊物肯定是最权威的，而且又有商务部、联合国开发计划署和清华大学的支持。二是学术水平最高，这点我也完全有理由相信。虽然我不是治理方面的研究人员，也不是这方面的专家，但我还是比较关心，我也看过在座很多专家的研究成果。我是清华大学分管文科的为大家服务的管理人员，我也很关注人文社科领域中的重大问题和前沿问题。所以我相信,学术水平最高是绝对没有问题的。三是在国际、国内最有代表性和最有影响力的刊物,这点我也完全相信,因为在座的各位很多人都是学贯中西,这个刊物也有很多国内外的其他学者来参与,又有联合国开发计划署的支持,将它办成国内外在政治学领域中非常有代表性、有影响力的刊物,是完全可以实现的。从清华大学来说,我们也一定支持这样的刊物,为刊物的发展提供必要的条件。在我们新盖的人文图书馆里,四层专门为政治发展研究所留出了办公地方和服务空间,这在凯风发展研究院的整个设计过程中就已经预留了空间。

说心里话,我认为《中国治理评论》将来能够成为在中国治理领域、在政治学领域不可超越的刊物,大家搞研究、做治理、做项目,都要参考它,这是很重要的一件事情。我希望通过这样一个刊物,将来还要通过各种方式请大家到清华来上课,来参与我们的研究和建设工作,当然,大家愿意到清华来工作,我也很欢迎。

罗黛琳:今天应邀来出席《中国治理评论》创刊仪式暨杂志编委会成立大会,而且今天晚些时候我们还将签署新的"社会治理评估"项目文件,我感到莫大的荣幸。

令我印象深刻的是各位学者在这本杂志背后建立起的合作关系,而且将为杂志未来的发展作出贡献。在全球,联合国开发计划署的工作目标是与国际政府和民间组织紧密合作,促进联合国千年发展目标的实现。我们认为,民主治理是实现联合国千年发展目标的关键所在,因为治理是发展的核心内容,所以也是联合国开发计划署驻华代表处的一项非常重要的工作。

民主治理的领域非常广泛,联合国开发计划署在全世界150多个国家都有治理领域的项目,包括议会的发展、对人权的尊重、公共服务、地方政府的发展、强化监督机构的职能和加强法治,帮助各国政府和民间社会、不同类型和政治倾向的政府,使它们更加关注人民的期望,更负责任,也更加公平,更加有效率,工作更廉洁、真诚,也更加合法。治理不应该只关注善治方面，善治只是制度方面的一项工作，聪明的治理应该是一种明治，治理应该为人民大众谋福利。

治理的质量是一项非常重要的工作，也是世界各国关注的重要目标，因为我们的社会发展非常快，治理也变得越来越难，相比之下，现在和50年前的治理难易程度是截然不同的，现在有些新的情况，比如媒体的发展、全球化的影响，都使治理变得越来越难，而且要应对不断发展的社会进步。我想，《中国治理评论》这样一本杂志将会提供高质量的关于治理方面的讨论，不仅对于中国的治理发展很有意义，对于整个世界的治理发展也是很有意义的。杂志为我们思想的交锋、观点的交流提供了一个平台，同时也给决策者提供了一些参考，让他们能够更加找准和应对治理领域的挑战，所以我觉得这是一本非常有意义的杂志，它不仅促进关于治理问题的交流，也将促进大家的思想交流和论点的交锋，它会为中国的治理奠定一个非常好的基础。

同时，《中国治理评论》也为关注中国治理发展的国外人士提供了重要的窗口，帮助他们更好地理解中国的治理，不仅是治理的概念和政策，更重要的是实际的、实务的治理。我相信，这本杂志的这项功能是非常有用的，因为中国的治理经常会被一些国外人士误解，出现这种现象的一些原因是国际社会往往只关注政府的性质和意识形态方面的问题，而漠视政府的实际工作成效，他们更关注治理的方式而忽视了治理最终的目标和结果，由此产生的一个后果就是国际社会的关注和谈论往往使我们偏离了方向，忽视了最应该关注的问题——人们生活得好不好、他们的满意度和幸福感，以及政府为实现这些目标做了哪些努力、成效如何。在此我想引用美国宪法起草者的一句话：对人的关注和对人类幸福的关注是善治的最终目标。

关于这一点，我想分享一个特别令我高兴的事情，在上个月，联合国批准了不丹的一项动议，在目前联合国设定的八个千年发展目标以外的基础上要增加第九个千年发展目标，那就是关于人民的幸福感。不丹是一个相对而言比较小的国家，不丹做的这项工作以及联合国的批准和通过是一个非常令人感动的过程。我也希望我们的杂志能够实现这样的目标，通过高质量的论文和分析,帮助国际社会扩充思想,纠正一些关于善治的不正确的、扭曲的却又占多数的观点,为这种对话创造平台和空间,使关于善治的对话突破规范化的判断,不仅只限于治理的方式,更重要的是鼓励对话,更多地关注治理的结果,并找到实现治理最佳结果的方式和手段。

联合国开发计划署非常荣幸能与中央编译局比较政治与经济研究中心和清华大学以及凯风公益基金会、商务部经济技术交流中心共同合作、共同努力,我们不仅使《中国治理评论》这本杂志成为现实,而且还启动了"社会治理评估"项目。我要衷心感谢所有的合作伙伴、在座的每一位,我非常感谢你们,我觉得我们是有共同理想和共同愿望的人聚集在一起,我们的合作也将是非常有成效的。《中国治理评论》会发表非常有质量的文章,它闪耀的思想光芒不仅会照亮中国的治理研究,也将会照亮世界治理评论的研究,所以我向大家表示衷心的感谢,谢谢。

丁元竹:第一,一个杂志要办好,最关键是稿源问题,很多杂志编辑部开始的时候都会遇到稿源的压力,特别是优秀稿源。我的建议是,编辑部一方面要积极联络专家撰稿,另一方面要推动大家从事课题研究,组织一个比较稳定的专家队伍和作者队伍,这是办好这本杂志的关键。

第二,还是设栏目比较好,比如从国际、国内、案例的角度,尤其可以包括最近一个时期国际上在这个领域的研究,包括原著翻译,同时介绍一些国际经验。

我们国内的案例也要介绍,国内也有一些创新,我最近在广东佛山的南海看了一个社会公益创新中心,它的特点非常鲜明,政府、公益组织、社工组织、企业在一起办公,一起讨论,就像当年我在美国红十字会看到在应对卡特琳娜飓风时联邦政府与红十字会的工作人员合署办公一样。南海搞这样一个设计,很有特色,也值得总结和提升,当然,这还需要我们学者进行提炼。

第三,我建议办出特色。清华已经有了《非营利评论》,上海交通大学也办了类似的非营利评论杂志,怎么能够将这些杂志区别开来,更体现我们的特色？还需要编委会和编辑部下点工夫。

第四，理论创新。不管是当前的社会管理、社会治理还是治理，我自己一直感觉在一些重大理论问题上、深层理论问题上还没有彻底理清楚、形成共识，在这些问题需要下很大的工夫。

最后我也表个态，我一定积极参与，尽心尽力。

浦兴祖：祝贺《中国治理评论》在长期的酝酿下终于创刊，很高兴接到这样一个邀请，作为编委，我也作了些思考。

首先，杂志的重要问题是定位。内容上要定位，读者群也要定位。我想，读者群肯定是以高层次的专家学者为主，其他人有兴趣也可以看。作为内容定位，《中国治理评论》当然专注于治理研究，这个"治理"是狭义的、特定的还是一般的？个人认为它应该是指比较宽泛的社会治理、国家治理。"治理评论"这个词用得很好，不是中国政治评论，这太宽泛；也不是中国管理评论，力度不够。治理评论的立意很新，同时角度也很明确。

第二，《中国治理评论》到底是关于"中国治理"的评论，还是中国办的一份关于各国"治理"的评论？听了俞可平教授的介绍，好像是关于中国治理或治理中国为主的，但不排斥包括海外研究中国治理的，也不排斥不同国家的治理比较，主要还是集中于中国的国家治理、社会治理。

第三，要办成高端的、顶尖的杂志，还涉及学术与政治的关系。我们是从学术的角度去研究，但研究的问题涉及政治、社会等等。也就是说，它的学术自由、思想独立、开放度有多大？能把握到什么程度？有的学者善于作论证，只要社会上出现一个什么观点，他就用很精彩、很新型的学术语言去论证其有什么合理性。这恐怕不是我们这份杂志的特点，我们应当强调真问题、真研究、真学术。

第四，关于栏目的问题，我觉得，还是设一些栏目比较好，当然以学术论文为主。如果论文本身分栏目的话，可能从内容上分。但是，以论文为主的同时还可不可以有一点稍显活跃的栏目？比如书评，关于国内外治理的重要著作的书评，还有关于中国治理的学术动态，比如召开了什么重要的学术会议，提出了哪些重要的学术观点。再有关于中国治理的学术论文的文摘。因为每一期的内容有限，主要的文章只是几篇十几篇，若能用文摘的方式推介其他一些论文的主要观点，便可以让人们了解更多的理论信息，扩大理论视野。如果读者很有兴趣，则可以根据文摘的出处去找原文。对于国外杂志上有关中国治理的重要文章，也可以摘译或译介过来。

第五，关于英文摘要，个人认为还是要有一点比较好。中国人写的中文文章的主要观点用英文介绍一下，便于国外不懂汉语的学者阅读。

最后说一个研究选题。我国的"两会"影响力日增。但，我认为，中共党代会与中央全会的实际影响力远胜于"两会"。可以说，中国治理中存在着"三会"格局，即每年的中共中央全会、全国人大全会与全国政协全会。这是一个很值得研究的重要课题。比如："三会"格局与中国治理的关系？"三会"在中国治理中的各自角色、功能与运行机制？"三会"之间的形式性与实质性关系？"三会"在多大程度上分别表征执政党、国家与社会的力量？"三会"格局在未来中国治理中将呈现何种走向？等等。

余逊达：我谈几点，第一，可不可以适当增加一些关于国际治理方面的文章，甚至纳入我们的栏目。随着中国的发展，全球视野越来越重要，国内发展和国际发展越来越成为一个整体。但目前在国际关系领域通行的主要是美国的三大理论，即现实主义、理想主义和建构主义，它们并不能很好地解决诸如全球气候治理这方面的问题。而我们国家现在在全球治理中的份量越来越大，从态势来说，亚洲在全球治理中的份量也越来越大。这样，如果能够有栏目来系统地讨论全球治理的主要问题、基本理论和主要做法，以及中国是如何应对这些问题的，我觉得可以更好地发挥《中国治理评论》这本杂志的作用。

第二，我很希望在理论上能够争鸣。现在中国最大的问题之一，从某种角度来讲，是受"意识形态不争论"这种看法的影响，很多问题都没有辩清楚，包括"Governance"这个概念的翻译。这个词到底翻得好不好，翻成中文"治理"是不是准确表达了英文这个词的含义？例如在国际场合，

Global Governance 主要指的是"协理",而在国内场合,"治理"常常是作为动词来使用,更多的是强调权力的配置、运行和权力行使的结果。所以我认为,需要很好地组织一下,对治理的基本理论作一些探讨,鼓励争鸣。

第三,关于深化对治理问题的研究,我认为当前最重要、最紧迫的,是深入开展如何进一步提升我国政治治理绩效的研究,例如,如何保证各级党委政府在宪法与法律范围内活动,真正做到依法行政;在利益关系日益失衡的情况下,如何遏制这种势头,推动社会利益向均衡化方向发展;在维护社会公正时,如何有效地防范利益冲突,防范既是参与方又是仲裁者这种情况的出现;如何尽快真正做到各级政府预算公开、各级党委政府政务公开、政府官员财产公开;如何尽快最大限度地减少官员腐败;如何把中央早就提出的用党内民主带动人民民主的民主发展战略真正落到实处,如何通过发扬民主来提高治理绩效,等等。这些问题不尽快研究清楚并付诸实践,中国就很难做到长治久安。

龚维斌:我非常同意俞局长和谢校长讲的,在这么多刊物里,我们要找准定位、突出特色、办成一流,我很赞成。但是怎么办成一流呢?我认为,我们首先要有点问题意识,我们要主动策划。比如当下中国的社会治理、公共管理、社会管理最缺的是什么?最需要的是什么?我们要找准学术界和政界最关心、最关注的事情。从理念上讲,我非常赞成俞教授讲的要争论。关于社会组织、公民社会,俞教授最近发表了一篇文章,其他领导也发表了一些文章,就很有争论,至少在政府官员里就很有不同的认识,在学术界也有不同的想法,这需要我们去引导,需要我们去澄清。

第二,要影响高端,既要推动学术,更重要的是推动决策、见成效,学术最后要走向治理。根据我的体会,在文风上要找准定位。我们读了很多学术文章,为什么搞得很高呢?就是人家读不懂。怎样让理论很高深,又能读得很亲切、很明白,在组稿上要有清晰的认识,大的理论文章可以长一点,但也应该有一些短小的文章,这样效果可能会更好。

第三，既然是《中国治理评论》，我非常赞成丁元竹老师讲的，还要增加一些经验交流、案例的点评，这对于决策者来讲，更能够入心入脑，更能启发思考。

米加宁： 中国不管是治理领域还是公共管理领域、公共政策领域，现在面临一个最大的困境就是学术出口的刊物太少。像中国这么一个庞大的大国，真正有学术影响力的刊物实在太少。这个领域有20本这样的期刊都不多，因为中国这个领域的研究基数太大了，现在能创刊这样一本杂志，我们觉得特别欣慰。

我想分享一下我们八年来办学报的体会。我们的刊物现在的评价还是不错的。据中国期刊网今年的统计，我们去年的引用率是第六，他们把我们算作政治学类。在政治学类213种刊物中，我们2009年第六、2010年第一。有了这个数据以后，现在我们正在启动申请美国SSCI检索。如果《中国治理评论》出英文版的话，一定要在SSCI检索。要办一个期刊，没有这些指标是要不来好文章的。

办一个刊物，一定要为学界服务，就是要有它的公益性，不能把它当成一个谋利的手段，所以我们的学报八年来绝对不收版面费。而且在每一期里很少刊登哈工大的文章，因为我们不是为一个部门、一个学校办的，我们是为整个社会办的。

其次是学术风格。《中国治理评论》一定要有自己的风格，我认为它更多的是要在影响力上更加有所建树。我们《公共管理学报》对于现实的影响力不够，但它是纯学术性的。多年来我们一直坚持学报办刊的三个要素：一、一定是中国场景；二、一定是真实的问题，以问题为导向；三、坚持实证研究。我们多年来坚持这三个要素是对的。在这三个要素下，一篇好的文章一定是讲一个有趣的、关于中国的故事，否则就没有阅读性。所以我们的引用率不断上升，跟我们这方面的坚持很有关系。

中国学术界要想繁荣，各种期刊要竞争，要有不同的风格，形成治理领域的繁荣局面。

陈国权：中国改革开放30年来所发生的巨大变化为治理研究提供了极为丰富的素材和研究空间，而中国独特的政府创新模式也迫切需要作出理论回应和前瞻指导。政府创新体现为一个全新的制度和政策的诞生，是一种更加具有原创性的制度建构和政策供给。经过30多年的快速发展，我国一统体制与地方发展不平衡矛盾的日益突出，需要通过各地的探索来解决，需要通过创新回应地方多样性的矛盾、多样性的困难，实现各地的有效治理，从而实现整个国家的良治。

创刊要解决三个问题：一是形式问题，即要把这个刊物办成什么样子；二是内容的问题；三是办刊机制的问题。

一、关于形式问题。正式刊物的发行渠道是通过邮局，现在我们是以书代刊，是通过新华书店发行，这个发行渠道会影响我们的形式，等拿到期刊号以后再改也是可以的。

二、关于内容。要有在中国治理方面真正具有代表性的文章，这不能被动地等，还要进行组稿。我想，基金会对杂志的支持和对项目的支持能否对接起来？比如我们明确哪个项目将来的成果要到这个杂志来发表。杂志每一年这四期中要有一篇关于前一年中国治理进展的总结，比如2011年就刊登《中国治理2010年进展》。像这类文章，学术界都很重视，再来一篇国际的，这样的文章都是要预约的，而且基金可以支持。如果有这样的文章，我们就会很有影响力，并且很主动。

总体来说，《中国治理评论》和地方政府创新奖的评选都是一体的，这就可以抓到更好的案例，这是我们的优势，我们可以指定学者把案例做得很深来发表，既可以很鲜活，又具有可读性。

三、刊物要办好，背后的激励很重要。一个学者的一篇文章产生以后，往哪里投，他是有选择的，这个选择的背后是存在激励机制的，这个激励机制一定会很深刻地影响学者的投稿方向。我们如何把优秀学者的优秀文章吸引过来，背后的激励机制怎么设计，这是今天创刊最大的问题。目前我们还是以书代刊，可能在高校的评价体系中什么也评不上，而高校教授的评级有一套很完整的制度，我们这个杂志如何和各高校、各单位的激励机制对接，吸引学者投稿。如果能够进SSCI，那就大不一样了。总之，最重要的还是行之有效的激励机制。

吴建南：关于办刊，我讲两点。第一，刊物可能的重要的定位就是立足中国、国际视野。关于国际视野，首先要关注国际动态，关注国际动态的同时要关注国际上重要的治理杂志的栏目和内容，在这个过程中也可顺便推进建立与相关杂志的关系。同时，在中央编译出版社的基础上，适时发行英文版也可以给以特别考虑。

第二，关于是不是设专栏专刊，可根据稿源等情况灵活处理。我认为可以把专栏、专刊充分结合，如果要设特定专刊或专栏，无论是从实践还是从学术背景来看，对于治理研究方法、政治学研究方法、管理研究方法的特别关注也应该考虑。作为一本杂志，它的受众无论是高层还是一般学者，无论是研究生还是可能的公务员，如果他们对于知识的生产过程能有更清晰、完备的认识，对于知识生产过程、生产过程的结果所形成的知识的认识也会更充分，所以我建议对于研究方法应该给予特别关注。

景跃进：听了大家的发言很受启发，也非常赞成，一定要把《中国治理评论》办成一流的高质量杂志。

顾名思义，《中国治理评论》的关键词是"治理"两字。从治理角度来考虑当下中国的社会建设和政治发展，无论对于改革实践本身，还是对于相关的学术研究，都是一个切实可行、符合中国国情的内在进路。需要指出的是，尽管在这样一个特定的转型阶段，我们面临着众多具体的治理问题——从贫富分化、权钱交易、官员腐败、行政成本高昂、公信力危机，到环境污染、食品安全、交通拥堵、老人赡养、贫困儿童失学、看病难、住房难……不一而足，但是，对于治理研究而言，我觉得我们现在面临的一个重要问题是治理概念的管理化。所谓"治理概念的管理化"是指在管理的意义上理解和使用"治理"一词，从而使"治理"成为行政管理的时髦表达。这一处置方式意味着我们仍在计划经济时期的思维中来寻找解决问题的办法，从而丢失了"治理"概念的灵魂。在中国的语境下，相比于这个概念的原产地，"治理"一词有着更为深刻的内涵，也承载着更加丰富的意义。例如，它意味着国家与社会关系的重构，意味着传统官僚制运作模式的变革，意味着政府—市场—社会三元结构的形成，意味着广泛的公民参与和政府过程的公开透明……如果说改革的实质是用渐进博弈的方式处理和化解各种利益矛盾，那么影响甚或决定改革成功与否的关键并不在于我们遇到了多少问题以及它们的严重程度，而在于我们是否采取了应对问题的正确方式。在这个意义上，纠正似乎有着泛化趋势的"治理概念管理化"倾向是《中国治理评论》杂志面对的一个当务之急。

从编辑角度看，任何一个好的理念都必须落实到具体的操作环节之中。而操作是非常现实的，必须考虑技术问题。比如，在杂志的起步阶段，期望有大量的投稿来源似乎不太现实。根据以往的经验，创刊初期的约稿是不可避免的，而且占据相当的分量。所以在这一阶段，在座的评委们，我们能不能尽一点义务，比如答应每年提供一篇论文？

应当承认，在当今要办好一份杂志面临着相当的难度和挑战。随着学术经费投入的增加，以及体制内外各种研究基地和研究所或研究中心的迅速发展，创办杂志似乎已成一股潮流。我记得上个世纪90年代，学术杂志没有现在那么多，只要办杂志，好的稿源很多，约稿也比较容易。现在各种名称的杂志猛然多了起来，不少高校的院系都有了自己的定期和不定期的杂志，如中山大学、南开大学、复旦大学、华东政法大学等等，其中大多是以书代刊的方式出版的。在这种情况下，稿源的竞争自然也就厉害起来了。

如何在竞争程度日益增长的环境下办好《中国治理评论》？这是我们必须面对的问题。这涉及诸多的因素，其中一个重要方面是如何发现和发挥我们的长处。在座的罗黛琳女士是UNDP的代表，在我的印象中，治理理论在全球的推广与国际组织有很大的关系，我们要充分利用这一渠道。杂志有海外编委，各位专家也有广泛的境外学术联系，能否分下工，每年轮流约稿，提供一篇最新的国外治理研究的最新进展的文章。如果每年年终时能够就理论的最新进展和其他国家治理的经验提供两篇特稿，并且坚持下去的话，《中国治理评论》的前沿性肯定没有问题了，国内几乎没有一份杂志能够达到这个境界。这是我们的优势，要充分利用。

黄卫平：很荣幸能够参与《中国治理评论》的具体工作。

办一个刊物，要想办成有影响的顶尖刊物，最早的几期策划是非常重要的，从一开始，主编和编辑部很辛苦，要好好地想一下选题和物色作者，等于是把它当成一个项目做。如果在第一年能够产生重大影响，后面就有可能会吸引优秀稿源。从一开始，对于目前中国治理中这些关注度比较高的重大问题，建议主编专门策划一下，专门去物色一些作者，对一些有重大影响的问题进行研究，甚至可以在刊物上展开争论，有争论就有助于扩大它的影响，吸引媒体来关注，因为最开始的几期可能会决定它后来的发展。

杨光斌：很高兴来参加这个会议。大家谈的很多了，我只说两点：第一，感觉到事情正在起变化。政治学是一个一级学科，但是相对于历史学、社会学，甚至政治学一级学科下的国际关系，我们的杂志少得非常可怜，这几年政治学刊物多以以书代刊的形式出现，个别有刊号，大部分没有刊号。以书代刊类的刊物太综合了，什么内容都有，专业导向性不明确。今天诞生了《中国治理评论》，这个队伍由可平局长领衔，新变化会有新效果，对此我非常有信心。

第二，就谢维和校长讲一流的人做一流的事谈点看法。在中国学术界，一流的事情包括哪些？我觉得以下两点少不了。首先，治理更多的是侧重于公共政策。关乎国计民生的公共政策的走向以及由此关乎的国家治理无疑是最应该受到重视的。但是，从我在大学教书的角度而言，我觉得理论建设更是一流中的一流的事，因为理论（观念）直接影响政策，政策决定着国家治理的好坏。我在给学生列参考书的时候，发现编译局的同行们对中国政治学的贡献很大，有时候要列很多他们的研究成果给我们的学生阅读。因此，一方面要影响公共政策，这是情理之中的事情；另一方面，从我这个学者的角度看，既然要做到最权威、最有影响力，在基础理论上利用既有的优势继续为中国政治学作出贡献也同样重要，从长远来看甚至更重要，因为中国知识界往往被"虚假的知识和错误的真理"所侵扰，政治学理论甚至整个社会科学理论需要正本清源。我们很多人都在做当下的事情，就像谢校长讲的，谁的文章50年以后还被别人读？我想，这本杂志应该有这样的担当。

周光辉：国内同类杂志的竞争会越来越激烈，也会越来越大，因教育部的基地都要求办刊物，每个办刊人都想把刊物办好，你们可能有这样的优势和可能性，但还是要有充分的准备，要有一套评价论文质量的办法和审稿机制。刊物的基本功能是传播知识、研究学问、启迪思想。但要真正有权威，中国有评价刊物的行政标准，往往根据办刊的行政等级来确定刊物的权威性，比如中国社会科学院办的刊物，一般学校都认定为学科最高的，但它是不是具有最高水平呢？可能不一定。要把权威性和学术水平统一在一起，这是一件很难的事情。

第一，我比较倾向于有主题。因为这个刊物的定位肯定是以研究中国问题为主，当然我们强调国际视野、全球视野很重要，但还是要以中国问题为主。主题的设定肯定是当前社会最热点的问题，或者是国家与社会发展面临的重大理论问题，这些问题会引起人们的关注，引起人们的讨论。在开始办刊的时候，特别是中国大部分的学术刊物都分栏目，我们以研究中国热点问题为主，每期推出一个热点问题，不仅会引起学术界的关注，也会引起政府的关注。这样对扩大刊物的影响力、提高社会的关注度和学术的引领性都会产生重要的作用，所以我比较倾向于有主题。

第二，要保证刊物的质量、水平，还要有规范化的稿件审稿机制。不然的话，尽管愿望很好，我们也很努力，但如果没有制度化、规范化来保证审稿的制度，杂志的质量将受到影响，即使是名人，也不可能每一次约来的都是好稿，因此必须要有规范的审稿机制。

赵树凯：祝贺刊物的创刊，虽然我们现在一下子说不出来什么叫治理，但我们知道中国需要治理。我是做农村研究的，"治理"这个词进中央文件就有一个过程。农村乱起来是90年代中后期，那时候治理学界研究农村乱收费等问题，一直到2006年，中央一号文件才讲要完善乡村治理机制，"治理"这个词才进了文件。现在是中国各个领域都有治理问题，具体来说治理是什么，是可以探讨的，现在是有理论，但更多的是实践。

办刊肯定需要方向，需要很清楚的定位，需要有顶层设计。但是，只要觉得这个事值得办，这是个有意思的事，就先做，就像毛泽东讲红军革命是"草鞋没样，边打边像"，也许最高水平、最权威的刊物就这么跌跌撞撞地办出来了。当然这需要条件，需要我们努力，需要我们同心协力。我们这一拨相对水平比较高的人，如果不是很努力地做这件事情，它就不会成为一流的事情。顶层设计可能不是特别清楚，但一定有一流的努力，才能出一流的成果。

说到刊物的内容，首先面临定位的问题。刚才可平讲到我们要面向学者，同时面向决策者，这个关系怎么摆？需要考虑。面向学者是容易的，刚才大家提的意见是怎么面向学者，吸引国内外的学者。面向决策者怎么面向？用什么方式面向？决策者又不是只有一个群体，在中国有各个层次的决策者，尤其现在地方决策者、基层决策者的作用越来越大。我印象非常清楚，80年代的时候中央机关下去出差，底下的人很渴望地问我们"现在中央有什么新精神？领导有什么讲话？"你要是透露一点讲话，他马上就去办了，他以为他先知道，他要先去办，特别起劲。而现在的领导，即使你告诉他，他也未必去办，你告诉他，他还批判你。有些顶层决策和下面一致时，他会和你很好地配合，有些时候中央和地方的矛盾、不同政府间的利益斗争越来越激烈，或明或暗。80年代初期的时候有一拨研究中央和地方关系的学者，实际上现在中央和地方的关系是最值得研究、最复杂，也是毛病最多的时期，不光财政体制问题、事权问题、地权问题，还包括人事、党务关系等等。我们的刊物如果面向决策者，就要明确面向哪些人、面向哪一级。

另外,决策者的需要和学术需要显然不一样。给中央的,严格要求不能超过2500字,否则他没时间看。其次是不能讲很多道理,你就说下面存在哪些问题,该怎么办。我们的刊物如果面向决策者,决策者有什么需求,这是我们需要研究的,当然一下子可能解决不了,需要慢慢摸索,只要我们摸索,我想就能走向明确的道路,把学者和决策者的需求结合起来。

关于管理方法,我最近和一些国际专家交流,政治学家也好、社会学家也好,他们认为中国的社会学在做经验研究、做实证方面,比政治学做得好。他们认为政治学的东西相对空,有两个理由:一是认为政治学长期以来在意识领域的影响比较大,二是政治学的方法不像社会学那么严谨、那么规范。海外学者也认为社会学家的研究成果比政治学家的研究成果在经验总结、在讲故事方面好一些。我们的刊物是讲中国的治理,治理是一个很大的题目,如何提升文章质量、提高研究水平,更好地面向中国经验、面向事实,把故事讲好,从故事中讲述理论,或者从故事中去对话国际理论,也许是我们做出第一流工作的一条道路。

杨大利:办杂志要从目标上达到平衡。刚才大家强调了要具备学术性,现在又强调政治性,这两者不一定能结合起来,怎么结合起来呢?美国最近这十几年的学术杂志都发生了很大的变化,比如《自然》杂志,因为《自然》杂志容纳的文章数量很少,后来就区分出不同的杂志,他们也发觉到,正是因为大量投稿,后来就出现了数据造假等问题。经济学的办法是在《美国经济学评论》之下又设立了分支的专门杂志。政治学更有意思,10年之前政治学发生了内部的大规模辩论,辩论认为美国政治学走向了一条走不通的路,尤其是大量的数据分析、特别技术化的技巧炫耀的文章涌现,所以后来办了新的杂志,发表相对来讲比较通俗的文章和评论。从这个角度来讲,我认为一开始杂志的定位特别重要,一定要定位好。如果特别依赖走学术性这条路,走一走,基本走到学术性的路,怎么与政治结合起来是比较有挑战的。但是如果不走学术性的路,再想走学术性的路可能很难,因为毕竟将来国内增加的杂志数目比较多。

另外，是依赖于投稿还是组稿？这两者怎么结合呢？中央编译局有强大的组织能力，需要在组稿上多下一点工夫。将来组织结构上也要考虑是否专门设立一个小型的执委会，进一步计划每一期的内容，一方面有一定的投稿文章，另外一方面，在某几个专题上也要多下一点力量。尤其是我个人感觉，国内有不同的课题组，可以提前和他们预约，有一些特别学术性的文章倒不一定适合于《中国治理评论》，相对来讲既有一定学术性又能使大家读懂的文章可能会更好，这个定位要确定好。

从国际视野的角度，《中国治理评论》能够有特殊的贡献。美国当然有一些杂志，欧洲关于治理方面的人员特别多，包括以色列也有一大批人，他们在网上的相互交流也比较多。过去涉及国际交流，我们往往和海外的中国研究学者去交流，当然继续做这方面的交流也可以；但另外一方面，比如经济学，就不会只和研究中国经济的学者交流，社会学和政治学与研究中国的学者的交流就比较多。在这个平台上，可能需要每年召开年度会议，预先考虑一个主题，和欧洲的学界、和美国的学界交流，如果有这样的安排，有一些稿子就可以提前考虑怎么用到这个杂志上。这样，在实施上能够有一定的方案，再加上凯风公益基金会的支持，相信能够做得比较好。同时，这个过程又能促进其他学术合作的发展，不管是在吸引不同的读者方面还是在国际交流方面，这本杂志都能起到很好的作用。

王长江：怎么把杂志做好，我有三点想法。

第一，把杂志尽可能一下推到最高端，这点非常重要。刚才大家也谈了一些想法，我听了都有道理，但是这些道理相互之间又有点矛盾。比如跃进讲还是要约稿，还要瞄准已经在TOP之上的专家；周光辉讲还是要匿名选稿，唯质量为标准，不管是学者还是研究生。这两种意见都有道理，但实际上又是矛盾的。我在想，我们这个杂志还应该是个孵化器——当然，多长的期限，两年或者三年，都可以商量；在这个孵化器里，能够设法把刚才这两条要求结合起来。关于结合的方式，首先肯定要以专家作为主要对象，以约稿为主。目前是不大可能漫天撒网，让大家来投稿的。你刚开始办，人家也不了解你，很难有大的兴趣。尤其是，因为还没有进入什么"重点期刊"、"核心期刊"目录，恐怕连研究生都不会来投稿。从这个角度讲，肯定是需要约稿的。但约稿这种方式，毛病也很多。你约了有名气的专家，人家忙得很，他匆忙赶出来的稿，你用不用？比如我在一次研讨会上的发言有几个亮点，我可以整理一下，但也就那几个亮点，并无严谨的论证，甚至句子也是随意的，把这样的稿子交给你，你能不能用？这很难权衡。所以，怎么把这些专家调动起来，是个问题。要设法做到，我约了他的稿，同时他又有足够的责任心，解决这个问题。比如，应了稿约之后，他会专门拿出两个月的时间，别的事全都推掉，至少大部分事放在一边，为你写这篇稿子。能不能有这么一个责任心加上保证机制的东西？恐怕还是很需要的。总之，不是一下子就把事情推到社会上去，而是有一个过程，一个逐步孵化、立起来后再步入正轨的过程。

第二，应该有十分明确的方向。如果这个杂志的对象既定在学者，又定在官员，这两者肯定又是有矛盾的。当然我不是说，你这个东西拿出去之后只能要么学者喜欢，要么官员喜欢。问题是怎么把两者结合起来，怎么让两者都欢迎，都能从中找到喜欢的东西，这是最重要的。官员是很喜欢说"你说我怎么干"，立在这一点之上的"为什么"，他们喜欢弄明白。而学者比较喜欢论证的过程，逻辑很严密、很自洽、很高深。学者从这里面得到满足，体现了自己的价值，但是这往往令官员头疼。这个结合点应该是可以找到的，但也是难点所在。

第三，应该有更加鲜明的主题。杂志的主题要和今天的改革进程同步，紧扣改革的脉搏。当前很重要的、并且在较长一个时间段里值得忧患的问题是改革变形，出现乱象，因为改革缺乏整体设计、顶层设计，被碎片化了。我们应当把为中国的治理提供系统、整体、顶层的可操作的理论和设计，作为自己的立足点。

这些问题解决得好，杂志才能真正立起来。

张小劲：刚才诸位对《中国治理评论》的创办和编辑提出了很好的意见。但仔细分辨后可以发现，依据各位所强调的重点不同、所给予的期待不同，其实又呈现出不同的取向，一种是关注未来，希望这个学刊能够着眼长久，夯实基础，逐步完善；另一种则是强调当下，希望这个新生的刊物能够直面现实，参与目前正在进行中的治理创新，以全新的姿态开创新的局面和格局。在我看来，这两个不同的取向实际上是可以结合起来并达到某种平衡的。

对于《中国治理评论》这样一个新生的学刊来说，我认为要达到这种兼顾未来与当下、结合长远与效率的均衡，有两个问题是应当注意的。第一，从实际操作的角度来讲，《中国治理评论》是学界共同的事业，是一项求诸合作、诉诸合作的工程。因此，《中国治理评论》编辑部、清华大学凯风研究院政治发展研究所以及清华大学政治学系，要建立一种长效机制，包括日常联络、定期会议和阶段总结等等，通过学界的共同努力，在有关长期课题和热点问题的意见征询和观点交流中形成共识，并且通过这种方式使大家凝聚在一起，从而为《中国治理评论》的持续发展作出贡献。

第二，从大的形势发展来看，《中国治理评论》创办于一个特殊的时点，一个历史与现实交汇、长远与当下碰撞的时点。2006年以后，"治理"这个词汇进入了中央文件以及更多的政治规划性文本。到2011年2月，在主要省部级领导干部研讨班对"加强社会管理与创新"进行了深入的探讨并形成了相应的决议和工作部署。这里的"管理"概念其实更接近于"治理"的内涵，而且在研讨班之前的文件准备以及研讨班的讨论过程中，"治理"的理念和提法也得到了高度的关注。换句话说，上世纪90年代中期UNDP和国际学界开始强调"治理"这个概念，从此后中国政府改革实践开始明确以"治理"为核心而逐步展开的时候，发展到今天，在中央的工作部署进一步强调"治理改革与创新"的当下，可以说《中国治理评论》杂志的创立呼应了时代的发展、思想的转变以及理论上的转型，实可谓恰当其时！

总之，我们对《中国治理评论》有着非常高的预期，我们希望在座各位能够共同支持这样一个事业的开展。

朱光磊：大家对刊物要不要设栏目，有不同的看法。我认为，其实问题的关键，不在于设不设栏目，而在于栏目是设"大"一些比较好，还是"小"一些比较好？我主张栏目应尽可能设在相对中间的层次上，也即最好是在小学科的层次上设计，或是在大课题的层次上的设计。比如，我们现在讲的"治理"这个词就是比较大的，尤其在应用上使用的面很广泛。目前，博士、硕士研究生写的政治学、社会学、行政学类论文，一篇文章中没有"治理"这个词的恐怕不多，多多少少都会用。但是，现在对包括治理在内的诸如此类问题的研究，往往是两头的多，即整体上讲治理和治理理论的比较多，对特别具体的治理现象的研究也不少，但是中间层次的并不多。近年来，在媒体工作中，在宣传工作中，似乎有一种"部门主义"。中央的精神和国家的成就，有人宣传；全国性的问题，各种媒体都关心，发起文章来，不厌其烦；各个部门内部的成就，也有部门媒体在充分报道，有部门自己的宣传机构在操心推广；各个专业领域里的问题，也有相应专业的专家在研究和阐释。但是，对跨部门的成就，对中间层次的问题，"操心"的人就比较少了。比如，现在中国到底有多少工人多少农民？大家说的都不一样，有说9亿农民的，有说8亿的，没人管。因此，我建议，现在我们办的《中国治理评论》杂志在考虑选题和栏目的时候，如果可能的话，要在比较大的问题和比较小的问题、特别宏观和特别微观的问题中间找点事情做，对中间层次的治理现象多动点脑筋，以推动对这个重要问题做更好的研究。

薛澜：我们现在正在做科研院所的研究，我们提出一个模式，有三个核心要素，一是机构的使命定位，二是运作模式，三是治理结构。如果把这个理论搬过来，同样的，首先，这个期刊的使命到底是什么？刚才讲了交流学术、激发思想等等，实际上我们刚才讨论了到底是面向决策者还是面向学者，这就是使命定位的问题。今天大家大部分都采取折中主义，我认为我们要有个选择，实事求是地讲，如果定位是面向学者，尽管你想面向决策者,最后它内在的逻辑就会走向一条道路,即学者之间的学术交流,这是很自然的。如果是面向决策者,最后学者可能就会觉得它的学术水平不够。绝大部分是好心想把两个都兼顾,但最后实际上是在中间,形成中庸。如果是面向决策者,《哈佛管理评论》是很好的模式,它是面向企业的管理者,我还很愿意看一看,它的特点是观点新颖,作者权威,语言通俗,栏目也很活,其实里面很多文章的背后也是经过深入研究、浓缩出来的,它的定位很清楚,就是面向管理者。如果面向学者,例如某些专业学术期刊,我认为管理者没人愿意去看,但这两年在SSCI中,公共管理领域是排位最高的。所以,我认为应该明确到底以谁为主。

第二,涉及运作模式问题。大家讲的比较多的还是按照学术期刊的模式来谈,都还是想以学术期刊作为最基本的运作模式。我原来以为已经拿到刊号了,现在看来还在争取,所以我想,其实我们还是在一个老的套路里,比如激励机制的问题,如果要面向学者,就必须拿到刊号,对大家有激励。但我们学者也要稍微反思一下,现代的社会变化太快了,如果真的要政策影响力,说不定未见得是传统期刊的模式,学者们自娱自乐还可以,其他的模式也很多。我知道有几个期刊,有一个关于应急管理的期刊,上来就是办的电子期刊,在SSCI中还很有影响力,所以说不定没有刊号也是个优势,那就要创新运作模式,这和定位又相关,比如办成年刊或者半年刊性质,这是一种模式。原来我们也讨论过这种想法,比如先通过网上交流,要求观点比较新颖,学者们互相讨论或辩论,最后到年底大家投票,哪些文章真正是好的、有影响力的,最后把精选文章发表出来,这是另外一种形式的同行评审,评选出来的是值得印下来、保留下来的文章,这是一种新的运作模式。在运作模式上还有很多值得探索的空间,现在我们期刊的模式是西方学术界特定的运作模式,未见得一定是唯一的模式,但我们基本上把它拿过来了,这样在中国就面临很多实际操作的问题。

第三,治理结构的问题。如果我们的定位很清楚,就要有一个机制,隔一段时间就让读者来看看你有没有达到当初预想的结果,如果没有达到的话,问题在什么地方。

何增科：《中国治理评论》的创刊具有重要的意义。它为我们观察和分析中国社会政治发展提供了独特而有价值的学术平台。治理和善治理论强调公共生活和公共事务管理的多中心性和变命令服从关系为协商共治关系，同时为治理过程和治理效果的评价提供了重要的价值维度，这就是透明、参与、法治、合法、回应、责任、效益、包容、公平。治理和善治理论传入中国后，正在被越来越多的学者接受，成为一种重要的理论分析框架。

（一）治理不善或者治理危机已经成为当今中国社会政治问题的一个重要原因。

当今中国面临很多重要的社会政治问题。腐败问题就是其中一个很重要的问题。我曾对腐败高发多发的条件做过一个研究。结果发现：

腐败高发多发条件＝暴利＋垄断权＋自由裁量权＋决策专断权＋管理松懈＋改革不配套－监督制约－依法监管－公平竞争－决策透明度－公众参与－查处概率与处罚力度－责任感。

腐败高发多发的这些条件多为治理不善的具体表现。决策主体单一，决策过程封闭、神秘、专断，决策后缺乏问责，决策中缺乏参与和回应，这些既是腐败产生的重要原因，也是治理不善的重要表现。

政府职能转变滞后，公共权力缺乏制约，导致治理不善甚至局部的治理危机，治理不善则导致腐败猖獗、群众权益屡受侵犯、政府效率不彰等众多问题。治理不善或治理危机为研究当前中国的社会政治问题提供了一个重要的视角。

（二）治理改革或治理创新为多领域、多层次的改革创新提供了一种方向。

近年来，公司治理、公共治理、经济治理、文化治理、社会治理、生态治理、地方治理、国家治理、全球治理等概念日益流行。这反映出治理和善治理论对多领域、多层次、多组织的改革创新均产生了重大影响。例如，欧盟率先提出"文化治理"的概念，文化治理的概念为欧盟推动成员国文化体制改革发挥了指导性作用。再如，欧洲国家倡导的"全球治理"、

"全球民主治理"的概念,为欧洲国家推动国际组织改革和建立国际新秩序提供了重要依据。中国学者所倡导的社会治理、社会善治的概念,为推动社会管理体制改革提供了指导性原则。治理改革或治理创新无论是哪个领域、哪个层级、哪类组织,其方向都是更大的透明度,更多的参与,更自由、更公平的竞争,更有力的社会监督,更及时的回应等。

(三)治理评估是衡量改革创新的具体进展和发现薄弱环节与问题的重要工具。

治理评估在国际社会得到广泛的运用。世界银行、联合国开发计划署等国际组织和一些国家都开发出自己的治理评估体系,用来测量国际和国别治理状况,量化分析治理改革的成就,具体诊断治理机制中的薄弱环节及其原因,寻求改善治理之策。治理评估在中国也有着广阔的运用前景。开发治理评估指标体系,对各领域的改革进展进行科学的评估,具有重要的理论意义和实践意义。

谢维和:首先,我们的杂志不要有资金之忧。从清华来说、从凯风来说,都有很强的支持,不要担心发行量是多少、不要担心没有活动经费的问题,更重要的是要顾虑我们的质量问题。学术杂志还是要养的,好东西、高水平的东西要养的,我们在学校里办文科,特别是对基础研究、理论研究,这是一个基本的指导思想。你逼着他去搞效益,这不是学者的长处,你干嘛要做这个事呢?养一养,没问题。

其次,不要急,从容一点。我们也不希望一期、两期、三期就变成TOP的,在十年内办成TOP的,没有关系,我相信在座各位都有这种自信,我来支持你们这种自信。好的东西都是在很长时间内形成的,包括西方一些好的教程,都是几十年、上百年才干成,不要着急,不要希望一两期、两三期就TOP。没关系,咱们干十年,有什么了不起的?十年以后我们再慢慢形成。当然在这个过程中我们的立意要高,最后是不是得其中或者得其上,要靠我们大家的努力。我们千万不要着急,从容一点,这是很重要的一种心态,我相信大家都要有这种心态,我来支持大家,为大家服务。

俞可平：感谢各位编委宝贵的意见。我再作一个解释，为什么要办这个刊物？中央编译局有四个刊物，转载率和影响力都非常高，每个刊物在各自的行业里都是前20名。为什么已经有这么多刊物了，还要办这个刊物呢？

第一，出于专业化的考虑。治理现在已经是国内外许多领域的热门话题，前些年大家关注公司治理，现在政府治理、国家治理和社会治理也开始受到人们的普遍关注，可是国内至今还没有一个集中研究治理问题的专门刊物。

第二，引领。由权威的机构和权威的学者共同来办这样一个刊物，实际上必然会起到引领国内治理研究和治理改革的作用，包括中国治理改革的方向和治理研究的导向。

第三，高端。我特别赞同谢校长的说法，我们不在乎发行量，也不在乎什么级别或给我们打多少分。我们只在乎文章的质量。我认为现在的学术期刊体制要改革。现在的学术期刊体制，行政化与商业化并存。一个极端是市场化，拿钱发文章；另一个极端是行政化，刊物要看是国家级、省部级还是地厅级。我们要把《中国治理评论》办成一个高端的权威刊物，是指一流的作者和一流的文章，而不是行政级别和市场效益。

说到底，办一个刊物，立意高只是一个前提。但真正能办到什么程度，还要靠各位编委的学术责任和敬业奉献。再一次感谢各位编委，特别是清华大学和凯风公益基金会，有大家强有力的支持，我对办好《中国治理评论》充满信心。

（龙宁丽整理）

重要会议回顾(2011年5月—2012年1月)

第二届统筹城乡发展论坛在京召开

2011年5月5—6日，第二届统筹城乡发展论坛在京召开。此次论坛由清华大学政治经济学研究中心与国务院发改委城市和小城镇改革发展中心联合主办，北京宏福集团承办。本次论坛的主题是农民自主型城市化。所谓农民自主型城市化是指乡村集体在符合城乡规划的前提下，不经过土地征用，在集体土地上推进工业化和城市化并实现农民生产方式转变与分享经济成果的城市化模式。改革开放以来，我国农村涌现出了许多农民自主城市化案例。对于农民自主型城市化的不同形式以及所遇到的各种问题，与会专家进行了热烈讨论。

"人民代表大会制度与法治国家建设"研讨会在西安召开

2011年6月24—27日，"人民代表大会制度与法治国家建设"研讨会在陕西省西安市召开。本次会议由中央编译局比较政治与经济研究中心、陕西省人大常委会研究室、陕西省人大常委会法制工作委员会共同主办，来自全国各高校和研究单位的110多位学者参加了此次会议。与会专家回顾了中国百年宪政发展的历史，总结了我国法治国家建设的成就与不足，并对人民代表大会制度和我国法治的未来提出了若干建设性意见。

"'独立候选人'现象"学术研讨会在复旦大学召开

2011年7月10日,复旦大学选举与人大制度研究中心、复旦大学《当代中国政治制度》教学与研究团队联手举办了"'独立候选人'现象"学术研讨会,邀请上海地区政治学、法学、社会学等领域的部分研究者共20余人,进行了一天的研讨。与会学者深入探讨了"独立候选人"现象兴起的原因、特点及其对中国未来政治前景的影响等问题。

第二届中国行政改革论坛在京举行

2011年7月10日,由中国行政体制改革研究会主办的第二届中国行政改革论坛在北京举行,来自全国高校和各研究机构的300余名代表出席了会议。本次论坛的主题是"十二五:转变经济发展方式与行政体制改革"。与会学者围绕"转变经济发展方式与深化行政体制改革"、"转变发展方式与保障和改善民生"、"转变发展方式,正确处理中央与地方关系"、"推进政府管理创新,改革完善政府绩效管理制度"等议题进行了深入讨论。

"纪念建党90周年暨中国共产党领导下的人大制度建设"学术研讨会在哈尔滨举行

2011年7月30—31日,由黑龙江大学政府管理学院和复旦大学选举与人大制度研究中心共同主办的"纪念建党90周年暨中国共产党领导下的人大制度建设"学术研讨会在黑龙江大学隆重召开。来自复旦大学、清华大学、北京师范大学、同济大学、吉林大学、东北师范大学、上海市委党校、北京联合大学、西南交通大学、黑龙江大学、黑龙江社科院、东北林业大学、黑龙江行政学院、广东省委党校和甘肃《人大研究》杂志社等全国各地学者参加了此次会议。此次会议的议题包括:"中国共产党为什么选择了人民代表大会制度"、"人民代表大会制度建设的历史经验与教训"和"未来十年人大制度建设的挑战与路径"。

《中国治理评论》杂志创刊仪式大会在清华大学举行

2011年8月6日,由中央编译局比较政治与经济研究中心、清华大学凯风研究院、人文社会科学学院政治学系、清华大学政治发展研究所联合举办的《中国治理评论》杂志创刊仪式暨杂志编委会成立大会在清华大学举行,来自中央党校、中央编译局、清华大学、复旦大学、中国人民大学、吉林大学、南开大学、浙江大学、国家行政学院、深圳大学、西安交通大学、中国发展研究基金会等高校及机构的30多位专家参加了会议。《中国治理评论》杂志旨在推动中国治理研究的深入,同时为中国面临的各种治理问题提出应对之策。

第六届中国青年政治学论坛暨"挑战与对策:社会公正视域下的分配改革"学术研讨会在长春召开

2011年8月18日,第六届中国青年政治学论坛暨"挑战与对策:社会公正视域下的分配改革"学术研讨会在吉林大学召开。本次论坛由吉林大学行政学院、东北师范大学政法学院、吉林大学社会公正与政府治理研究中心和吉林省政治学会主办,来自北京大学、中国社会科学院等全国20多所知名院校和科研院所的政治学领域青年学者参加了此次会议。本次论坛的议题包括分配正义理论、分配改革的历史演进与路径探索、基本公共服务均等化与政府责任、贫富差距控制与政府能力建设。

"中国人权理论与实践的发展与创新"理论研讨会在京召开

2011年8月25日,由中国人权研究会主办的"中国人权理论与实践的发展与创新"理论研讨会在北京召开，来自全国各地的人权专家学者70余人出席了会议。此次研讨会回顾和总结了中国共产党领导下中国人权理论和实践取得的重大成就和历史经验，就新形势下如何进一步推动中国人权理论与实践的发展和创新进行了深入探讨。

"服务型政府建设：从政治议题到社会治理实践"学术研讨会在南京大学举行

2011年8月25—26日，"服务型政府建设：从政治议题到社会治理实践"学术研讨会暨南京大学服务型政府研究所成立大会在南京大学举行。本次研讨会由南京大学政府管理学院、南京大学服务型政府研究所主办，来自南开大学、吉林大学、浙江大学、首都师范大学、中国社会科学院等十多个研究机构的学者参加了此次学术会议。与会学者围绕服务型政府建设的价值、服务型政府建设的路径、服务型政府研究现状评估等问题进行了讨论。

纪念中共中央《关于建国以来党的若干历史问题的决议》发表30周年座谈会在京举行

2011年8月27日，由胡耀邦史料信息网、《中国经济体制改革》杂志社、《南方周末》报社主办的纪念中共中央《关于建国以来党的若干历史问题的决议》发表30周年座谈会在北京举行。北京政治、经济、理论、法学、新闻界人士100余人出席，40多位专家学者作了主题发言。与会学者围绕《决议》出台的历史背景、改革开放的历史功绩以及如何继续推动改革进程等问题进行了热烈的讨论。

"国家社会福利制度发展战略"首次研讨会在京召开

2011年9月24—25日,"国家社会福利制度发展战略"首次研讨会在全国人大会议中心隆重举行。

此次研讨会由中国社会保障30人论坛、中国人民大学中国社会保障研究中心主办。来自中国社会科学院、中央党校、国家行政学院、北京大学、清华大学、中国人民大学、北京师范大学、南开大学、南京大学、浙江大学、武汉大学、中山大学、吉林大学、西安交通大学、华中科技大学等众多著名学术机构的知名专家学者及代表约70人出席会议。与会专家学者围绕国家社会福利制度发展,儿童、残疾人福利制度发展,老年人社会福利制度发展,国外社会福利制度及慈善事业发展等议题进行了讨论。

第72次中国改革国际论坛在海口举行

2011年10月29日,以"跨越中等收入陷阱——未来10年的中国"为主题的"第72次中国改革国际论坛"在海口市开幕。

此次论坛由中国(海南)改革发展研究院、中国国际经济技术交流中心、联合国开发计划署和德国国际合作机构共同主办。

百余名国内外政府官员和专家学者,围绕"发展变化的世界与未来10年的中国:复苏还是衰退"、"世界经济增长的不确定性与风险"、世界经济的复杂变化与未来10年中国的增长前景"、"中国发展方式转变与经济增长前景"、"全球经济治理中的新兴经济体:世界经济复杂变化与新兴经济体面临的共同挑战"、"中国道路与中国改革"等战略性课题进行了深入讨论。

"中国治理的历史与现状:制度、动力与领导"国际研讨会在浙江大学举行

2011年11月1—3日,由中央编译局世界发展战略研究部、芝加哥大

学北京中心、浙江大学共同举办的"中国治理的历史与现状：制度、动力与领导"国际研讨会在杭州召开。中央编译局副局长俞可平出席研讨会并作开幕致辞和主题演讲。2007年诺贝尔经济学奖得主、芝加哥大学经济学教授Roger B. Myerson应邀作主题演讲。中央编译局世界发展战略研究部副主任杨雪冬等同志参加会议，并作大会发言。来自世界7个国家、31个研究机构的54名专家学者参加了研讨会。与会学者围绕治理与民主、社会公正与社会管理创新、公民社会与第三部门治理、合法性与民族认同、领导与地方治理等主题进行了深入探讨。

社会管理创新法治论坛——第六届中国法学家论坛在京举行

2011年11月27日，由中国法学会主办的社会管理创新法治论坛——第六届中国法学家论坛在京举行。

论坛主要围绕社会管理创新的重大理论问题和实践问题，以社会管理创新与法治为主题进行了深入研讨，为社会管理创新的决策提供新思路，为社会管理创新的实践提供理论支持和对策支持。此次论坛集中展示了社会管理创新法治研究最新成果，引领和推动了社会管理创新法学研究的深入开展。

"政府购买社会组织公共服务"国际学术研讨会在沪举行

2011年12月10日，为期两天的"政府购买社会组织公共服务"国际学术研讨会在上海开幕。

本次研讨会围绕政府购买社会组织公共服务的理论研究、政府购买社会组织公共服务的国际经验比较、地方政府购买社会组织公共服务个案研究、政府购买社会组织公共服务绩效评估等主题，聚集了国内外专家、学者，分享各地政府购买公共服务的经验，探讨社会组织在创新社会管理中的角色，剖析当前国内背景下政府购买社会组织公共服务所面临的困境、挑战和机遇。

"劳资冲突与合作：集体劳动争议处理与规制"国际研讨会在中国人民大学举行

2011年12月17日，由中国人民大学劳动人事学院、剑桥大学达尔文学院、首都经贸大学劳动经济学院和中国人民大学劳动关系研究所联合主办的"劳资冲突与合作：集体劳动争议处理与规制"国际研讨会在北京开幕。近百名中外专家出席了本次研讨会。

与会专家一致认为，如何应对集体劳动争议并弱化其对劳动关系格局的影响，已然成为全球性话题。全球化背景下，发达市场经济国家的相关先进经验值得中国政府、雇主以及工会学习借鉴。本次国际研讨会为中国及世界其他国家的劳动关系和劳工问题专家、学者建立了一个交流平台，必然会进一步推动国内劳动关系的理论研究，也一定会对推进中国劳动关系专业和学科的正规化建设产生重要影响。

第六届"中国地方政府创新奖"选拔暨颁奖大会在京举行

2012年1月8日，第六届（2011—2012年度）"中国地方政府创新奖"选拔暨颁奖大会在北京隆重举行。会议由中国地方政府创新奖组委会主办，北京大学中国政府创新研究中心、中央编译局比较政治与经济研究中心、中央党校世界政党比较研究中心联合承办。来自"中国地方政府创新奖"选拔委员会的专家、25个入围项目的代表，以及《人民日报》、新华网、中国网等主要媒体的记者共200多人参加会议。

"中国地方政府创新奖"是我国历史上第一个由学术机构独立举办，按照科学的评估程序和评选标准对政府创新进行客观评估的民间奖项。通过"中国政府创新奖"评选活动，发现地方政府在制度创新、机构改革、公共服务和社会管理中的先进事例，宣传、交流和推广地方政府创新的先进经验，鼓励地方党政机关积极进行与社会主义市场经济和人民群众民主要求相适应的政府管理体制改革，推进地方善政和善治，创立和发展具有中国特色的政府创新理论，建立一套适合中国国情的科学的政府绩效评估体系，为确立科学的政绩观提供知识和智力支持。

本届中国地方政府创新奖组委会共评出10个"中国地方政府创新奖"优胜奖，12个提名奖，2个中央国家机关特别奖，1个"中国地方政府创新媒体传播特别奖"。

（晓健摘编）

书刊架 | Latest Books and Articles

中文治理论文(2010年度)

治理理论

1. 翁士洪:《整体性治理模式的兴起——整体性治理在英国政府治理中的理论与实践》,载《上海行政学院学报》,2010年第2期。

2. 楼苏萍:《地方治理的能力挑战:治理能力的分析框架及其关键要素》,载《中国行政管理》,2010年9期。

3. 高建华:《区域公共管理视域下的整体性治理:跨界治理的一个分析框架》,载《中国行政管理》,2010年11期。

4. 曾维和:《当代西方政府治理的理论化系谱——整体政府改革时代政府治理模式创新解析及启示》,载《湖北经济学院学报》,2010年1期。

5. 孙百亮:《"治理"模式的内在缺陷与政府主导的多元治理模式的构建》,载《武汉理工大学学报(社会科学版)》,2010年3期。

6. 孙培军:《抗争、民主与治理:全球治理下的抗争政治研究》,载《太平洋学报》,2010年第4期。

7. 费月:《整体性治理:一种新的治理机制》,载《中共浙江省委党校学报》,2010年第1期。

8. 曾凡军、韦彬:《整体性治理:服务型政府的治理逻辑》,载《广东行政学院学报》,2010年第1期。

9. 张振华：《集体选择的困境及其在公共池塘资源治理中的克服——印第安纳学派的多中心自主治理理论述评》，载《行政论坛》，2010年第2期。

10. 曾凡军、韦彬：《后公共治理理论：作为一种新趋向的整体性治理》，载《天津行政学院学报》，2010年第2期。

11. 朱立言、刘兰华：《网络化治理及其政府治理工具创新》，载《江西社会科学》，2010年第5期。

12. 黄显中、何音：《公共治理结构：变迁方向与动力——社会治理结构的历史路向探析》，载《太平洋学报》，2010年第9期。

13. 丁冬汉：《从"元治理"理论视角构建服务型政府》，载《海南大学学报(人文社会科学版)》，2010年第5期。

14. 何霜梅：《社群主义、服务型政府与善治》，载《中央社会主义学院学报》，2010年第2期。

15. 艾立克·A.波斯纳、亚德连·佛缪勒：《行政国家的危机治理——9·11恐怖袭击和2008年金融危机》，载《北京大学学报(哲学社会科学版)》，2010年第6期。

16. 任剑涛：《国家治理的简约主义》，载《开放时代》，2010年第7期。

17. 唐慧玲：《"后革命"时期国家治理：基于承认政治的理论视角》，载《同济大学学报(社会科学版)》，2010年第6期。

18. 高轩、朱满良：《埃丽诺·奥斯特罗姆的自主治理理论述评》，载《行政论坛》，2010年第2期。

19. 雅克·舍瓦利埃：《治理：一个新的国家范式》，载《国家行政学院学报》，2010年第1期。

20. 蒋文能、王国红：《公民治理失败风险分析》，载《国家行政学院学报》，2010年第1期。

21. 胡象明、唐波勇：《整体性治理：公共管理的新范式》，载《华中师范大学学报(人文社会科学版)》，2010年第1期。

22. 格里·斯托克：《治理的微观基础：改进政府间关系的关键为何是心理学而不是经济学》，载《公共行政评论》，2010年第2期。

23. 刘圣中：《公共治理中的无影灯效应》，载《经济社会体制比较》，2010年第3期。

24. 王诗宗：《治理理论与公共行政学范式进步》，载《中国社会科学》，2010年第4期。
25. 向波：《论行政伦理的价值与建构——基于公共危机治理中自由裁量权合理运用的分析》，载《北京行政学院学报》，2010年第4期。
26. 郁建兴、王诗宗：《治理理论的中国适用性》，载《哲学研究》，2010年第11期。
27. 朱富强：《社会共同治理观的逻辑基础》，载《中山大学学报(社会科学版)》，2010年第5期。
28. 高秉雄、张江涛：《治理理论的内在紧张》，载《江汉论坛》，2010年第11期。
29. 张康之：《风险社会中的治理变革》，载《天津行政学院学报》，2010年第1期。
30. 唐慧玲、徐水晶：《相互承认与现代国家治理》，载《四川大学学报(哲学社会科学版)》，2010年第1期。
31. 孙兵、黎学基：《控权、合作与服务:公共善治论》，载《西南政法大学学报》，2010年第2期。
32. 靳永翥：《从"良政"走向"善治"——一种社会理论的检视》，载《西南民族大学学报(人文社科版)》，2010年第2期。
33. 毛寿龙：《公共事物的治理之道》，载《江苏行政学院学报》，2010年第1期。
34. 潘传表：《国家困境与其治理路径的变迁——关于民主宪政在当下的正当性的另一种解释》，载《政治与法律》，2010年第8期。
35. 麻宝斌、李辉：《协同型政府:治理时代的政府形态》，载《吉林大学社会科学学报》，2010年第4期。

国家治理／地方治理

1. 张昕：《转型中国的治理新格局:一种类型学途径》，载《中国软科学》，2010年第1期。
2. 谭羚雁：《当代中国政府生态治理:一种新的结构治理模式探索》，载《辽宁行政学院学报》，2010年第12期。
3. 徐湘林：《转型危机与国家治理:中国的经验》，载《经济社会体制比较》，2010

年第 5 期。

4. 顾建光:《政策能力与国家公共治理》,载《公共管理学报》,2010 年第 1 期。

5. 王锡锌、章永乐:《我国行政决策模式之转型——从管理主义模式到参与式治理模式》,载《法商研究》,2010 年第 5 期。

6. 傅勇:《财政分权、政府治理与非经济性公共物品供给》,载《经济研究》,2010 年第 8 期。

7. 张文显:《和谐精神的导入与中国法治的转型——从以法而治到良法善治》,载《吉林大学社会科学学报》,2010 年第 3 期。

8. 陈升、孟庆国、胡鞍钢:《政府应急能力及应急管理绩效实证研究——以汶川特大地震地方县市政府为例》,载《中国软科学》,2010 年第 2 期。

9. 张慧君、景维民:《从经济转型到国家治理模式重构——转型深化与完善市场经济体制的新议题》,载《天津社会科学》,2010 年第 2 期。

10. 邓磊:《和谐社会视角下善治政府建设路径探析》,载《中南民族大学学报(人文社会科学版)》,2010 年第 5 期。

11. 李金龙、张惠淳:《政府高效治理组织体制研究》,载《湖南大学学报(社会科学版)》,2010 年第 2 期。

12. 滕白莹:《美国进步时代经济—社会转型与国家治理体制改革》,载《中国海洋大学学报(社会科学版)》,2010 年第 5 期。

13. 曾凡军:《西方政府治理模式的系谱与趋向诠析》,载《学术论坛》,2010 年第 8 期。

14. 苗红娜:《治理时代西方国家的政府规制改革——兼论后规制政府的兴起》,载《重庆大学学报(社会科学版)》,2010 年第 2 期。

15. 施雪华、方盛举:《中国省级政府公共治理效能评价指标体系设计》,载《政治学研究》,2010 年第 2 期。

16. 李和中、刘骏东:《中西部地方政府"善治"水平公众认知的差异性分析——基于公众认知的主成分因子分析》,载《湖北社会科学》,2010 年第 7 期。

17. 刘天旭、张星久:《象征性治理:一种基层政府行为的信号理论分析》,载《武汉大学学报(哲学社会科学版)》,2010 年第 5 期。

18. 傅勇:《分权治理与地方政府合意性:新政治经济学能告诉我们什么?》,载《经济社会体制比较》,2010年第4期。

19. 赵光勇、张领:《参与式治理与地方政府改革》,载《中国石油大学学报(社会科学版)》,2010年第5期。

20. 任剑涛:《党权、异地任职与中央控制——从三个案例看地方治理的权力畸变与制度矫正》,载《江苏社会科学》,2010年第6期。

21. 托尼·博韦德、埃克·劳夫勒:《地方治理质量评估:公共服务的个案研究》,载《上海行政学院学报》,2010年第1期。

22. 欧博文:《地方各级人民代表大会与中国治理》,载《国外理论动态》,2010年第6期。

23. 倪稼民:《论现制度框架下的地方政府治理》,载《中国浦东干部学院学报》,2010年第1期。

24. 马得勇:《选举民主、政治合法性与地方治理——乡镇基层民主发展的若干命题初论》,载《北京行政学院学报》,2010年第2期。

25. 陈潭、肖建华:《地方治理研究:西方经验与本土路径》,载《中南大学学报(社会科学版)》,2010年第1期。

26. 谢康:《中国地方政府治理结构的历史变迁》,载《青岛农业大学学报(社会科学版)》,2010年第1期。

27. 瞿磊:《治理理论关照下的县政改革》,载《湖北行政学院学报》,2010年第4期。

28. 王国红、瞿磊:《县域治理研究述评》,载《湖南师范大学社会科学学报》,2010年第6期。

29. 姚引良、刘波、王少军、祖晓飞、汪应洛:《地方政府网络治理多主体合作效果影响因素研究》,载《中国软科学》,2010年第1期。

30. 喻锋:《走向"地方的欧洲":欧洲地方治理的发展及其启示》,载《国家行政学报》,2010年第6期。

31. 吴自斌:《法国地方治理的变迁及其启示》,载《江苏社会科学》,2010年第4期。

公共治理／社会治理

1. 张康之、李传军:《公共管理是一种新型的社会治理模式》,载《行政论坛》,2010年第3期。

2. 张胜玉、郑佳:《公民资格与公共治理——基于公共领域的展望》,载《河南师范大学学报(哲学社会科学版)》,2010年第1期。

3. 姚迈新:《公共治理的理论基础:政府、市场与社会的三边互动》,载《陕西行政学院学报》,2010年第1期。

4. 李瑞昌:《共识生产:公共治理中的知识民主》,载《学术月刊》,2010年第5期。

5. 高秉雄、张江涛:《公共治理:理论缘起与模式变迁》,载《社会主义研究》,2010年第6期。

6. 黄显中、何音:《公共治理的基本结构:模型的建构与应用》,载《上海行政学院学报》,2010年第2期。

7. 桂步祥:《公共治理视野下的行政听证》,载《江西社会科学》,2010年第11期。

8. 李荣娟:《区域公共治理中的公民社会成长:意义、问题与路径》,载《国家行政学院学报》,2010年第4期。

9. 王家峰、孔繁斌:《政府与社会的双重建构:公共治理的实践命题》,载《南京社会科学》,2010年第4期。

10. 刘金程、刘熙瑞:《风险社会下的公共治理策略变革与发展》,载《天津行政学院学报》,2010年第3期。

11. 许荣斌:《试论公共治理的中国模式——以上海市某街道"党建共建"活动为例》,载《湖北社会科学》,2010年第3期。

12. 张晨、何华玲:《"双重风险社会"中公共治理的困境与重塑》,载《长白学刊》,2010年第2期。

13. 陈宝胜:《公共危机治理的新制度主义阐释》,载《南昌大学学报(人文社会科学版)》,2010年第5期。

14. 刘丽君:《公共危机治理:概念框架及启示》,载《山东行政学院·山东省经济管理干部学院学报》,2010年第6期。

15. 张海波、童星:《公共危机治理与问责制》,载《政治学研究》,2010年第2期。
16. 陆远权、牟小琴:《协同治理理论视角下公共危机治理探析》,载《沈阳大学学报》,2010年第5期。
17. 滕五晓、夏剑霞:《基于危机管理模式的政府应急管理体制研究》,载《北京行政学院学报》,2010年第2期。
18. 申永丰:《转型期非政府组织参与公共危机治理的困境与出路》,载《重庆大学学报(社会科学版)》,2010年第6期。
19. 朱武雄:《转型社会的公共安全治理——从公民社会的维度分析》,载《东北大学学报(社会科学版)》,2010年第5期。
20. 莫于川、梁爽:《社会应急能力建设与志愿服务法制发展——应急志愿服务是社会力量参与突发事件应对工作的重大课题》,载《行政法学研究》,2010年第4期。
21. 王郅强:《从零和博弈到正和博弈——转型期群体性事件治理的理念变革》,载《吉林大学社会科学学报》,2010年第6期。
22. 吴志敏:《转型期政府危机治理能力的缺失与再造》,载《学术论坛》,2010年第12期。
23. 闪淳昌、周玲、方曼:《美国应急管理机制建设的发展过程及对我国的启示》,载《中国行政管理》,2010年第8期。
24. 刘静:《俄罗斯公共危机管理机制及对我国的启示》,载《山东轻工业学院学报(自然科学版)》,2010 第4期。
25. 刘中起、风笑天:《走向多元治理化解:新形势下社会矛盾化解机制的新探索》,载《福建论坛(人文社会科学版)》,2010年第1期。
26. 史云贵、黄炯竑:《公共危机治理中的志愿服务机制研究——基于汶川大地震的实证分析》,载《河南师范大学学报(哲学社会科学版)》,2010年第1期。
27. 胡象明、唐波勇:《论利益相关者合作逻辑下的公共危机治理——以汶川"5.12"地震为例》,载《武汉大学学报(哲学社会科学版)》,2010年第2期。
28. 白亭义、冷向明:《当代中国公共危机治理制度的演进:评析与前瞻》,载《湖北行政学院学报》,2010年第2期。
29. 蔡志强:《认同:危机治理的逻辑起点和价值目标——兼议二元社会结构中多元

主体的认同困境》，载《中国井冈山干部学院学报》，2010年第2期。

30. 周晓丽：《公共协商:群体性事件的治理之道》，载《天府新论》，2010年第3期。

31. 刘晓丽、禾子：《中国黑社会治理研究》，载《当代世界与社会主义》，2010年第2期。

32. 唐钧：《社会维稳的风险治理研究》，载《教学与研究》，2010年第5期。

33. 江必新、邵长茂：《社会治理新模式与行政法的第三形态》，载《法学研究》，2010年第6期。

34. 严若森：《中国非营利组织的政府性异化及其适应性治理》，载《管理世界》，2010年第7期。

35. 刘振国：《中国社会组织的治理创新——基于地方政府实践的分析》，载《经济社会体制比较》，2010年第3期。

36. 莫于川：《行政法治视野中的社会管理创新》，载《法学论坛》，2010年第6期。

37. 江必新、邵长茂：《社会自组织管理的司法应对》，载《行政法学研究》，2010年第4期。

38. 石国亮：《论社会治理领域中管理主义的兴衰》，载《中国行政管理》，2010年第12期。

39. 闵学勤：《政府的强势与弱势:基于社会治理视角的思考与研究》，载《上海行政学院学报》，2010年第3期。

40. 姜明安：《完善软法机制,推进社会公共治理创新》，载《中国法学》，2010年第5期。

41. 周红云：《中国社会组织管理体制改革:基于治理与善治的视角》，载《马克思主义与现实》，2010年第5期。

42. 曾润喜、徐晓林：《社会变迁中的互联网治理研究》，载《政治学研究》，2010年第4期。

农村治理

1. 陈潭、罗晓俊：《乡镇权威、奥尔森困境与地方治理秩序——一个桂北乡镇的政治生态与治理逻辑》,载《湖南师范大学社会科学学报》,2010年第2期。

2. 欧阳静:《"做作业"与事件性治理:乡镇的"综合治理"逻辑》,载《华中科技大学学报(社会科学版)》,2010年第6期。

3. 赵泽鸿、成华威、卢敏:《现代化冲击视阈下的乡村治理路径探讨——以治理A村的"二元"环境为例》,载《西北农林科技大学学报(社会科学版)》,2010年第1期。

4. 黄冬娅:《多管齐下的治理策略:国家建设与基层治理变迁的历史图景》,载《公共行政评论》,2010年第4期。

5. 史云贵、王海龙:《合作治理视域中的我国乡镇治理结构重塑》,载《社会主义研究》,2010年第3期。

6. 吕德文:《简约治理与隐蔽的乡村治理:一个理论述评》,载《社会科学论坛》,2010年第8期。

7. 吕德文:《基层治理中的国家与农民的关系:一个文献综述》,载《南京农业大学学报(社会科学版)》,2010年第3期。

8. 徐方正、周庆行:《新型乡镇治理机制的研究——基于民主发展的不均衡性和治理的有效性分析》,载《行政论坛》,2010年第3期。

9. 陶叡、陶学荣、付含宇:《乡村治理中的制度变迁分析——以村民自治制度为视角》,载《中国行政管理》,2010年第5期。

10. 彭庆军:《"村务共治":村民自治的非典型嬗变——基于湘北S村的实地研究》,载《甘肃行政学院学报》,2010年第4期。

11. 刘学民:《乡镇政府治理困境与改革策略》,载《河南师范大学学报(哲学社会科学版)》,2010年第3期。

12. 蔺雪春、季丽新:《改革开放以来农村治理模式创新的基本逻辑与展望》,载《当代世界与社会主义》,2010年第6期。

13. 张开云、李倩、石虹霞:《农村村社治理研究——基于"中山模式"的分析》,载《中南民族大学学报(人文社会科学版)》,2010年第5期。

14. 杨嵘均:《论治理理论在新农村建设中的境遇及其出路》,载《江苏社会科学》,2010年第6期。

15. 杨建国:《后农业税时代乡村治理的困境与破解》,载《广东行政学院学报》,2010年第6期。
16. 曹萍、王彬彬:《城乡一体化下的乡村治理——以成都为例》,载《四川大学学报(哲学社会科学版)》,2010年第6期。
17. 许耀桐:《村庄治理与党的建设——从重庆忠县的实践出发》,载《中共福建省委党校学报》,2010年第11期。
18. 夏添、唐鸣:《村民自治中民主合作的缺失及解决路径——以全国"海选第一村"北老壕村的治理为例》,载《江西社会科学》,2010年第11期。
19. 林洁:《资源型地区"富人当政"对基层治理的影响及对策——以山西23个村的实地调研为例》,载《国家行政学院学报》,2010年第6期。
20. 田先红、陈玲:《再造中间层:后税费时代的乡村治理模式变迁研究》,载《甘肃行政学院学报》,2010年第6期。
21. 滕玉成、牟维伟:《农村社区建设和治理研究述评》,载《东南学术》,2010年第6期。
22. 任中平:《创新村级治理机制 破解村治难题——四川仪陇县民主管村"四权"模式的调研与思考》,载《国家行政学院学报》,2010年第1期。
23. 柳红霞、李增元:《村级财政视野中的乡村民主治理变迁》,载《湖北行政学院学报》,2010年第1期。
24. 许远旺、卢璐:《村治转型与社区重建——后税改时代农村基层治理体系的变革》,载《中州学刊》,2010年第1期。
25. 许英杰、苏振华:《村庄治理中的集体行动逻辑——基于理性选择制度主义的视角》,载《中共浙江省委党校学报》,2010年第1期。
26. 张良:《从"汲取式整合"到"服务式整合":乡镇治理体制的转型与建构——基于国家政权建设的视角》,载《中共浙江省委党校学报》,2010年第2期。
27. 唐绍洪、刘屹、张春华:《从"统治"到"治理":我国农村政治体制改革的轨迹嬗变》,载《社会主义研究》,2010年第2期。
28. 朱敏、张乐天:《乡镇治理新转型及其整合困境——基于皖中G乡的经验研究》,载《南京师范大学学报(社会科学版)》,2010年第2期。

29. 董海军：《社区治理模式转型下的农民参与"新农合"分析——以内蒙古姚村为例》，载《南京师范大学学报（社会科学版）》，2010年第2期。

30. 刘勇：《社会转型时期农民非制度化政治参与和乡村治理困境》，载《福建论坛（人文社会科学版）》，2010年第5期。

31. 许远旺：《社区重建中的基层治理转型——兼论中国农村社区建设的生成逻辑》，载《人文杂志》，2010年第4期。

32. 马良灿：《"内卷化"基层政权组织与乡村治理》，载《贵州大学学报（社会科学版）》，2010年第2期。

33. 贺雪峰、刘岳：《基层治理中的"不出事逻辑"》，载《学术研究》，2010年第6期。

34. 杨雪冬、陈雪莲、刘铎：《构建与公共参与扩大相适应的乡镇治理机制》，载《当代世界与社会主义》，2010年第4期。

城市治理

1. 胡祥：《城市社区治理模式的理想型构：合作网络治理》，载《中南民族大学学报（人文社会科学版）》，2010年第5期。

2. 陈朋：《从任务型自治到民主合作型治理——基于上海市社区调研的分析》，载《中国行政管理》，2010年第2期。

3. 夏建中：《治理理论的特点与社区治理研究》，载《黑龙江社会科学》，2010年第2期。

4. 杨玉圣：《论业主自治与小区善治》，载《清华大学学报（哲学社会科学版）》，2010年第3期。

5. 燕继荣：《社区治理与社会资本投资——中国社区治理创新的理论解释》，载《天津社会科学》，2010年第3期。

6. 单鑫：《运动式治理与地方政府治理转向——以N县社区建设为个案》，载《江南大学学报（人文社会科学版）》，2010年第4期。

7. 张兆曙：《城市议题与社会复合主体的联合治理——对杭州3种城市治理实践的

组织分析》，载《管理世界》，2010年第2期。

8. 张鸿雁：《城市化进程中的社会问题治理与控制论——城市管治与客户服务型城市政府的理论与行为创新》，载《南京社会科学》，2010年第1期。

9. 徐善登：《社区公民治理的新视阈：基于强势民主理论》，载《云南社会科学》，2010年第6期。

10. 刘中起：《国际化社区治理进程中的公众参与及其路径选择——一项来自S市B社区的案例研究》，载《中共浙江省委党校学报》，2010年第5期。

11. 房宁、周少来：《民主民生共促和谐发展的制度之路——杭州市"以民主促民生"战略的民主治理意义》，载《政治学研究》，2010年第5期。

12. 陈家刚：《社区治理网格化建设的现状、问题及对策思考——以上海市杨浦区殷行街道为例》，载《兰州学刊》，2010年第11期。

13. 涂晓芳、刘鹤：《城中村社区治理模式的比较研究》，载《云南行政学院学报》，2010年第6期。

14. 姜旭之：《社区治理机制的发展趋势和制度分析》，载《广州大学学报(社会科学版)》，2010年第10期。

15. 郎晓波：《城市社区公共事务分类治理模式的实践与创新——以杭州为例》，载《甘肃行政学院学报》，2010年第6期。

16. 吴光芸、李建华：《协商民主理念下的社区治理》，载《四川行政学院学报》，2010年第6期。

17. 过勇、程文浩：《城市治理水平评价：基于五个城市的实证研究》，载《城市发展研究》，2010年第12期。

18. 吴思红：《国外城市民主治理中公众参与机制及其启示》，载《湖北行政学院学报》，2010年第1期。

19. 王志锋：《城市治理多元化及利益均衡机制研究》，载《南开学报(哲学社会科学版)》，2010年第1期。

20. 马学广：《城中村空间的社会生产与治理机制研究——以广州市海珠区为例》，载《城市发展研究》，2010年第2期。

21. 蔡冬峻：《和谐社区治理中的政府角色转变》，载《中共中央党校学报》，2010

年第2期。

22. 陈辉：《新中国成立60年来城市基层治理的结构与变迁》，载《政治学研究》，2010年第1期。

23. 石发勇：《业主委员会、准派系政治与基层治理——以一个上海街区为例》，载《社会学研究》，2010年第3期。

24. 陈建国：《城市社区治理的政策选择：一个规范分析框架》，载《公共行政评论》，2010年第2期。

25. 刘俊祥：《论城市社区的民主合作治理》，载《云南行政学院学报》，2010年第5期。

26. 李中仁：《城市社区领导与居民区公共治理》，载《江苏行政学院学报》，2010年第4期。

27. 李慧凤：《社区治理与社会管理体制创新——基于宁波市社区案例研究》，载《公共管理学报》，2010年第1期。

全球治理／区域治理

1. 韦宗友：《非正式集团、大国协调与全球治理》，载《外交评论(外交学院学报)》，2010年第6期。

2. 胡为雄：《全球治理与国家政治》，载《特区实践与理论》，2010年第6期。

3. 李景治：《全球治理的困境与走向》，载《教学与研究》，2010年第12期。

4. 魏光启：《中等国家与全球多边治理》，载《太平洋学报》，2010年第12期。

5. 何颖、霍建国：《全球治理对人权保障与发展双重作用的分析》，载《中国行政管理》，2010年第12期。

6. 斯图瓦特·帕特里克：《全球治理改革与美国的领导地位》，载《现代国际关系》，2010年第3期。

7. 叶江：《"全球治理"与"建设和谐世界"理念比较研究》，载《上海行政学院学报》，2010年第2期。

8. 顾永兴：《论世界新民主治理》，载《江苏社会科学》，2010年第S1期。

9. 石育斌：《全球治理困境的突破口：联合国还是WTO》，载《天府新论》，2010年第4期。
10. 潘德、庞中英：《有效的多边主义与全球治理》，载《世界经济与政治》，2010年第6期。
11. 郭延军：《美国与东亚安全的区域治理——基于公共物品外部性理论的分析》，载《世界经济与政治》，2010年第7期。
12. 张文木：《中国需要经营和治理世界的经验》，载《世界经济与政治》，2010年第7期。
13. 赵海月、王瑜：《全球治理与和谐世界》，载《理论与改革》，2010年第5期。
14. 谢海霞：《论非政府组织在全球治理中的作用——以国际合作社联盟为例》，载《江汉论坛》，2010年第11期。
15. 朱景文：《全球化是去国家化吗？——兼论全球治理中的国际组织、非政府组织和国家》，载《法制与社会发展》，2010年第6期。
16. 吴志成：《欧洲治理的多维分析》，载《南京大学学报(哲学·人文科学·社会科学版)》，2010年第6期。
17. 朱贵昌：《开放协调机制——欧盟应对成员国多样性的新治理模式》，载《国际论坛》，2010年第3期。
18. 张紧跟：《新区域主义:美国大都市区治理的新思路》，载《中山大学学报(社会科学版)》，2010年第1期。

生态治理／环境治理

1. 高兴武：《传统行政组织的困境及生态化改造——以生态环境治理为例》，载《中国行政管理》，2010年第期。
2. 胡苑、郑少华：《从威权管制到社会治理——关于修订〈大气污染防治法〉的几点思考》，载《现代法学》，2010年第6期。
3. 俞海滨：《改革开放以来我国环境治理历程与展望》，载《毛泽东邓小平理论研究》，2010年第12期。

4. 范菊华:《全球气候治理的地缘政治博弈》,载《欧洲研究》,2010年第6期。

5. 张哲:《新自由主义与环境治理——以拉丁美洲的水权私有化为例》,载《石家庄经济学院学报》,2010年第6期。

6. 石明明、刘向东、张小军:《环境公共治理、区域森林资源管护与本地居民福利——基于中国省际数据与GLMMs模型的经验研究》,载《经济理论与经济管理》,2010年第4期。

7. 陶火生、宁启超:《环境治理中政府领导责任探析》,载《长江论坛》,2010年第4期。

中文治理书目

1. 丰华琴:《从混合福利到公共治理:英国个人社会服务的源起与演变》,中国社会科学出版社 2010年版。
2. 〔英〕克恩·亚历山大、〔英〕拉胡尔·都莫、〔英〕约翰·伊特威尔:《金融体系的全球治理:系统性风险的国际监管》,赵彦志译,东北财经大学出版社2010年版。
3. 关玲永:《我国城市治理中公民参与研究》,吉林大学出版社2010年版。
4. 冯钢:《转型社会及其治理问题》,社会科学文献出版社2010年版。
5. 刘伟红:《社区治理:基层组织运行机制研究》,上海大学出版社2010年版。
6. 刘杰主编:《全球治理与中国的选择》,时事出版社2010年版。
7. 刘淑妍:《公众参与导向的城市治理:利益相关者分析视角》,同济大学出版社2010年版。
8. 刘霞、向良云:《公共危机治理》,上海交通大学出版社2010年版。
9. 史云贵:《中国现代国家构建进程中的社会治理研究:一种基于公共理性的研究路径》,上海人民出版社2010年版。
10. 叶江:《全球治理与中国的大国战略转型》,时事出版社2010年版。
11. 吴新叶:《城市草根政治的治理逻辑与展开:执政党与非政府公共组织研究》,上海人民出版社2010年版。
12. 周亚荣:《政府治理视角下的中国政府绩效审计研究》,武汉大学出版社2010年版。

13. 周红云:《社会资本与社会治理:政府与公民社会的合作伙伴关系》,中国社会出版社2010年版。

14. 唐丽萍:《中国地方政府竞争中的地方治理研究》,上海人民出版社2010年版。

15. 唐冰开、刘雪峰:《和谐社会视阈下的政府治理问题研究》,吉林大学出版社2010年版。

16. 孙定东:《市场一体化的欧盟治理:CAP与地区政策的借鉴研究》,时事出版社2010年版。

17. 尹贻林、杜亚灵:《基于治理的公共项目管理绩效改善》,科学出版社2010年版。

18. 〔美〕朱迪·弗里曼:《合作治理与新行政法》,毕洪海、陈标冲译,商务印书馆2010年版。

19. 张荣芳、沈跃东等:《公共治理视野下的软法》,中国检察出版社2010年版。

20. 徐秦法:《社会治理中的信仰价值研究》,光明日报出版社2010年版。

21. 〔法〕让-皮埃尔·戈丹:《何谓治理》,钟震宇译,社会科学文献出版社2010年版。

22. 方盛举:《中国省级政府公共治理效能评估的理论与实践:对四个省级政府的考察》,云南大学出版社2010年版。

23. 〔美〕李侃如:《治理中国:从革命到改革》,胡国成、赵梅译,中国社会科学出版社2010年版。

24. 李太斌:《治理理念下政府和社会伙伴关系建构:以上海市阳光社区青少年事务中心为例》,上海大学出版社2010年版。

25. 李明强、贺艳芳:《地方政府治理新论》,武汉大学出版社2010年版。

26. 李春成主编:《观念与治理》,上海人民出版社2010年版。

27. 李莉:《中国公益基金会治理研究:基于国家与社会关系视角》,中国社会科学出版社2010年版。

28. 林吕建主编:《浙江历代地方政府与社会治理》,浙江人民出版社 2010年版。

29. 〔新加坡〕梁文松、〔新加坡〕曾玉凤:《动态治理:新加坡政府的经验》,陈晔、张世云、温平川等译,中信出版社2010年版。

30.〔美〕安瓦·沙主编:《发展中国家的地方治理》,刘亚军、周翠霞译,清华大学出版社2010年版。

31.熊李力:《专业性国际组织与当代中国外交:基于全球治理的分析》,世界知识出版社2010年版。

32.王亚民:《蓝鼎元乡村治理思想与实践研究:乡村善治的历史解读》,光明日报出版社2010年版。

33.王强编著:《政府治理的现代视野》,中国时代经济出版社2010年版。

34.王志锋:《城市治理的经济学分析》,北京大学出版社2010年版。

35.王振海、黄文冰、严惜怡等:《寻求有效社会治理:国内外社会组织发展范式分析》,社会科学文献出版社2010年版。

36.王敬尧:《地方财政与治理能力》,商务印书馆2010年版。

37.王琳、漆国生编著:《城市社区治理与保障研究》,北京理工大学出版社2010年版。

38.窦泽秀、刘效敬、李国宇等:《转型中的城市社会治理:以青岛市市南区社会组织发展为例》,社会科学文献出版社2010年版。

39.罗中枢、王卓:《公民社会与农村社区治理》,社会科学文献出版社2010年版。

40.〔英〕亚当·罗伯茨、〔新西兰〕本尼迪克特·金斯伯里主编:《全球治理:分裂世界中的联合国》,吴志成等译,中央编译出版社2010年版。

40.罗海林、高若莎主编:《中国经济管理创新与社会治理研究》,九州出版社2010年版。

42.肖唐镖主编:《农村宗族与地方治理报告:跨学科的研究与对话》,学林出版社2010年版。

43.肖建华、赵运林、傅晓华:《走向多中心合作的生态环境治理研究》,湖南人民出版社2010年版。

44.袁东振主编:《拉美国家的可治理性问题研究》,当代世界出版社2010年版。

45.贾庆国主编:《全球治理与大国责任:中国青年学者的解读》,新华出版社2010年版。

46.赵树凯:《乡镇治理与政府制度化》,商务印书馆2010年版。

47.赵毅旭:《城市社区治理路径》,四川大学出版社2010年版。

48. 邵鹏：《全球治理：理论与实践》，吉林出版集团有限责任公司2010年版。
49. 郑敬高主编：《公共治理与公共管理创新》，海洋出版社2010年版。
50. 郭虹主编：《城市社区治理探索之路：社区参与治理资源平台成长纪实》，四川大学出版社2010年版。
51. 钟忠编著：《中国互联网治理问题研究》，金城出版社2010年版。
52. 马宝成等：《村级治理：制度与绩效》，中国社会出版社2010年版。
53. 高抗等：《经济转型升级与地方治理模式创新：基于浙江长兴县的个案研究》，学林出版社2010年版。
54. 丁志刚、侯选明：《政治学视野中的西北地区治理研究》，兰州大学出版社2010年版。
55. 澳门发展策略研究中心编：《走向善治之路》，澳门发展策略研究中心，2010年。

英文治理论文

治理理论

1. Can Governance Ondicators Make Sense? Towards a New Approach to Sector-specific Measures of Governance / Matt Andrews, Roger Hay and Jerrett Myers. *Oxford Development Studies*. Volume 38, Issue 4, 2010, pp.391—410.

2. Accountability and Multi-level Governance: More Accountability, Less Democracy? / Yannis Papadopoulos. *Journal of Education Policy*. Volume 33, Issue 5, 2010, pp.1030—1049.

3. Beyond Methodological Nationalism: How Multilevel Governance Affects the Clash of Capitalisms / Helen Callaghan. *Journal of European Public Policy*. Volume 17, Issue 4, 2010, pp.564—580.

4. Rethinking Systems: Configurations of Politics and Policy in Contemporary Governance / *Michael P. Crozier. Administration & Society*. Volume. 42, Issue 5, 2010, pp.504—525.

5. Beyond the Post-war Schumpeterian Consensus: Governance, Legitimacy and Post-democracy / Antonino Palumbo. *Critical Policy Studies*. Volume 4, Issue 4, 2010, pp.319—343.

6. Enhancing Participatory Governance and Fostering Active Citizenship: An

Overview of Local and International Best Practices / Jessica Murray, Busani Tshabangu and Natasha Erlank. *Politikon*. Volume 37, Issue 1, 2010, pp.45–66.

7. Evolving Governance Model for Community Building: Collaborative Partnerships in Master Planned Communities / Bhishna Bajracharya and Shahed Khan. *Urban Policy and Research*. Volume 28, Issue 4, 2010, pp.471–485.

8. Exploring Governance in a Multi-level Polity: A Policy Instruments Approach / Hussein Kassim and Patrick Le Galès. *West European Politics*. Volume 33, Issue 1, 2010, pp.1–21.

9. Governments vs States: Decoding Dual Governance in the Developing World / Ersel Aydinli. *Third World Quarterly*. Volume 31, Issue 5, 2010, pp.693–707.

10. Towards Better Regulatory Governance? Regulatory Reform in Selected Developing Countries, 2003-7 / Yin-Fang Zhang. *Public Management Review*. Volume 12, Issue 6, 2010, pp. 873–891.

11. The Worldwide Governance Indicators: Six, One, or None?/ Laura Langbein and Stephen Knack. *Journal of Development Studies*. Volume 46, Issue 2, 2010, pp.350–370.

12. Governance Challenges and Options for State and Local Governments / Bruce J. Perlman. *State and Local Government Review*. Volume. 42, Issue 3,2010,pp. 246-257.

13. Government, Governing, and Governance / David Fasenfest. *Critical Sociology*. Volume 36, Issue 6, 2010, pp.771–774.

14. Democracy, Governance, and Randomized Development Assistance / Devra C. Moehler. *The ANNALS of the American Academy of Political and Social Science*. Volume 628, Issue 1, 2010, pp.30–46.

15. Into the Woods: A Cautionary Tale for Governance / Karen G. Evans. *Administration & Society*. Volume 42, Issue 7, 2010, pp.859–883.

16. Accountability as a Differentiated Value in Supranational Governance / Dorte Sindbjerg Martinsen and Torben Beck Jørgensen. *The American Review of Public*

Administration. Volume 40, Issue 11, 2010. pp.742—760.

17. Thinking Harder about Outcomes for Collaborative Governance Arrangements / Ellen Rogers and Edward P. Weber. *The American Review of Public Administration*. Volume 40, Issue 5, 2010, pp.546—567.

18. First Things First: Sustaining Political will for Public Governance Change / Derry Ormond. *International Review of Administrative Sciences*. Volume 76, Issue 2, 2010, pp.219—238.

19. Rebuilding Roombeek: Patterns of Citizen Participation in Urban Governance / Bas Denters and Pieter-Jan Klok. *Urban Affairs Review*. vol. 45, Issue 5, 2010, pp.583—607.

20. Adaptive Governance as a Reform Strategy / Ronald D. Brunner. *Policy Sciences*. Volume 43, Number 4,2010,pp.301—341.

21. How Does Social Trust Lead to Better Governance? An Attempt to Separate Electoral and Bureaucratic Mechanisms / Christian Bjørnskov. *Public Choice*. Volume 144, Numbers 1—2,2010,pp.323—346.

22. Organizing Interfaces between Government Institutions and Interactive Governance / Jurian Edelenbos, Nienke van Schie and Lasse Gerrits. *Policy Sciences*. Volume 43, Number 1,2010,pp.73—94.

23. Persuasion as Governane: A State-centric Relational Perspective / Stephen Bell, Andrew Hindmoor and Frank Mols. *Public Administration*. Volume 88, Issue 3, 2010, pp.851—870.

24. Governance, Structure, and Democracy: Luther Gulick and the Future of Public Administration / Kenneth J. Meier. *Public Administration Review*. Volume 70, 2010, pp.284—291.

25. Governance in Central Government: Reconciling Accountability and Capability / John Macauslan and Mark Addision. *The Political Quarterly*. Volume 81, Issue 2, 2010, pp.243—252.

26. Transition Management for Sustainable Development: A Prescriptive,

Complexity—based Governance Framework / Derk Loorbach. *Governance*. Volume 23, Issue 1, 2010, pp.161—183.

27. Governance without a State: Can It Work? / Tanja A. Börzel and Thomas Risse. *Regulation & Governance*. Volume 4, Issue 2, 2010, pp.113—134.

28. Improving Democratic Governance through Institutional Design: Civic Participation and Democratic Ownership in Europe / Chris Skelcher and Jacob Torfing. *Regulation & Governance*. Volume 4, Issue 1, 2010, pp.71—91.

29. The Councillor: Governor, Governing, Governance and the Complexity of Citizen Engagement / Colin Copus. *The British Journal of Politics & International Relations*. Volume 12, Issue 4, 2010, pp.569—589.

环境治理

1. Anticipatory Governance: A Tool for Climate Change Adaptation / Ray Quay. *Journal of the American Planning Association*. Volume 76, Issue 4, 2010, pp.496—511.

2. Challenges for Water Governance in Rural Water Supply: Lessons Learned from Tanzania / A. Jiménez and A. Pérez-Foguet. *International Journal of Water Resources Development*. Volume 26, Issue 2, 2010, pp.235—248.

3. Compliance without Governance: The Role of NGOs in Environmental Impact Assessment Processes in Bosnia-Herzegovina / Adam Fagan and Indraneel Sircar. *Environmental Politics*. Volume 19, Issue 4, 2010, pp.599—616.

4. Copenhagen and the Governance of Adaptation / Diana Liverman and Simon Billett. *Environment: Science and Policy for Sustainable Development*. Volume 52, Issue 3, 2010, pp.28—36.

5. Appropriate Public Involvement in Local Environmental Governance: A Framework and Case Study / Shirley Smiley, Rob de Loë and Reid Kreutzwiser. *Society & Natural Resources*. Volume 23, Issue 11, 2010, pp.1043—1059.

6. Cross-border Environmental Governance in the Greater Pearl River Delta (GPRD) / Xiaoling Ma and Julia Tao. *International Journal of Environmental Studies.* Volume 67, Issue 2, 2010, pp.127–136.

7. Environmental Awareness, Governance and Public Participation: Public Perception Perspectives / Koon-Kwai Wong. *International Journal of Environmental Studies.* Volume 67, Issue 2, 2010, pp.169–181.

8. Environmental Governance in Southern Europe: The Domestic Filters of Europeanisation / Ana Mar Fernández, Nuria Font and Charalampos Koutalakis. *Environmental Politics.* Volume 19, Issue 4, 2010, pp. 557–577.

9. Environmental Organisations and the Europeanisation of Public Policy in Central and Eastern Europe: the Case of Biodiversity Governance / Tanja Börzel and Aron Buzogány. *Environmental Politics.* Volume 19, Issue 5, 2010, pp.708–735.

10. Evaluating Regional Environmental Governance in Northeast Asia / Yasumasa Komori. *Asian Affairs: An American Review.* Volume 37, Issue 1, 2010, pp.1–25.

11. Functions of COP Side-events in Climate-change Governance / Mattias Hjerpe and Bjön-Ola Linner. *Climate Policy.* Volume 10, Issue 2, 2010, pp.167–180.

12. Future Water Governance: Problems and Perspectives / Asit K. Biswas and Cecilia Tortajada. *International Journal of Water Resources Development.* Volume 26, Issue 2, 2010, pp.129–139.

13. Governance Principles for Natural Resource Management / Michael Lockwood, Julie Davidson, Allan Curtis, Elaine Stratford and Rod Griffith. *Society & Natural Resources.* Volume 23, Issue 10, 2010, pp.986–1001.

14. Governing Environmental Innovations / Martin Jänicke and Stefan Lindemann. *Environmental Politics.* Volume 19, Issue 1, 2010, pp.127–141.

15. Importing Notions of Governance: Two Examples from the History of Canadian Water Policy / Sarah Michaels & Rob de Loë. *American Review of Canadian*

Studies. Volume 40, Issue 4, 2010, pp.495—507.

16. Legitimation and Accumulation in Climate Change Governance / Matthew Paterson. *New Political Economy*. Volume 15, Issue 3, 2010, pp.345—368.

17. Overcoming Obstacles to Collaborative Water Governance: Moving toward Sustainability in New Zealand / Ali Memon and Edward P. Weber. *Journal of Natural Resources Policy Research*. Volume 2, Issue 2, 2010, pp.103—116.

18. Private Governance of Climate Change in Hong Kong: An Analysis of Drivers and Barriers to Corporate Action / Shu Yi Chu and Heike Schroeder. *Asian Studies Review*. Volume 34, Issue 3, 2010, pp.287—308.

19. South African Water Governance between Administrative and Hydrological Boundaries / Elke Herrfahrdt-Pähle. *Climate and Development*. Volume 2, Issue 2, 2010, pp.111—127.

20. Strengthening Social Capital for Adaptive Governance of Natural Resources: A Participatory Learning and Action Research for Bylaws Reforms in Uganda / Pascal C. Sanginga, Rick N. Kamugisha and Adrienne M. Martin. *Society & Natural Resources*. Volume 23, Issue 8, 2010, pp.695—710.

21. Territorial Politics and the Success of Collaborative Environmental Governance: Local and Regional Partnerships Compared / Sylvain Gambert. *Local Environment*. Volume 15, Issue 5, 2010, pp.467—480.

22. Third-sector Global Environmental Governance, Space and Science: Comparing Fishery and Forestry Certification / Sally Eden and Christopher Bear. *Journal of Environmental Policy & Planning*. Volume 12, Issue 1, 2010, pp.83—106.

23. Water Governance: A Research Agenda / Cecilia Tortajada. *International Journal of Water Resources Development*. Volume 26, Issue 2, 2010, pp.309—316.

24. Water Governance in the Middle East and North Africa: An Unfinished Agenda / Eglal Rached and David B. Brooks. *International Journal of Water Resources Development*. Volume 26, Issue 2, 2010, pp.141—155.

25. Water Governance: Some Critical Issues / Cecilia Tortajada. *International*

Journal of Water Resources Development. Volume 26, Issue 2, 2010, pp.297–307.

26. Water Supply of Phnom Penh: An Example of Good Governance / Asit k. Biswas and Cecilia Tortajada. *International Journal of Water Resources Development*. Volume 26, Issue 2, 2010, pp.157–172.

27. Rescaling Environmental Governance, Rethinking the State: A Three-dimensional Review / Maureen G. Reed and Shannon Bruyneel. *Progress in Human Geography*. Volume 34, Issue 5, 2010, pp.646–653.

28. Governance of Water: The Legal Questions / Ramaswamy R. Iyer. *South Asian Survey*. Volume 17, Issue 1, 2010, pp.147–157.

29. Natural Resource Governance and Local Governments: Challenges and Policy Solutions / T.R. Raghunandan. *South Asian Survey*. Volume 17, Issue 1, 2010, pp.57–73.

30. A Challenge for Environmental Governance: Institutional Change in a Traditional Common-property Forest System / Tanya M. Hayes. *Policy Sciences*. Volume 43, Number 1, 2010, pp.27–48.

31. Filling the Gap? An Analysis of Non-governmental Organizations Responses to Participation and Representation Deficits in Global Climate Governance / Kathrin Dombrowski. *International Environmental Agreements: Politics, Law and Economics*. Volume 10, Number 4, 2010, pp.397–416.

32. On the Role of Ideas of Human Nature in Shaping Attitudes towards Environmental Governance / Anke Fischer. *Human Ecology*. Volume 38, Number 1, 2010, pp.123–135.

33. The Scaling of Water Governance Tasks: A Comparative Federal Analysis of the European Union and Australia / David Benson and Andrew Jordan. *Environmental Management*. Volume 46, Number 1, 2010, pp.7–16.

34. Access and Allocation in Earth System Governance: Water and Climate Change Compared / Joyeeta Gupta and Louis Lebel. *International Environmental*

Agreements: Politics, Law and Economics. Volume 10, Number 4, 2010, pp. 377−395.

35. Mind the Costs: Rescaling and Multi-Level Environmental Governance in Venice Lagoon / Matteo Roggero and Oliver Fritsch. *Environmental Management*. Volume 46, Number 1, 2010, pp.17−28.

36. Common-pool Resources in East Russia: A Case Study on the Creation of a New National Park as a Form of Community-based Natural Resource Governance / Takesi Murota and Irina Glazyrina. *Environmental Economics and Policy Studies*. Volume 11, Numbers 1−4, 2010, pp.37−52.

37. Accountable Governance, Accountable Sustainability? A Case Study of Accountability in the Governance for Sustainability / Simon Joss. *Environmental Policy and Governance*. Volume 20, Issue 6, 2010.11/12, pp.408−421.

38. Shifting Environmental Governance in A Neoliberal World: US AID for Conservation / Catherine Corson. *Antipode*. Volume 42, Issue 3, 2010.6, pp. 576−602.

39. Water Framework Directive Implementation in Greece: Introducing Participation in Water Governance :the Case of the Evrotas River Basin Management Plan / Leeda Demetropoulou; et al. *Environmental Policy and Governance*. Volume 20, Issue 5, 2010.9/10, pp.336−349.

40. Multi-level Governance and Global Climate Change in East Asia / Miranda A. Schreurs. *Asian Economic Policy Review*. Volume 5, Issue 1, 2010.6, pp.88−105.

41. Institutional Challenges for National Groundwater Governance: Policies and Issues / Insa Theesfeld. *Ground Water*. Volume 48, Issue 1, 2010.1/2, pp.131−142.

42. Forest Certification as a Global Environmental Governance Tool: What is the Macro-effectiveness of the Forest Stewardship Council? / Axel Marx and Dieter Cuypers. *Regulation & Governance*. Volume 4, Issue 4, 2010.12, pp.408−434.

43. The Evolution of Chinese Policies and Governance Structures on Environment, Energy and Climate / Stephen Tsang and Ans Kolk. *Environmental Policy and Governance*. Volume 20, Issue 3, 2010. 5/6, pp.180−196.
44. Public−Private Partnerships in Global Climate Governance / Philipp Pattberg. *Wiley Interdisciplinary Reviews: Climate Change*. Volume 1, Issue 2, 2010. 3/4, pp.279−287.

地方治理

1. Decentralisation, Governance and the Structure of Local Political Institutions: Lessons for Reform? / Charles Hankla and William Downs. *Local Government Studies*. Volume 36, Issue 6, 2010, pp.759−783.
2. Decentralization and Local Governance in Kazakhstan / Shahjahan H. Bhuiyan. *International Journal of Public Administration*. Volume 33, Issue 12−13, 2010, pp.658−672.
3. Decentralizing Local Governance in Thailand: Contemporary Trends and Challenges / M. Shamsul Haque. *International Journal of Public Administration*. Volume 33, Issue 12−13, 2010, pp.673−688.
4. Local Government in Japan: New Directions in Governance toward Citizens' Autonomy / Satoshi Shimizutani. *Asia-Pacific Review*. Volume 17, Issue 2, 2010, pp.99−117.
5. Local Forms of Governance in Denmark: The Revenge of the Supplement / Jacob Torfing. *Journal of Power*. Volume 3, Issue 3, 2010, pp.405−425.
6. More than a Friendly Visit: A New Strategy for Improving Local Governing Capacity / Leon van den Dool, Merlijn van Hulst and Linze Schaap. *Local Government Studies*. Volume 36, Issue 4, 2010, pp.551−568.
7. Neighbourhood Governance: Contested Rationales within a Multi-level Setting- A Study of Manchester / Catherine Durose and Vivien Lowndes. *Local Government*

Studies. Volume 36, Issue 3, 2010, pp.341−359.

8. Assessing International Aid for Local Governance in the Western Balkans / Paula M. Pickering. *Democratization*. Volume 17, Issue 5, 2010, pp.1024−1049.

9. New Forms of Local Governance: A Theoretical and Empirical Analysis of Municipal Corporations in Portugal / Antonio F. Tavares and Pedro J. Camões. *Public Management Review*. Volume 12, Issue 5, 2010, pp.587−608.

10. Perspectives on Decentralization and Local Governance in Developing and Transitional Countries / Christopher J. Rees and Farhad Hossain. *International Journal of Public Administration*. Volume 33, Issue 12−13, 2010, pp.581−587.

11. Psycho-Sociological Barriers to Citizen Participation in Local Governance: The Case of Some Rural Communities in Romania / Mihai Pascaru and Călina Ana Butiu. *Local Government Studies*. Volume 36, Issue 4, 2010, pp.493−509.

12. Urbanization and Local Governance Challenges in Pakistan / Murtaza Haider and Madhav G. Badami. *Environment and Urbanization Asia*. Volume 1, Issue 1, 2010, pp.81−96.

13. Scenario Planning for Effective Regional Governance: Promises and Limitations / Arnab Chakraborty. *State and Local Government Review*. Volume 42, Issue 2, 2010, pp.156−167.

14. Decentralization, Democracy and Sub-national Governance: Comparative Reflections for Policy-making in Brazil, Mexico and the US / Peter M. Ward, Robert H. Wilson and Peter K. Spink. *Regional Science Policy & Practice*. Volume 2, Issue 1, 2010, pp.51−62.

15. Local Governance Arrangements and Democratic Outcomes (with some evidence from the Italian case) / Matteo Bassoli. *Governance*. Volume 23, Issue 3, 2010, pp.485−508.

16. Local Governance and Participation under Neoliberalism: Comparative Perspectives / Valeria Guarneros-Meza and Mike Geddes. *International Journal of Urban and Regional Research*. Volume 34, Issue 1, 2010, pp.115−129.

17. Ambiguous Institutions: Traditional Governance and Local Democracy in Rural South India / Kripa Ananth Pur and Mick Moore. *Journal of Development Studies*. Volume 46, Issue 4, 2010, pp.603−623.

18. Governance, Policy Innovation, and Local Economic Development in North Carolina / Jonathan Q. Morgan. *Policy Studies Journal*. Volume 38, Issue 4, 2010, pp.679−702.

19. Governing Ourselves: Citizen Participation and Governance in Barcelona and Manchester / Georgina Blakeley. *International Journal of Urban and Regional Research*. Volume 34, Issue 1, 2010, pp.130−145.

20. Why Village Election Has not Much Improved Village Governance / Qingshan Tan. *Journal of Chinese Political Science*. Volume 15, Number 2, 2010, pp. 153−167.

各国治理研究

1. Attitudes of Greek Parliamentarians towards European and National Identity, Representation, and Scope of Governance / Roula Nezi, Dimitri A. Sotiropoulos and Panayiota Toka. *South European Society and Politics*. Volume 15, Issue 1, 2010, pp.79−96.

2. Bangladesh Politics: Confrontation, Monopoly and Crisis in Governance / Ferdous Arfina Osman. *Asian Journal of Political Science*. Volume 18, Issue 3, 2010, pp. 310−333.

3. Between Citizenship and Clientship: The Politics of Participatory Governance in Malawi / Niamh Gaynor. *Journal of Southern African Studies*. Volume 36, Issue 4, 2010, pp.801−816.

4. Citizens' Views on Electoral Governance in Mexico / Antonio Ugues. *Journal of Elections, Public Opinion & Parties*. Volume 20, Issue 4, 2010, pp.495−527.

5. Constitutionalism and Governance in Fiji / Sanjay Ramesh. *The Round Table*.

Volume 99, Issue 410, 2010, pp.491−502.

6. The Convergence of Governance: Upgrading Authoritarianism in the Arab World and Downgrading Democracy Elsewhere? / Francesco Cavatorta. *Middle East Critique*. Volume 19, Issue 3, 2010, pp.217−232.

7. Europeanization and Multi-level Governance in Slovenia / George Andreou and Ian Bache. *Southeast European and Black Sea Studies*. Volume 10, Issue 1, 2010, pp.29−43.

8. Europeanization and Multi-level Governance in Turkey / Ebru Ertugal. *Southeast European and Black Sea Studies*. Volume 10, Issue 1, 2010, pp.97−110.

9. Europeanization and Nascent Multi-level Governance in Croatia / Ian Bache and Danijel Tomšić. *Southeast European and Black Sea Studies*. Volume 10, Issue 1, 2010, pp.71−83.

10. Europeanization and New Patterns of Multi-level Governance in Romania / Ana Maria Dobre. *Southeast European and Black Sea Studies*. Volume 10, Issue 1, 2010, pp.59−70.

11. Evaluation of Governance: A Study of the Government of India's Outcome Budget / Anand P. Gupta. *Journal of Development Effectiveness*. Volume 2, Issue 4, 2010, pp.566−573.

12. Governance and Governmentality: A Discussion in the Context of UK Private Pension Provision / Patrick John Ring. *Economy and Society*. Volume 39, Issue 4, 2010, pp.534−550.

13. Governance, Development, and the Responsive Crepressive State in Vietnam / Benedict J. Tria Kerkvliet. *Forum for Development Studies*. Volume 37, Issue 1, 2010, pp.33−59.

14. "Governance without Governance": How Nature Policy was Democratized in the Netherlands / Esther Turnhout and Mariëlle Van der Zouwen. *Critical Policy Studies*. Volume 4, Issue 4, 2010, pp.344−361.

15. Making a Liberal State: "Good Governance" in Ghana / David Williams. *Review*

of African Political Economy. Volume 37, Issue 126, 2010, pp.403—419.

16. Metaphors of Governance in Central and Eastern Europe: Multi-level, Asymmetrical or Variable Geometry? / Roger Lawrence. *Local Government Studies*. Volume 36, Issue 6, 2010, pp.785—801.

17. Nationalism, Governance and Policymaking in Scotland: The Scottish National Party (SNP) in Power. Margaret Arnott and Jenny Ozga. *Public Money & Management*. Volume 30, Issue 2, 2010, pp.91—96.

18. Searching for Participatory Governance in Korea / Moon-Gi Jeong and Soo-Gil Oh. *Journal of Contemporary Asia*. Volume 40, Issue 2, 2010, pp.275—290.

19. Symbiosis, Re-use and Evolution: Administrators, Politicians, Citizens, and Governance in Post-colonial India / Subrata Mitra. *Commonwealth & Comparative Politics*. Volume 48, Issue 4, 2010, pp.457—478.

20. Toward Disorganized Governance in Public Service Povision? The Case of German Sickness Funds / Ingo Bode. *International Journal of Public Administration*. Volume 33, Issue 2, 2010.1, pp.61—72.

21. Trouble with Champions: Local Public Sector-third Sector Partnerships and the Future Prospects for Collaborative Governance in the UK / Tony Chapman, Judith Brown, Chris Ford and Beth Baxter. *Policy Studies*. Volume 31, Issue 6, 2010, pp.613—630.

22. Uneven Opening of China's Society, Economy, and Politics: Pro-growth Authoritarian Governance and Protests in China / Hongyi Lai. *Journal of Contemporary China*. Volume 19, Issue 67, 2010, pp.819—835.

23. Dutch Urban Governance: Multi-level or Multi-scalar? / Anita Kokx and Ronald van Kempen. *European Urban and Regional Studies*. Volume. 17, Issue 4, 2010, pp.355—369.

24. Poverty, Inequality and the Challenges of Pro-poor Governance in Bangladesh / Rita Afsar. *Journal of South Asian Development*. Volume 5, Issue 2, 2010, pp. 187—219.

25. Governance as Polity: An Institutional Approach to the Evolution of State Functions in Ireland / Niamh Hardiman and Colin Scott. *Public Administration*. Volume 88, Issue 1, 2010, pp.170—189.

26. Democracy and Good Governance in the Black Sea Region / Franz-Lothar Altmann, Johanna Deimel and Armando Garcia Schmidt. *Southeast European and Black Sea Studies*. Volume 10, Issue 3, 2010, pp.303—321.

27. Italian Parties and Europe: Problems of Identity, Representation and Scope of Governance in the Euromanifestos (1989-2004) / Nicolò Conti and Vincenzo Memoli. *Perspectives on European Politics and Society*. Volume 11, Issue 2, 2010, pp.167—182.

28. Old Regions, New States: Why is Governance Weak in the Indus-Ganges Pain? / Peter Mayer. *Asian Journal of Political Science*. Volume 18, Issue 1, 2010, pp. 20—47.

29. Interorganizational Exchanges in China: Organizational Forms and Governance Mechanisms / Jianjun Zhang, Hean Tat Keh. *Management and Organization Review*. Volume 6, Issue 1, 2010, pp. 123—147.

30. Anglobal Governance? / Srdjan Vucetic. *Cambridge Review of International Affairs*. Volume 23, Issue 3, 2010, pp.455—474.

全球治理

1. Commonwealth and Global Development: Contributions to Private Transnational Governance? / Timothy M. Shaw. *Commonwealth and Comparative Politics*. Volume 48, Issue 1, 2010, pp.91—111.

2. Comparative Commonwealths: An Overlooked Feature of Global Governance? / Timothy M. Shaw. *Third World Quarterly*. Volume 31, Issue 2, 2010, pp.333—346.

3. Crisis and Global Governance: Money, Discourses, and Institutions / James H.

Mittelman. *Globalizations*. Volume 7, Issue 1–2, 2010, pp.157–172.

4. Economic and Social Governance in the Making: EU Governance in Flux / Iain Begg. *Journal of European Integration*. Volume 32, Issue 1, 2010, pp.1–16.

5. Emerging Markets and Global Governance: An Indian Perspective / Arundhati Ghose. *The International Spectator*. Volume 45, Issue 4, 2010, pp.49–61.

6. The EU and Southeastern Europe: The Rise of Post-liberal Governance / David Chandler. *Third World Quarterly*. Volume 31, Issue 1, 2010, pp.69–85.

7. The EU in Central Asia: Successful Good Governance Promotion? / Katharina Hoffmann. *Third World Quarterly*. Volume 31, Issue 1, 2010, pp.87–103.

8. The EU-ACP Development Cooperation: Governance Challenges for Non-state Actors: The Case of Malawi / Zolomphi Nkowani. *Commonwealth Law Bulletin*. Volume 36, Issue 4, 2010, pp.679–689.

9. The European Union, Good Governance and Aid Co-ordination / Maurizio Carbone. *Third World Quarterly*. Volume 31, Issue 1, 2010, pp.13–29.

10. Europeanization and Multi-level Governance: EU Cohesion Policy and Pre-Accession Aid in Southeast Europe / Ian Bache. *Southeast European and Black Sea Studies*. Volume 10, Issue 1, 2010, pp.1–12.

11. The G20 and Global Governance: An Exchange / David Shorr and Thomas Wright. *Survival*. Volume 52, Issue 2, 2010, pp.181–198.

12. From "Old" to "New" Governance in the EU: Explaining a Diagnostic Deficit / Adriaan Schout, Andrew Jordan and Michelle Twena. *West European Politics*. Volume 33, Issue 1, 2010, pp.154–170.

13. Gender, Governance and the Global Political Economy / Penny Griffin. *Australian Journal of International Affairs*. Volume 64, Issue 1, 2010, pp.86–104.

14. Governance and Development: Changing EU Policies / Wil Hout. *Third World Quarterly*. Volume 31, Issue 1, 2010, pp.1–12.

15. Is the EU's Governance "Good"? An Assessment of EU Governance in Its

Partnership with ACP States / Nikki Slocum-Bradley and Andrew Bradley. *Third World Quarterly*. Volume 31, Issue 1, 2010, pp.31—49.

16. Liberia's Governance and Economic Management Assistance Program (GEMAP): An Impact Review and Analytical Assessment of a Donor Policy Intervention for Democratic State-building in a Post-conflict State / Kempe Ronald Hope Sr. *South African Journal of International Affairs*. Volume 17, Issue 2, 2010, pp.243—263.

17. Positioning Accountability in European Governance: An Introduction / Deirdre Curtin, Peter Mair and Yannis Papadopoulos. *West European Politics*. Volume 33, Issue 5, 2010, pp.929—945.

18. Russian Approaches to Global Governance in the 21st Century / Andrei Zagorski. *The International Spectator*. Volume 45, Issue 4, 2010, pp.27—42.

19. Good Urban Governance in Southeast Asia / Yap Kioe Sheng. *Environment and Urbanization Asia*, Volume. 1, Issue 2, 2010.9, pp.131—147.

20. Global Governance: Getting Us Where We All Want to Go and Getting Us There Together / Pascal Lamy. *Global Policy*. Volume 1, Issue 3, 2010.10, pp.312—314.

21. Welfare Improvement through International Cooperation as Justification for International Institutions in Global Governance / John-ren Chen. *Transition Studies Review*. Volume 17, Number 4, 2010, pp.737—762.

22. "Global Governance: Growth and Innovation 2020": Ilia Chavchavadze State University, Tbilisi, July 12-18, Report to the Presidency / Giorgio Dominese. *Transition Studies Review*. Volume 17, Number 2, 2010, pp.247—255.

23. Multilevel Governance within the European Union / Mojca Kucler Dolinar. *European View*. Volume 9, Number 1, 2010, pp.97—103.

24. European Governance: Negotiation and Competition in the Shadow of Hierarchy / Tanja Börzel. *Journal of Common Market Studies*. Volume 48, Issue 2, 2010, pp.191—219.

25. Asia and the Reform of Global Governance / Miles Kahler. *Asian Economic Policy Review*. Volume 5, Issue 2, 2010, pp.178–193.

26. Global Governance: Decline or Maturation of an Academic Concept? / Henk Overbeek, Klaus Dingwerth, Philipp Pattberg and Daniel Compagnon. *International Studies Review*. Volume 12, Issue 4, 2010, pp.696–719.

27. Between Development and Security: The European Union, Governance and Fragile States / Wil Hout. *Third World Quarterly*. Volume 31, Issue 1, 2010, pp.141–157.

28. Building Multi-level Governance in Sutheast Europe? / Ian Bache. *Southeast European and Black Sea Studies*. Volume 10, Issue 1, 2010, pp.111–122.

英文治理书目

治理理论

1. *Democratic Governance* / Mark Bevir. Princeton University Press, 2010.
2. *Democracy, Law and Governance* / Jacques Lenoble and M. Maesschalck. Ashgate, 2010.
3. *Handbook on Multi-Level Governance* / Henrik Enderlein, Sonja Waälti and Michael Zuürn. Edward Elgar, 2010.
4. *Engaging Civil Society: Emerging Trends in Democratic Governance* / G. Shabbir Cheema and Vesselin Popovski. United Nations University Press, 2010.
5. *The New Public Governance? : Emerging Perspectives on The Theory and Practice of Public Governance* / Stephen P. Osborne. Routledge, 2010.
6. *Governing Modern Societies: Towards Participatory Governance* / Hubert Heinelt. Routledge, 2010.
7. *Governance of Public Sector Organizations: Proliferation, Autonomy, and Performance* / Per Lægreid and Koen Verhoest. Palgrave Macmillan, 2010.
8. *Public Aector Governance* / Leanne Wrightson. Chartered Secretaries Australia, 2010.
9. *The Theory of Multi-Level Governance: Conceptual, Empirical, and Normative*

Challenges / Simona Piattoni. Oxford University Press, 2010.

10. *From Compliance Governance to Strategic Governance* / John C. Wilcox. Conference Board, 2010.

11. *Restoring Values: Keys to Integrity, Ethical Behaviour and Good Governance* / E. Sreedharan and Bharat Wakhlu. SAGE, 2010.

12. *Nine Steps to Effective Governance: Building High Performing Organisations.* SPARC, 2010.

13. *The Reform of Governance* / Keping Yu. Brill, 2010.

14. *From Government to Governance* / Richard Bellamy and Antonino Palumbo. Ashgate Pub. Co., 2010.

15. *Governance Through Development* / Tan, Celine. Routledge-Cavendish, 2010.

16. *Governance and Cities: The Shifting Urban Governance Dynamic* / Michael Lamieszek; Australia and New Zealand School of Government. State Services Authority, 2010.

17. *Bureaucracy and Good Governance* / G.S. Rana. Alfa Publications, 2010.

18. *Governance, Politics and the State* / Pierre, Jon and Peters, B. Guy. Palgrave Macmillan, 2010.

19. *Human Rights, Democracy and Governance* / C.K. Lal, Nurul Kabir, T.A. John and Syed Naveed Qamar. Longman, 2010.

20. *The Sage Handbook of Governance* / Mark Bevir. Sage, 2010.

21. *Good Governance: Stimuli and Strategies* / Rajiv Sharma and Ramesh Kumar Arora. Association of State Training Institutions in India; Aalekh Publishers, 2010.

22. *Accountable Governance: Problems and Promises* / Melvin J Dubnick and George Frederickson. M.E. Sharpe, Inc., 2010.

23. *Communitisation: The Third Way of Governance* / R.S. Pandey. Concept Pub. Co., 2010.

24. *Legislatures in Federal Systems and Multi-Level Governance* / Rudolf Hrbek.

Baden-Baden Nomos, 2010.

25. *Metropolitan Governance: Conflict, Competition, and Cooperation* / Richard C Feiock. Georgetown University Press, 2010.

26. *Governance and Administration: An Insider's View* / U.C. Agarwal. Indian Institute of Public Administration in association with Kanishka Publishers, 2010.

27. *Governance in a Disenchanted World: The End of Moral Society* / Helmut Willke. Edward Elgar Pub., 2010.

28. *Governance in the Commonwealth: An Overview of Current Debates* / Seth Lartey and Deepti Sastry. Commonwealth Secretariat, 2010.

29. *Civicness in the Governance and Delivery of Social Services* / Adalbert Evers and Taco Brandsen. Nomos, 2010.

30. *NGO Law and Governance: A Resource Book* / Suresh T K Kartik. Mohini Publishers & Distributors, 2010.

全球治理

1. *Rising States, Rising Institutions: Challenges for Global Governance* / Alan S. Alexandroff and Andrew F. Cooper. Brookings Institution Press and Centre for International Governance Innovation, 2010.

2. *Global Governance and the UN: An Unfinished Journey* / Thomas George Weiss and Ramesh Chandra Thakur. Indiana University Press, 2010.

3. *World Rule: Accountability, Legitimacy, and the Design of Global Governance* / Jonathan G.S. Koppell. University of Chicago Press, 2010.

4. *Democracy and Public-Private Partnerships in Global Governance* / Magdalena Bexell and Ulrika Mörth. Palgrave Macmillan, 2010.

5. *International Organizations: The Politics and Processes of Global Governance* / Margaret P. Karns and Karen A. Mingst. Lynne Rienner Publishers, 2010.

6. *Critical Theory of International Politics: Complementarity, Justice, and*

Governance / Steven C. Roach. Routledge, 2010.

7. *Global Poverty: How Global Governance is Failing the Poor* / David Hulme. Routledge, 2010.

8. *European Union Governance: Effectiveness and Legitimacy in European Commission Committees* / Karen Heard-Lauréote. Routledge, 2010.

9. *The Politics of Global Governance: International Organizations in an Interdependent World* / Paul F. Diehl and Brian Frederking. Lynne Rienner Publishers, 2010.

10. *From Policy to Implementation in the European Union: The Challenge of a Multi-Level Governance System* / Simona Milio. Tauris Academic Studies, 2010.

11. *International Governance, Regimes, and Globalization: Case Studies from Beijing and Taipei* / Peter Kien-hong Yu, Emily W. Chow and Shawn S.F. Kao. Lexington Books, 2010.

12. *Power Shifts and Global Governance: Challenges from South and North* / Paul M. Kennedy, Ashwani Kumar and Dirk Messner. Anthem Press, 2010.

13. *Global Civil Society in International Lawmaking and Global Governance: Theory and Practice* / Barbara K. Woodward. Martinus Nijhoff Publishers, 2010.

14. *World-Regional Social Policy and Global Governance: New Research and Policy Agendas in Africa, Asia, Europe and Latin America* / Bob Deacon; et al. Routledge, 2010.

15. *World Governance: Do We Need It, Is It Possible, What Could It (All) Mean?* / Jovan Babić and Petar Bojanić. Cambridge Scholars, 2010.

16. *Governance and Intergovernmental Relations in the European Union and the United States: Theoretical Perspectives* / Edoardo Ongaro; et al. Edward Elgar, 2010.

17. *Green Democracy, Global Governance* / John Dryzek. Academy of the Social Sciences in Australia, 2010.

18. *Social Networking & Global Governance* / Amit Ghosh. ALP Books, 2010.

19. *Global Governance and Diplomacy* / M.K. Singh. Navyug Books International, 2010.

20. *Global Governance, Poverty and Inequality* / Rorden Wilkinson and Jennifer Clapp. Taylor & Francis, 2010.

21. *Democracy, Governance and International Relations* / Hassan A. Saliu. College Press and Publishers, 2010.

22. *Global Governance in a Plural World* / Simona Beretta and Roberto Zoboli. V&P, 2010.

23. *Governing Globalization: Power, Authority and Global Governance* / David Held and Anthony G. McGrew. Polity Press, 2010.

24. *Arguing Global Governance: Agency, Lifeworld and Shared Reasoning* / Corneliu Bjola and Markus Kornprobst. Taylor & Francis, 2010.

25. *Global Governance 2025: at A Critical Juncture*. National Intelligence Council; Institute for Security Studies, 2010.

26. *The Uniting of Nations: An Essay on Global Governance* / John McClintock. P.I.E. Peter Lang, 2010.

27. *The European Union and Global Governance: A Handbook*. Routledge, 2010.

28. *International Organizations: Perspectives on Governance in The Twenty-First Century* / Kelly-Kate S. Pease. Longman, 2010.

29. *Non-governmental Organizations in World Politics: The Construction of Global Governance* / Peter Willetts. Routledge, 2010.

30. *The New Dynamics of Multilateralism: Diplomacy, International Organizations, and Global Governance* / James P Muldoon Jr. and, James P. Muldoon. Westview Press, 2010.

31. *The European Union, The United States and Global Governance: Major Trends and Challenges: Conference Report* / Koninklijke Vlaamse Academie van België voor Wetenschappen en Kunsten. Leuven Centre for Global Governance Studies, 2010.

32. *Civil Society and International Governance : The Role of Non-state Actors in the EU, Africa, Asia and Middle East* / David Armstrong, Valeria Bello, Julie Gilson and Debora Spini. Taylor & Francis, 2010.

地区治理／各国治理

1. *China's Elite Politics: Governance and Democratization* / Zhiyue Bo. World Scientific, 2010.
2. *Contemporary India: Society and Its Governance* / A Premchand. Transaction Publishers, 2010.
3. *Urban America Reconsidered: Alternatives for Governance and Policy* / David Imbroscio. Cornell University Press, 2010 .
4. *Democratic Governance in Latin America* / Scott Mainwaring and Timothy Scully. Stanford University Press, 2010.
5. *Building Trust in Government: Innovations in Governance Reform in Asia* / G. Shabbir Cheema and Vesselin Popovski. United Nations University Press, 2010.
6. *Governance for Harmony in Asia and Beyond* / Julia Lai Po-Wah Tao; et al. Routledge, 2010.
7. *Demanding Good Governance: Lessons from Social Accountability Initiatives in Africa* / Mary McNeil; Carmen Malena. World Bank, 2010.
8. *The Imaginative Institution: Planning and Governance in Madrid* / Michael Neuman. Ashgate Pub. Co., 2010.
9. *Governance and Politics in Post-military Nigeria: Changes and Challenges* / Said Adejumobi. Palgrave Macmillan, 2010.
10. *Devolution and The Governance of Northern Ireland* / Colin Knox. Manchester University Press, 2010.
11. *European Governmentality: The Liberal Drift of Multilevel Governance* / Richard Münch. Routledge, 2010.

12. *Germany After the Grand Coalition: Governance and Politics in a Turbulent Environment* / Silvia Bolgherini and Florian Grotz. Palgrave Macmillan, 2010.

13. *The Politics of Italy: Governance in a Normal Country* / James Newell. Cambridge University Press, 2010.

14. *Rescaling Social Policies: Towards Multilevel Governance in Europe* / Yuri Kazepov. Ashgate, 2010.

15. *Social Cohesion in Greater China: Challenges for Social Policy and Governance* / Ka-Ho Mok and Yeun-wen Ku. World Scientific, 2010.

16. *The State and Governance in India: The Congress Ideal* / William F. Kuracina. Routledge, 2010.

17. *New Modes of Governance in Europe: Governing in the Shadow of Hierarchy* / Adrienne Windhoff-Héritier and Martin Rhodes. Palgrave Macmillan, 2010.

18. *Toward Better Governance in China: An Unconventional Pathway of Political Reform* / Baogang Guo and Dennis Hickey. Lexington Books, 2010.

19. *Public Governance in Asia and the Limits of Electoral Democracy* / Brian Bridges and Lok-sang Ho. Edward Elgar, 2010.

20. *A Panacea for All Seasons? : Civil Society and Governance in Europe* / Matthias Freise, Miikka Pyykkönen and Eglė Vaidelytė. Nomos, 2010.

21. *In The Shadow of Good Governance: An Ethnography of Civil Service Reform in Africa* / Gerhard Anders. Brill, 2010.

22. *Governance and Institutional Quality and the Links with Economic Growth and Income Inequality: with Special Reference to Developing Asia* / Juzhong Zhuang, Emmanuel S De Dios and Anneli Lagman-Martin. Asian Development Bank, 2010.

23. *Accountability and European Governance* / Deirdre Curtin. Routledge, 2010.

24. *Governance and Politics of China* / Tony Saich. Palgrave Macmillan, 2010.

25. *Indian Judiciary and Good Governance* / Mona Shukla. Regal Publications, 2010.

26. *Committee Governance in the European Union* / Thomas Christiansen and Emil Joseph Kirchner. Manchester University Press, 2010.

27. *Power & Governance: Politics and Law in Australia* / John Willmott. Politics Law Publishing, 2010.

28. *Governance in Africa: Historical and Contemporary Perspectives* / Samuel Alfayo Nyanchoga, Francis M. Muchoki and Paul O. Ogula. CUEA Press, 2010.

29. *Concise Encyclopedia of Indian Polity and Governance* / Subhash C. Kashyap. Vision Books, 2010.

30. *International Statebuilding: The Rise of Post-liberal Governance* / David Chandler. Taylor & Francis, 2010.

31. *Perspectives on Democracy and Governance in Africa* / John W. Forje. Hova Science Publishers, 2010.

32. *Citizens' Report on Governance and Development 2010*/ Social Watch. SAGE Publications, 2010.

33. *Governance and Development at the Grassroots in Tanzania* / Rwekaza Sympho Mukandala and Charles P. Gasarasi. Research and Education for Democracy in Tanzania, 2010.

34. *Learning and Governance in the EU Policy Making Process* / Anthony R. Zito. Routledge, 2010.

35. *Undermining Local Democracy: Parallel Governance in Contemporary South India* / Lalita Chandrashekhar. Taylor & Francis, 2010.

36. *The Role of the Regions in the EU Governance* / Carlo Panara and Alexander De Becker. Springer-Verlag, 2010.

37. *Civil Resistance in The Middle East: Popular Struggle, Democratization, and Governance* / Maria J. Stephan. Palgrave Macmillan, 2010.

38. *Countries at the Crossroads 2010: An Analysis of Democratic Governance* / Jake Dizard, Christopher Walker and Sarah Cook. Rowman & Littlefield Pub. Group, 2010.

39. *Citizenship and the Legitimacy of Governance: Anthropology in The Mediterranean Region* / Italo Pardo and Giuliana B. Prato. Ashgate, 2010.

40. *Civil Society and Governance in Kenya since 2002: between Transition and Crisis* / Duncan Okoth-Okombo. African Research and Resource Forum, 2010.

41. *Key Problems for Democracy in Nigeria: Credible Elections, Corruption, Security, Governance, and Political Parties* / Okechukwu C. Oko. Edwin Mellen Press, 2010.

42. *Promoting Administrative Justice in Lesotho: The Role of the Ombudsman: Quest for Good Governance* / S.S. Mafisa and Lesotho. Office of the Ombudsman, 2010.

43. *Participants or Observers in European Governance? Civil Society Lobbyists from Central and Eastern Europe in Brussels* / Kristina Charrad. Nomos, 2010.

44. *Government of Deceit: A Sobering Analysis of America's Finances, Governance and Society — and How We Got Here* / Patrick D. McConnell. Dog Ear Publishing, 2010.

45. *Civil Society and Good Governance in Burundi: Promoting Inclusiveness and People Participation in the East African Community: A Report of the Fact-finding Mission to Burundi* / Aliro Omara and Tulia Ackson. Fountain, 2010.

46. *Governance as Social and Political Communication* / Henrik Paul Bang. Manchester University Press, 2010.

47. *Global Think Tanks: Policy Networks and Governance* / James G. McGann and Richard Sabatini. Routledge, 2010.

48. *The Challenge of Community Participation in the Delivery of Public Services: Exploring Local Participatory Governance in Ireland* / by Chris McInerney and Maura Adshead. National Economic and Social Forum, 2010.

49. *Between Governing and Governance. On the Emergence, Function and Form of Europe's Post-national Constellation* / Poul F. Kjaer. Hart Publishing, 2010.

地方治理

1. *Decentralized Development in Latin America: Experiences in Local Governance and Local Development* / P. Van Lindert and Otto Verkoren. Springer, 2010.
2. *Dynamics of Local Governance in China During the Reform Era* / Tse-Kang Leng and Yunhan Zhu. Lexington Books, 2010.
3. *The Transformation of the Organization of American States: A Multilateral Framework for Regional Governance* / Betty Horwitz. Anthem Press, 2010.
4. *Enhancing Citizen Participation in Local Governance* / Development Network of the Indigenous Voluntary Associations of Uganda. DENIVA, 2010.
5. *Incentives and Governance: China's Local Governments* / Li-An Zhou. Cengage Learning Asia Pte. Ltd., 2010.
6. *Evaluation of UNDP Contribution to Strengthening Local Governance* / United Nations Development Programme. Evaluation Office. UNDP, 2010.
7. *Local Governance in the Global Context : Theory and Practice* / Chin-peng Chu; et al. Lit New Brunswick; Transaction Publications, 2010.
8. *Local Governance and Political Reform: Keys to Poverty Reduction* / Badiul Alam Majumdar. Agamee Prakashani, 2010.
9. *Decentralised Governance in Tribal India: Negotiating Space between the State, Community and Civil Society* / Kumar Aruna Monditoka. Cambridge Scholars, 2010.
10. *Grassroots Planning and Local Governance in India: Policy Initiatives and People's Participation* / D. Sundar Ram. Academy of Grassroots Studies and Research; Kanishka Publishers, 2010.
11. *Citizen Participation and Local Governance: Case Study of the Combined Harare Residents Association* / Jephias Mapuva. Cambridge Scholars, 2010.
12. *Strengthening Local Governance and Decentralization: Lessons and Experiences from Local Government Associations in Asia* / Donna Chiarelli; Federation of

Canadian Municipalities.; VNG International (Firm); et al. Federation of Canadian Municipalities; VNG International, 2010.

13. *Moving beyond "Illiberal Democracy" in Sub-Saharan Africa: Recalling The Significance of Local Governance* / Christopher LaMonica. Boston University African Studies Center, 2010.

14. *Local Governance and Poverty in Developing Nations* / Nicky Pouw, I.S.A. Baud and Ton Dietz. Routledge, 2010.

环境／生态治理

1. *Greenhouse Governance: Addressing Climate Change in America* / Barry George Rabe; Brookings Institution. Brookings Institution Press, 2010.

2. *Adaptive Capacity and Environmental Governance* / Derek R. Armitage; Ryan Plummer. Springer, 2010.

3. *Adaptive Governance and Climate Change* / Ronald D. Brunner and Amanda H. Lynch. American Meteorological Society, 2010.

4. *Social Participation in Water Governance and Management: Critical and Global Perspectives* / Kate A. Berry; Eric Mollard. Earthscan, 2010.

5. *Institutional Dynamics: Emergent Patterns in International Environmental Governance* / Oran R. Young. MIT Press, 2010.

6. *Environmental Politics and Deliberative Democracy: Examining the Promise of New Modes of Governance* / Karin Backstrand; et al. Edward Elgar, 2010.

7. *Governance and Complexity in Water Management: Creating Cooperation Through Boundary Spanning Strategies* / Hans Bressers and Kris Lulofs. Edward Elgar, 2010.

8. *Community Rights, Conservation and Contested Land: The Politics of Natural Resource Governance in Africa* / Fred Nelson. Earthscan, 2010.

9. *Global Climate Governance beyond 2012: Architecture, Agency and Adaptation* /

Frank Biermann, Philipp H Pattberg and Fariborz Zelli / Cambridge University Press, 2010.

10. *Global Energy Governance in A Multipolar World* / Dries Lesage, Thijs van de Graaf and Kirsten Westphal. Ashgate, 2010.

11. *Developing Adaptation Policy and Practice in Europe: Multi-Level Governance of Climate Change* / E.C.H. Keskitalo. Springer, 2010.

12. *Governance for the Environment: A Comparative Analysis of Environmental Policy Integration* / Alessandra Goria, Alessandra Sgobbi and Ingmar von Homeyer. Edward Elgar, 2010.

13. *Transnational Environmental Governance: The Emergence and Effects of the Certification of Forests and Fisheries* / Lars H. Gulbrandsen. Edward Elgar, 2010.

14. *Global Governance of the Environment: Environmental Principles and Change in International Law and Politics* / Afshin Akhtarkhavari. Edward Elgar, 2010.

15. *Environmental Law, Ethics, and Governance* / Erika J. Techera. Inter-Disciplinary Press, 2010.

16. *Citizen Participation in Global Environmental Governance* / Mikko Rask, Richard Worthington and Minna Lammi. Earthscan, 2010.

17. *Global Environmental Governance: The Need for an International Environmental Agency and an International Court of the Environment* / Amedeo Postiglione; International Court of the Environment Foundation. Bruylant, 2010.

18. *Adapting to Climate Change: Thresholds, Values, Governance* / W. Neil Adger, Irene Lorenzoni and Karen L O'Brien. Cambridge University Press, 2010.

(吕增奎、冯瑾整理)

《中国治理评论》约稿函

《中国治理评论》是一份发表中外治理研究成果的专业学术出版物，计划每年出版2—4辑。《中国治理评论》秉持学术宗旨，采用当今国际学术刊物通行的匿名审稿制度，提倡严谨治学，鼓励理论创新，关注实证研究，以期为中国政府和社会治理的研究者提供一个学术交流的平台。该刊由俞可平教授任编委会主任和主编。

《中国治理评论》设"主题探讨"、"治理案例"、"书评"、"书刊架"、"学术动态"五个栏目。"主题探讨"栏目每期一个主题，发表对治理领域某一专题进行探讨的理论研究论文；"治理案例"栏目刊登对国内外政府和社会治理的描述与分析性案例研究文章，每个研究案例在1万—1.5万字；"书评"栏目介绍和评论国内外新出版的重要治理研究著作，每篇书评在5000—8000字；"书刊架"栏目介绍当前国内外治理方面的最新文献资料，并选择其中有代表性的若干篇文章做摘要性介绍；"学术动态"栏目反映国内外关于治理研究的会议信息（含本刊的有关活动）。

本刊特向学界同仁诚挚约稿。本刊投稿不限中文，被录用的外文文章由编辑部负责翻译成中文，由作者审查定稿。来稿须未曾在中国大陆任何公开出版物上发表，请勿一稿两投。稿费千字200元。请遵守学术规范，如出现剽窃，文责自负。投稿体例如下：

一、稿件要求

（一）形式要求

1. 电子文件

Microsoft Office 软件文本。

2. 打印文件

A4纸。

（二）文本要求

1. 正文文本

5号宋体，单倍行距，页边距上下限、左右边距均采用Office软件的默认设置。

2. 文章标题

一级标题："一、二、三……"

二级标题："（一）（二）（三）……"

三级标题："1.2.3……"

四级标题："（1）（2）（3）……"

一、二、三级标题各占一行，其中一级标题居中，二、三级标题缩进两个字符且左对齐，四级及以下标题后加句号且与正文接排。

3. 图表文件

（1）统计表、统计图或其他示意图等，均用阿拉伯数字连续编号，后加空格并注明图表名称；

（2）表号及表名须标注于表的上方且居中；

（3）图号及图名须标注于图的下方，且末尾不加标点符号。

如图表下有标注补充说明或资料来源，格式先标注补充说明，再另起一段标注资料来源（后不加句点），具体为："注"须标注于图表的下方，以句号结尾；"资料来源"须标注于"注"的下方，并按正文引用格式标注文献。

示例如下：

表3 自民党与自由党的二元变量分析，2010

变量	相关系数
人口结构比例	−0.362 ***

注：N=36，不包括监狱人员和外籍短期逗留人员，***、**和*分别表示相关系数通过0.01、0.05和0.10水平的显著性检验。

资料来源：日本大藏省党派研究中心报告（2010）。

（三）信息要求

1. 第一页

应包括如下信息：

（1）文章标题；

（2）作者姓名、单位、通信地址、电话与电子邮箱地址。

2. 第二页

应提供以下信息：

（1）文章中、英文标题；

（2）200字以内中、英文摘要，以及3–5个中、英文关键词。

二、注释体例

本刊采用参考文献注释法。正文中，引证方式为"（作者，出版年）"，如（Marx，1995）或"（作者，出版年：页码）"，如（马克思，1995：21–22）；文末附引用的参考文献。行文中需要说明的问题用当页脚注法，脚注编号以本页为限。参考文献按作者名字拼音排序，同一作者在同一年发表多篇文章或多部著作，用"出版年a、b、c"表示；发表在杂志上的文章要注明所在卷次、页码。例证如下：

(一) 中文

马克思，1995a：《政治经济学批判》序言"，见《马克思恩格斯选集》，中文第2版，第2卷，人民出版社。

——1995b："工资、价格和利润"，见《马克思恩格斯选集》，中文第2版，第2卷，人民出版社。

沙菲克，2004："进化模式将是胜利者"，《经济社会体制比较》，2004，6：1—11。

张维迎，2001："中国：政府监管的特殊成因"，中国经济学教育科研网，http://www.cenet.org.cn/article.asp?articleid=5682。

周子康，1991："中国地方政府编制管理定量分析的研究"（会议论文），东部地区公共行政组织第十四届大会。

(二) 译文

亚历山大·罗森伯格，2000："经济学理论的认知地位如何"，见罗杰·E.巴克豪斯编：《经济学方法论的新趋势》，张大宝等译，经济科学出版社。

E.K.亨特，2007：《经济思想史：一种批判性的视角》，颜鹏飞总译校，上海财经大学出版社。

(三) 外文

Putnam, Robert D., 1993. *Making Democracy Work*. Princeton: Princeton University Press.

Gambetta, D., ed., 1988. *Trust*. Oxford: Blackwell.

Romer, P., 1986. "Increasing Returns and Long-run Growth." *Journal of Political Economy*. 94:1002—37.

Sabel, Charles F., 1988. "The Re-emergence of Regional Economies." In Paul Hirst and Jonathan Zeitlin, eds. *Reversing Industrial Decline*. Oxford: Berg.

参考文献按先中文、后译文、外文排序，中文和译文（译著）以中文姓氏拼音字母为序，外文以姓氏的英文字母为序。

三、权利与责任

（一）根据《中华人民共和国著作权法》有关规定，经本刊发表的文章，其版权均属本刊专有，涉及国外版权问题，均遵照《中华人民共和国著作权法》及有关国家法规执行。凡向本刊投稿者皆被认定遵守上述约定。

（二）来稿由本刊编辑部组织匿名审查，编辑部有权对来稿进行修改，有关内容的修改意见将反馈作者。本刊编辑部如在收到稿件之后两个月之内未予答复，作者可另行处理。

（三）来稿请发送至编辑部电子邮箱：zgzlpl@163.com，《中国治理评论》热情欢迎您的赐稿！文稿一经采用，稿酬从优。

《中国治理评论》编辑部
电子邮件：zgzlpl@163.com
电话：010-66509508
传真：010-66120874

图书在版编目(CIP)数据

中国治理评论 / 俞可平主编.
—北京：中央编译出版社，2012.4

ISBN 978 – 7 – 5117 – 1171 – 7

Ⅰ.①中… Ⅱ.①俞… Ⅲ.①行政管理－政治体制改革－研究－中国 Ⅳ.①D63

中国版本图书馆 CIP 数据核字(2011)第 252365 号

中国治理评论

出 版 人：	和 龑
责任编辑：	郑 锦 贾宇琰 杜永明
责任印制：	尹 珺
出版发行：	中央编译出版社
地 址：	北京西城区车公庄大街乙 5 号鸿儒大厦 B 座（100044）
电 话：	(010) 52612345（总编室） (010) 52612375（编辑室）
	(010) 66130345（发行部） (010) 52612332（网络销售部）
	(010) 66161011（团购部） (010) 66509618（读者服务部）
网 址：	www.cctpbook.com
经 销：	全国新华书店
印 刷：	北京印刷一厂
开 本：	787 毫米×1092 毫米 1/16
字 数：	257 千字
印 张：	18.25
版 次：	2012 年 4 月第 1 版第 1 次印刷
定 价：	39.00 元

本社常年法律顾问：北京大成律师事务所首席顾问律师 鲁哈达
凡有印装质量问题，本社负责调换。电话 010-66509618